江海年鉴

2023

江门市江海区地方志编纂委员会　编

方志出版社
Publishing House of Local Records

图书在版编目（CIP）数据

江海年鉴. 2023 / 江门市江海区地方志编纂委员会编.—北京 : 方志出版社, 2023.12
ISBN 978-7-5144-6090-2

Ⅰ. ①江… Ⅱ. ①江… Ⅲ. ①区(城市)－江门－2023－年鉴 Ⅳ. ①Z526.54

中国国家版本馆CIP数据核字(2023)第253159号

责任编辑：顾洁
责任校对：张玉霞
责任印制：梅中英
出 版 者：方志出版社
地　　址：北京市朝阳区潘家园东里9号（国家方志馆4层）
邮　　编：100021
网　　址：http://www.zgfzcb.cn
发　　行：方志出版社图书营销中心（010-67110500）
印　　刷：江门市江海区艺朗彩色印艺有限公司
开　　本：889毫米×1194毫米　1/16
印　　张：12.75
字　　数：251千字
版　　次：2023年12月第1版
印　　次：2023年12月第1次印刷
定　　价：280.00元

《江海年鉴(2023)》编辑部

编辑说明

一、《江海年鉴》是中共江门高新区党工委、管委会和中共江海区委、区人民政府主持编纂的地方综合年鉴，以马克思列宁主义、毛泽东思想、邓小平理论、“三个代表”重要思想、科学发展观、习近平新时代中国特色社会主义思想为指导，坚持辩证唯物主义和历史唯物主义的立场、观点和方法，存真求实，全面、客观反映江门高新区（江海区）的政治、经济、文化和社会各项事业的发展和基本情况。

二、《江海年鉴（2023）》记述时限从2022年1月1日至2022年12月31日。采用分类编辑法，结构分为类目、分目、条目3个层次，条目为记述实体单元，条目标题统一使用黑体字加【】标示。

三、《江海年鉴（2023）》数字用法、标点符号用法分别采用国家标准《出版物上数字用法》（GB/T 15835—2011）、《标点符号用法》（GB/T 15834—2011）。计量单位采用国家技术监督局1993年12月发布的《量和单位》系列国家标准。

四、《江海年鉴（2023）》内文所载国民经济和社会发展统计数据，以区统计局公开发布的数据为准。由于统计口径和时限范围不同，条目中的数据或与统计部门数据不一致，使用时应参照《江门市江海区统计年鉴》所示数据。有关数据比照2021年同期增加或者减少，统一以“增长”或者“减少”表示，不使用“同比增长”或者“同比减少”字样。

五、《江海年鉴（2023）》资料由江海区各街道、区直各单位和区内有关单位部门提供。

2022年2月17日，中国科学院大学与江门市江海区人民政府共建江海智慧安全应急联合实验室签约仪式在江海区举行　　　　（江海区委宣传部　供图）

2022年6月9日，广东省数字政府市域社会治理“一网统管”示范区和数据要素市场化配置改革试验区揭牌仪式在江海区举行　　　　（江海区委宣传部　供图）

2022年8月23日，首届应急管理与未来城市峰会暨中国产业互联网（江门）峰会在江海区举行（江海区委宣传部　供图）

2022年11月11日，江门市安全应急产业（北京）孵化器揭牌仪式江门分会场在江海区举行（江海区委宣传部　供图）

2022年4月5日，江海区举办新闻发言人培训班

（江海区委宣传部　供图）

2022年4月9日，江海区举办“两中心两基地一平台”专题培训班

（江海区委宣传部　供图）

2022年8月18日，江海区举办专职网格员能力素质培训班

（江海区委宣传部　供图）

2022年10月9日，江海区举办全面强化场所码应用大行动培训会

（江海区委宣传部　供图）

2022年4月21日，税银促发展 惠侨向未来——走进江门“侨梦苑”宣传活动启动

（江海区委宣传部　供图）

2022年5月1日，“有趣青年创意集市”在白水带体育公园举行

（何榕　摄）

2022年5月29日，江海区举办贯彻信访工作新《条例》 坚持人民信访为人民——《信访工作条例》主题宣传日活动

（江海区委宣传部　供图）

2022年5月31日，“亲子共成长　强国复兴有我”——江海区家庭教育主题日暨庆祝“6·1”国际儿童节活动启动

（江海区委宣传部　供图）

2022年6月14日，江海区举行“书香政协”龙溪湖阅读中心点揭牌仪式

（江海区委宣传部　供图）

2022年6月17日，“潮好玩　江海购”2022江海夏季消费欢乐节在江海万达广场举行

（江海区委宣传部　供图）

2022年6月27日，江门市江海区2022年“广东扶贫济困日”活动仪式在江海区人民政府机关大院举行

（江海区委宣传部　供图）

2022年9月3日，江海区白水带夜市经济场景　（彭伟宗　摄）

彩虹村　　（付师华　摄于2022年8月）

高新区火炬大厦　　（彭伟宗　摄于2022年8月）

江海区都市农业生态公园　　（彭伟宗　摄于2022年8月）

龙溪湖公园　　（江海区委宣传部　摄于2022年2月）

江海区下沙公园人行天桥——如意桥　　（彭伟宗　摄于2022年6月）

江海云道、釜山公园　　（彭伟宗　摄于2022年10月）

江门演艺中心　　　　（彭伟宗　摄于2022年8月）

油湾公园　　　　（彭伟宗　摄于2022年12月）

目 录

特 载

大事记

概 览

中共江门高新区工作委员会·中共江海区委员会

法 治

◆ 政法委与综治

◆ 公安

◆ 检察

◆ 法院

◆ 司法行政

城乡建设

◆ 基础建设

◆ 城市管理

◆ 供电管理

生态环境

◆ 综述

科学技术

◆ 综述

◆ 礼乐街道

◆ 江南街道

附　录

特　载

政府工作报告（节选）

——在江门市江海区第十一届人民代表大会第三次会议上

江海区区长　郑丹辉

（2023年2月27日）

2022年工作回顾

2022年是党和国家历史上极为重要的一年，面对风高浪急的国际环境和艰巨繁重的改革发展稳定任务，区政府坚持以习近平新时代中国特色社会主义思想为指导，全面学习、全面把握、全面落实党的二十大精神，坚决贯彻落实习近平总书记、党中央关于“疫情要防住、经济要稳住、发展要安全”的重要要求，抢抓“双区”和横琴、前海、南沙三大平台建设重大机遇，全面贯彻市委、市政府“1+6+3”工作部署，认真落实区委“1+5+3”工作举措，在区委的坚强领导下，在区人大及其常委会和区政协的监督支持下，攻坚克难、稳步前行，较好地完成各项目标任务。实现地区生产总值302.1亿元，增长2.4%。固定资产投资185.7亿元，增长5.6%；社会消费品零售总额66.9亿元，增长5.6%；地方一般公共预算收入可比增长1.6%，均排名全市前列。实现规上工业增加值154.4亿元，进出口总额301.7亿元。

（一）科学精准施策，疫情防控转段平稳有序

我们始终坚持人民至上、生命至上，最大限度减少了疫情对经济社会发展的影响，全力以赴保健康、防重症，开展困难群体服务保障，迅速上线诊疗诉求快速响应平台，推广建设发热诊疗便民服务站、便民健康驿站，全力保障药品和医疗物资供应，最大程度保护了人民生命安全和身体健康。一年来，全区人民群众万众一心、同舟共济，广大医务工作者、公安民警、基层工作者、志愿者不畏艰辛、日夜奋战，广大党员干部闻令而动、挺膺担当，以实际行动共同守护美好家园！

（二）坚持多措并举，经济运行实现稳中有进

我们全力统筹疫情防控和经济社会发展，经济运行总体呈现稳中有进、稳中向好的良好态势。政策措施精准有力。扎实落实中央、省、市稳经济政策措施，贯彻落实措施以及科技创新、增资扩产、人才引育等创新政策，推进惠企利民政策“精准推送”“直达快享”，兑现各级扶持资金2.6亿元。不折不扣执行组合式税费支持政策，退税减税降费共22.2亿元，真金白银惠企纾困。有效投资持续扩大。推进政府投资项目三年滚动计划，积极争取上级政策资金支持，获批专项债23.2亿元、增长160%，获政策性开发性金融工具支持近1.7亿元，为项目建设提供强劲支撑。工业投资完成74.1亿元，增长20.7%，其中高技术产业投资大幅增长60%；芯联电、思摩尔新材料、天倬等重大工业项目开工建设，三菱重工、骏鼎达、康普顿等项目顺利投产，工业发展后劲不断增强。基础设施投资完成65.6亿元，增长86.7%，增速全市第一；高新路、新港路、金瓯路西延线等总投资超57亿元的34个交通项目动工建设，连海路（改扩建）、南山路（改扩建）、一行路（连海路—龙溪路）等14个交通项目完工通车，内联外畅交通格局加速构建，重点交通项目建设考核排名全市第一。固定资产投资结构持续优化，工业投资占比近40%，基础设施投资占比超35%，为中长期发展打下坚实基础。消费外贸蓄势回暖。落实国家、省、市促消费政策，叠加出台汽车、房地产等消费补贴政策，促进大宗消费，其中汽车销售额增长7.6%，新能源汽车销售额大幅增长335.2%。礼东美食街获评“广东省粤菜美食街”。高新港保持高效畅通运转，全年吞吐量达36.6万标准箱，占全市51%。

（三）聚焦实体经济，制造业基础筑牢夯实

我们坚持工业立区制造强区，持续夯实制造业发展根基，实体经济发展实现新突破。产业平台加快建设。深入推进江门大型产业集聚区东组团启动区建设，高质量完成江海区“三区三线”划定，新增城镇建设用地规模2.1万亩，其中规划1.1万亩用于建设安全应急产业园；全年规划报批用地3808亩，增长158%，新增用地全部用于工业项目及其配套设施建设。战略性产业集群发展壮大。安全应急产业加速集聚，申报成为国家安全应急产业（综合类）示范基地创建单位；举办2022首届应急管理与未来城市峰会暨中国产业互联网（江门）峰会。安全应急产业园引进项目共73个，安全应急产业产值超180亿元，增长超18%，“五维一体”安全应急产业发展格局加快构建。制造业产业结构优化升级。先进制造业、高技术产业占规上工业增加值分别达72.1%、41.2%，占比均排名全市第一。高端装备制造、新一代电子信息、前沿新材料三大战略性新兴产业产值超400亿元，占全区规上工业总产值超60%；其中，前沿新材料产业产值超200亿元，增长4.7%。招商引资成效显著。聚焦产业链延链补链强链，强化“大招商”工作格局，引进超亿元以上产业项目43个，总投资额达223亿元，实现项目个数、总投资额双增长。其中，引进超10亿元以上项目8个、省级以上专精特新项目15个；34个项目实现年内供地、动工，动工率全市最高。引进项目亩均投资强度达1020万元/亩，年创税达56万元/亩，容积率达3.4，均为全市最高。企业培育提质增效。新增升规工业企业67家，规上工业企业达450家。优巨新材料、高力依获评国家级专精特新“小巨人”，新增省级专精特新中小企业83家、省级创新型企业129家。鑫辉密封获江门市政府质量奖。积极推动企业开展数字化智能化绿色化改造，完成技改投资54.7亿元，增长15.8%，企业转型升级步伐加快。

（四）突出科技引领，创新发展优势不断巩固

我们深入实施创新驱动发展战略，提升科技创新综合实力，在全国高新区综合评价排名中持续上升至第53位，创历史新高。“两中心一基地”建设快速推进。创智城科创中心建成1万平方米孵化器，引进数字广东、长城紫晶、中科凯泽等26家优质企业和机构；航天科创华南创新中心成功申报国家重点研发计划项目，获中央专项资金1578万元支持；与中国科学院大学共建“江海智慧安全应急联合实验室”，江门安全应急产业（北京）孵化器正式运营，创新成果加速产业化。科创能力明显提升。成功创建全国科普示范区，全社会研发经费支出增长19.6%，占地区生产总值比重达5.7%，占比为全市平均水平的2.2倍，高品占比达62.5%。有效发明专利量达1251件，占全市总量的21.7%；PCT国际专利申请量大幅增长135.7%；每万人口高价值发明专利量15.5件，为全国平均水平的1.7倍。创新主体不断壮大。新增国家高新技术企业268家，达660家，科技型中小企业达591家，总量分别占全市近25%、23%。得实打印机（江门）获中国创新创业大赛优秀奖。科技金融深度融合。支持产业园区科技型企业贷款增长37%、小微贷款增长28%；累计为近200家企业提供政府性融资担保金额2.3亿元。广东股权交易中心江门运营中心正式落户；推动优巨新材料申报IPO，励福环保成功转入新三板创新层。创新人才加快集聚。新增引进博士（后）、硕士和各类高层次人才239名，新增博士后工作站2个，新增市级高层次人才创业团队10个，入选国家科技创业领军人才计划、国家高端专家引进计划、省重点人才计划人数均取得新突破，成为全市高端人才创新创业沃土。

（五）持续深化改革，市场主体活力加速迸发

我们致力简流程、提效率、优服务，营造更加公平有序的市场环境。政务服务提质提效。在全省率先实现县镇两级政务服务大厅上线“智慧导办”智能化服务，新增“跨城通办”59项、“跨省通办”152项，进驻“江门—港澳跨境通办专区”事项超470项。创新推出“政务+外收服务”，建立一站式园区政务服务平台，提供220项不出园“自助办”政务服务。强化一窗受理、并联审批、承诺制审批和联合验收，工程建设项目申报100%实现“一网通办”，全流程政府审批时间压缩50%以上。暖企安商做实做细。建立项目全生命周期服务机制，全力落实中小微企业诉求快速响应机制，组建亿元企业服务专班，实行诉求直达、速接速办，解决企业用工、用电、用地等诉求超1000条，办结满意率超99%。营商环境不断优化。广州知识产权法院江门巡回审判法庭、深圳国际仲裁院江门中心建成投入使用，区知识产权运营公共服务中心全面升级开放。设立侨联法律顾问委员会服务站和全市首个“侨梦苑”税费服务专区，在全市率先推出“侨资贷”，为侨服务更专业更贴心。

（六）统筹城乡建设，区域协调发展纵深推进

我们科学统筹城市提质和乡村振兴，城乡区域协调发展呈现新面貌。城市品质提档升级。投入18亿元加快推进45项城市品质提升工程，建成油湾公园、文昌沙公园等一批景观提升项目，下沙公园如意桥成为新网红打卡点，完成文昌沙社区、兴南小区等11个老旧小区改造。新敷设燃气管道10公里，完成供水管网建设4.2公里，惠及居民超8700户。新增公共停车位超6000个，停车难问题得到进一步缓解。乡村振兴深入推进。在乡村振兴战略实绩考核中连续4年排名全市第一，代表江门市接受省考核获评“优秀”等次4次。大力培育现代设施农业和都市休闲农业，农林牧渔业总产值增长7.9%，排名全市第二。坚守粮食安全底线，粮食种植面积1879亩，粮食产量639吨，新增垦造水田超1300亩，均超额完成市下达目标任务。深化新型农村集体经济改革，农村集体经济总收入实现6.1亿元，25%的行政村集体收入超1000万元。区域合作发展共赢。纵深推进粤桂协作，落实各级财政帮扶资金5395万元，引导投资项目8个，投资额1.6亿元；协助大新县农村劳动力转移就业超5600人；粤桂协作示范村建设模式入选2022年“全国东西部协作示范培训班”典型案例。深化与恩平在科技交流、产业协同、乡村振兴等方面的对口合作，共建电子信息产业港，创新区域发展投资收益合作模式。生态环境持续改善。扎实推进第二轮中央生态环境保护督察反馈问题整改，污染防治攻坚战成效明显。空气质量综合指数改善率达4.9%，PM2.5平均浓度下降8.3%，均创有监测记录以来最好水平；二氧化氮浓度同比下降18.2%，优化率排名全市第一。地表水考核断面100%达标，河湖长制考核排名全市第一；新建污水管网12.6公里；礼乐河乡村绿廊碧道成为全市唯一入选省十大“最生态碧道”项目。

（七）厚植民生福祉，民生社会事业全面进步

我们坚定践行以人民为中心的发展思想，全力以赴办好民生实事，全年民生类支出17.3亿元，占一般公共预算支出71.3%，人民群众获得感幸福感安全感进一步提升。稳就业保就业有力有效。建成区人力资源市场并投入使用，提供招聘岗位超1.3万个；建设技能人才培养载体13个，“三项工程”“园区技校”项目累计培训超5000人次；落实暖企稳岗政策，发放就业创业补贴超8000万元；全年城镇新增就业和再就业约1万人，城镇登记失业率保持在2%左右。优质教育资源供给持续扩大。启动高新一小、江南小学等新改扩建学校项目14个，礼贤小学综合楼、实验幼儿园等投入使用，新增优质公办学位1700个，购买民办学校学位7500个。高中体艺、多语种特色教育经验在全市推广，高考本科上线人数创历史新高。实施“新强师工程”，新增高级教师71名，引进高素质教师125名，其中研究生学历占比超40%。巩固义务教育“双减”成效，创建课后服务国家级试点。医疗卫生和体育文化事业稳步发展。市中心医院新院区加快建设，江海福利医院获评省医养结合示范机构；组建三级流行病学调查队伍，开展网格健康监测；科学统筹医疗资源，实施分级分类救治，重症医疗救治能力大幅提升。推进非遗文化进村（居），开展文化志愿服务超600场。构建多层级健身设施网络和城镇社区15分钟健身圈，获评全国首批“全民运动健身模范区”。江南街道富横社区获评“广东省文化和旅游特色村”。社会保障底线兜实兜牢。企业退休人员人均基本养老金提升4.7%，实现18连涨。推出保障性租赁住房472套，完成率236%，排名全市第一。“一老一小”和残疾人服务体系不断完善，成功创建“全国未成年人保护示范区”，礼乐街道威东村、江南街道仁美社区成功入选“全国示范性老年友好型社区”，5家残疾人社区康园中心被评为省星级服务机构。社会治理效能全面提升。深化市域社会智慧治理，建立区街两级社会治理综合指挥体系，全省试点构建“综合网格+综治中心+‘粤平安’云平台”的全覆盖立体式智能化工作体系。大力发展基层治理3.0模式，成为省内唯一通过全国农村社区治理实验区评估的县（市、区）。外海街道获评全省信访工作示范街道，礼乐街道英南村获“全国先进基层群众性自治组织”称号。在全市率先达标完成街道综合行政执法中心规范化建设任务，三个街道行政执法办案数均排全市前列。风险防范化解有力有序。建立社会治安巡防管控“四个一”体系，持续深入推进扫黑除恶斗争，严厉打击各类突出违法犯罪活动，全区刑事治安警情下降3.9%。深入推进安全生产专项整治三年行动计划，全年没有发生较大以上生产安全事故，连续9年未发生森林火灾，火灾起数下降25.9%、直接财产损失下降47.9%。“双打”工作考核获评全市第一，食品安全在市考核中获最高等级A级。

此外，征兵“五率”量化考评排名全市第一，国防动员、双拥、退役军人事务、外事、台港澳、审计、统计、民族、宗教、人防、打私、档案、地方志、妇女儿童、工会、共青团、工商联、红十字会等工作进一步加强。

过去一年，我们持续学懂弄通做实习近平新时代中国特色社会主义思想，认真学习宣传贯彻落实党的二十大精神，深刻领悟“两个确立”的决定性意义，增强“四个意识”、坚定“四个自信”、做到“两个维护”。支持全国人大常委会法工委基层立法联系点工作，自觉接受人大依法监督和政协民主监督，认真办理人大代表建议和政协提案，满意率均为100%。坚持依法治区、依法执政、依法行政共同推进，法治建设全市考评排名实现争先进位，普法和依法治理工作进入全省第一梯队，创历年最好成绩。认真落实中央八项规定及其实施细则精神，严格执行党风廉政建设各项规定，锲而不舍纠“四风”树新风，廉洁政府建设扎实推进。

回望过去一年，我们鼓足干劲、攻坚克难，全区经济总量、产业实力、科创能力、治理水平都上了一个新台阶，高质量发展的基础越来越坚实；我们抢抓机遇、突破瓶颈，开拓优化发展空间，谋划实施一批补短板、强弱项、利长远的基础设施项目，城市功能品质整体跃升，高质量发展的空间越来越广阔；我们主动出击、精准发力，工业投资加速增长，产业项目建设热火朝天，优质企业加快集聚，高质量发展的动能越来越强劲；我们千方百计谋发展、凝心聚力抓落实，全区上下干事创业、争先进位的精气神明显提升，高质量发展的信心越来越坚定。

思危方能居安，知忧才能克难。在看到成绩的同时，我们也清醒地认识到，全区发展还面临不少困难和问题：受世纪疫情和复杂内外部环境冲击，经济恢复基础尚不牢固；产业规模化、集群化、科技化水平不够高，主导产业龙头带动作用不明显；区域综合发展仍不充分，各街道、村（社区）发展平衡性协调性仍需提高；教育、医疗、托幼、养老等民生保障能力不足、质量不高，与群众期盼还有差距；政府治理体系和治理能力现代化水平有待提升，等等。对此，我们将高度重视，采取有力措施认真加以解决。

2023年目标任务和工作安排

2023年是全面贯彻落实党的二十大精神的开局之年，区委把今年确定为“高质量发展深化年”。区政府工作的总体要求是：坚持以习近平新时代中国特色社会主义思想为指导，全面贯彻落实党的二十大精神、中央经济工作会议精神，深入贯彻习近平总书记对广东系列重要讲话和重要指示精神，认真落实省委、省政府部署要求和市委、市政府“1+6+3”工作部署，深化落实区委“1+5+3”工作举措，坚持稳中求进工作总基调，更好统筹疫情防控和经济社会发展，更好统筹发展和安全，有效防范化解重大风险，突出做好稳增长、稳就业、稳物价工作，着力拼经济、促发展、保稳定，坚持以实体经济为本、制造业当家，推动经济运行整体好转，实现质的有效提升和量的合理增长，全面推进精神文明建设，全力推进高新区争先进位，奋力打造全市工业立市重要引擎、区域创新发展示范区和高质量发展样板区，在江门市打造物质文明和精神文明相协调的现代化综合实践区进程中走在前列。

今年经济社会发展的主要预期目标是：地区生产总值增长7.5%以上，在实际工作中力争完成8%；规模以上工业增加值增长9%，固定资产投资增长8%，社会消费品零售总额增长7%，外贸进出口总额增长3%，地方一般公共预算收入增长5%；居民消费价格保持稳定；全区空气质量优良天数比率和地表水水质优良率均完成市下达任务。为实现上述目标，重点抓好以下八方面工作：

（一）坚持制造业当家，加快构建现代产业体系

培育壮大战略性产业集群。聚焦“1+3+2”战略性产业，持续稳链延链补链强链控链，加快建设千亿产值园区。加速安全应急产业发展，全力创建国家安全应急产业（综合类）示范基地，落实“442”安全应急产业引入模式，力争引进安全应急产业头部企业2个，推进江海智慧安全应急联合实验室建设，加快构建“五维一体”安全应急产业发展格局。着力壮大战略性新兴产业和支柱产业，串联产业链上下游配套企业，提升产业链协同发展能力，力争新一代电子信息、前沿新材料、高端装备制造产业产值超500亿元，智能家电、生物医药与健康产业产值超200亿元。

提升产业平台承载力。加速推进高新区—三江睦洲联动发展先行启动区建设，加快开发安全应急产业园三、四期，开辟产业发展“第二战场”，推动园区扩容增效。大力实施“工改工”，推进金溪、武东、南山等村级工业园升级改造，进一步促进土地节约集约利用。加快创智城二期、安全应急产业配套项目建设，打造百

万平方米国资产业载体。高标准建设工业邻里中心，配套完善生产生活等公共服务功能，打造3.0升级版产业园区。

推进招商引资提质增量。深化“大招商”格局，探索市场化招商新路径，建强建优招商队伍，围绕六大战略性产业集群，瞄准粤港澳大湾区、长三角、京津冀等区域，引进一批“成长型、旗舰型”项目。落实“一把手”招商，加强以商引商、以链引商、以侨引商、联合招商、驻点招商，力争引进投资亿元以上项目超50个、10亿元以上项目超10个，在引进投资超50亿元乃至100亿元项目上取得突破。开展企业增资扩产专项行动，通过优先选址用地、加大信贷支持力度等措施，推动不少于30家优质企业增资扩产。优化项目准入评审、跟踪服务机制，加强项目供后监管，提升落地项目质量效益。

加大企业培育力度。强化优质企业梯度培育体系，实施“个转企、小升规、规改股、股上市”市场主体培育计划。巩固壮大骨干企业和专精特新企业，支持企业打造优质产品、开拓市场，提升核心竞争力和行业地位，力争新增10亿元以上企业3家、国家级专精特新“小巨人”企业2家、省级专精特新企业30家。引导企业加快产品换代、生产转线、设备换芯等技术改造，推动制造业数字化智能化转型升级，力争实施技改企业超80家、技改投资突破65亿元，推动50家以上企业“小升规”。完善上市后备企业梯度培育机制，加大“金种子”企业扶持力度，新增上市企业1家。

（二）坚持科教融合发展，持续强化科技教育人才支撑

提升科技创新能力。全力推进高新区争创全国50强，实施高新技术企业提质增量行动，持续完善多级联动培育体系，力争国家高企达680家、瞪羚企业达10家。深入推进“揭榜挂帅”，支持龙头企业联合科研院所开展产学研合作，力争省级工程技术研究中心超78家，新增产业技术创新联盟2家。开展双创载体升级行动，培育国家级孵化器1家。强化科技交流合作，构建“北深港总部+江门基地”的飞地孵化器新模式。加速科技成果转化，加快“两中心一基地”建设，加强与国创中心、航天科工对接合作，完善社会治理综合指挥中心建设，推广智慧小区示范应用。

建设高质量教育体系。坚持教育优先，持续加大教育投入，加快高新一小、滘头片区学校、产业新城学校等项目建设，完成江南小学、实验小学改扩建工程，新增公办学位1800个。深化教育集团化办学改革，提升基础教育办学质量，扩大优质教育资源覆盖面。支持南方职院、江门幼高专等本地高校加快发展高等职业教育，推进应急管理学院筹建。加强师德师风建设，加大优秀教师引育力度，完善教研体系，建设高素质教师队伍。深入推进“双减”工作，优化多元特色课后服务，加强科普宣传教育，提升学生综合素质，促进学生身心健康全面发展。

提升人才引育水平。强化产业人才培养，推进产业、教育、医疗、金融等十三支人才队伍建设，新增人才超9000人。深入实施“5+2”人才政策和“百名博士引进工程”，加强全国博士后创新（江门）示范中心核心区建设，大力引育海内外高端创新人才及团队，力争培育引进硕博士及高层次人才不少于200人。大力营造留才

“软环境”，持续完善“江海人才通”平台和“优才卡”制度，提升人才服务水平，加强人才住房、教育、医疗等保障，让各类人才在江海成就事业、实现梦想。

（三）坚持扩内需稳外贸聚侨力，推进高水平对外开放

精准发力扩大有效投资。加强项目谋划储备，积极争取并用好专项债、政策性开发性金融工具，强化项目资金保障。推动总投资超1000亿元的97个省、市重点项目加快建设，力争完成年度投资超185亿元。大力抓好工业投资，着力推进超20亿元的航天华南（安全应急）特色产业基地（一期），超10亿元的优美科二期、嘉威智能家电等重点产业项目加快建设，力争完成工业投资超100亿元。加快基础设施建设，推动中江高速扩建、会港大道等外联道路工程建设，推进沙河西路南延线、云沁路西延线等38条主次干道工程建设，力争完成基础设施投资69亿元。

持之以恒促消费稳外贸。加大促消费力度，出台购车补贴、惠民消费券等扶持政策，积极开展消费节庆活动，组织开展“江海手信”“江海优品”等评选展销，将江海特色产品广泛推向市场。推动江海广场、万达广场、中环广场等商圈提档升级，培育消费新热点，力争新增限额以上商贸企业25家。着力稳住外贸基本盘，提升重点贸易企业竞争力，鼓励企业参加广交会、进博会等展会，助力企业抢订单、拓市场。强化关地合作、提高通关效率。支持外贸新业态发展，推动中国（江门）跨境电子商务综合试验区示范园区建设，加快邮政快件进口平台落地建设，鼓励企业开展跨境电商业务，加快构建电商发展生态圈。

以“侨”为桥聚合力。积极为凝侨心、汇侨智、护侨益、聚侨力搭建对接平台，加快打造中国（江门）“侨梦苑”华侨华人创新产业聚集区，发挥“两中心、六平台”作用，广泛开展华侨华人文化交流活动，提升对接华侨华人经贸合作功能。依托深圳国际仲裁院江门中心，加快发展涉外法律服务，保障华侨华人合法权益，打造涉侨商事纠纷化解优选地，吸引更多侨商侨企侨胞共同参与江海建设。

（四）全面落实“百县千镇万村高质量发展工程”，统筹推进城乡区域融合发展

加快区域协调发展。充分发挥外海街道制造业发展主阵地作用。培育壮大产业集群，提升工业承载能力，深入实施城中村综合整治，强化园区服务功能，增强产业辐射带动力，将“外海制造”打造为全市镇级经济发展标杆。大力促进礼乐街道“农业+工业”双擎驱动。开发更多精品农业和文旅品牌，推动乡村振兴高质量发展；加快土地整备，拓展产业发展空间、优化产业项目布局，勇当江海产业发展生力军，打造全市三产融合发展的礼乐样板。全力构建江南街道“总部＋商贸”经济发展格局。深化实施“优二强三”，加快工业园升级改造，推动产业转型升级，着力发展现代服务业，扩大优质公共服务资源供给，提高人口聚集能力，促进老城区焕发新活力。扎实推进粤桂协作，深化在产业、消费、劳务等方面的对接合作。完善和恩平对口协作机制，围绕“1+7+40”工作体系创新区域平衡发展合作模式，加强人才交流、文旅合作，谋划共建水都产业园，推动两地特色农业产业发展。

持续提升城市品质。深入推进城央绿廊与乡村绿廊连通升级，加快实施江南路南延线及滨河休闲景观带等项目，积极推进马鬃沙河带状公园建设，优化利用沿河空间。实施礼乐路、东海路等沿线7个老旧小区改造工程。建成5G基站超1300个，实现城乡主要区域5G网络基本覆盖。优化智慧环卫指挥平台，提升“数字城管”效能，提高城市精细化智能化管理水平。实施“停车难”纾解工程，加快推动全域智慧停车建设。加强无障碍环境建设和改造，进一步提升城市公共管理秩序。

加快建设和美乡村。加强耕地保护，遏制“非农化”、防止“非粮化”，确保粮食种植面积和产量只增不减；深挖种业增产潜能，夯实粮食安全根基。大力发展现代都市农业、设施农业，壮大培育休闲旅游农业、预制菜等新业态。实施农村人居环境整治提升行动，深入开展村道维修、农房管控和农村厕所革命；开展农田水利设施提升工程，推进主灌河沿线水环境整治、礼东围水系连通、礼乐省级新农村连片环境整治提升等项目建设。深化新型农村集体经济专项改革试点建设，加强农村集体“三资”管理。

深入推进绿美江海生态建设。全面落实林长制，优化改善白水带林分和林相，加强古树名木管护，提升生物多样性、稳定性、持续性。开展河滩湿地农田林网抚育工程，实施全民爱绿植绿护绿行动，共同打造开门见绿、推窗见景、出门入园的绿美江海。积极推进分布式光伏规模化建设，实施园区循环化改造，推广节能降碳、节约用水先进技术应用，推动绿色工厂建设，推进发展方式绿色转型。

（五）坚持全面深化改革，营造市场化法治化国际化营商环境

激发市场主体活力。深入推进国资国企改革，支持国企参与产业投资、工业园区和重大基础设施开发建设，增强国企城市运营、服务实体经济的能力。坚持“两个毫不动摇”，完善全生命周期服务工作机制，用心用情为企业解难题办实事，依法保护企业家合法权益，让企业家心无旁骛办企业、干实业、创事业。建立“四上”企业“一企一档”机制，定期开展“一对一”上门服务，巩固提升诉求响应服务水平。用好用活“信易贷”，推动政府性融资担保，支持引导金融机构加大信贷投放，降低企业融资成本，提振企业发展信心。

营造公平市场环境。推进企业信用风险分类管理与“双随机、一公开”监管标准化有机结合，实施差异化监管和精准化监管，推动市场监管更加公平有效。加强知识产权创造、保护和运用，积极创建国家知识产权强县建设试点示范县和国家知识产权强国建设试点园区。深化实施质量强区战略，围绕特色行业培育质量标杆典型，推动产品、工程、服务质量持续提升。加大执法力度，严厉打击查处不正当竞争行为，依法保护各类市场主体合法权益。

提升政务服务效能。推动政府侧流程再造，优化服务流程和方式。纵深推进“放管服”改革，深化“证照分离”“一照通行”“并联审批”和审批制度改革，推动500项事项纳入照后减证和简化审批。深入推进政务服务“一网通办”，推动基层可办事项超200项、全市跨层级通办100项；拓展“视频办”服务应用，丰富区域治理“一网统管”应用体系，提升政府运行“一网协同”能力。

（六）坚持保障和改善民生，提升人民美好生活品质

今年安排民生支出19亿元，增长超10%。聚焦群众急难愁盼问题，坚持尽力而为、量力而行，保质保量办好民生实事，让群众获得感幸福感成色更足。

促进高质量充分就业。深入实施就业优先政策，加大援企稳岗力度，加强高校毕业生、退役军人、就业困难人员等重点群体的就业帮扶；强化职业技能培训，支持本地企业与院校共建实训基地，建强“园区技校”，培育企业急需的专业技术人员和技能人才；统筹资源做大做强“双创园”等创新创业载体，设立人才就业驿站，提升人力资源服务水平；强化劳资纠纷排查化解，推动工程建设领域欠薪问题全过程动态管控。

加快健康江海建设。推进市中心医院新院区、区人民医院住院综合大楼和江南街道社区卫生服务中心等项目建设，加快重症医学、老年病、康复医学等重点专科发展，促进公共医疗服务扩容提质和均衡布局。大力推进中医药特色医养结合，创建老年友善医疗机构。认真做好新阶段新冠疫情防控工作，加强医疗资源和人才储备，着力保健康、防重症。深入开展爱国卫生运动，抓好国家卫生城市复审迎检，引导群众践行文明健康的生活方式。

织牢社会保障网。积极发展企业年金和个人养老金，推动社保、医保经办服务向街道、村（社区）延伸。建立健全基本养老服务体系，为困难老人家庭进行居家适老化改造，实现街道居家养老服务站100%全覆盖。加强家庭教育指导体系建设，完善未成年人服务网络。健全分层分类梯度社会救助体系，实现困难群众和特殊群众救助服务全覆盖。完善住房保障体系，支持社会资本积极参与保障性住房建设，新增保障性租赁住房超1200套（间）。

持续打好蓝天碧水净土保卫战。深化大气污染防治，推进氮氧化物（NOX）和挥发性有机物（VOCs）协同减排。大力推动水环境综合整治，加快污水管网二期项目建设，完成西江潭江流域跨界重点支流工程，巩固黑臭水体整治成效。加强土壤污染源头防控，强化建设用地联动监管。完善固体废物收集处置体系，加快建设“无废城市”。持续推进生活垃圾分类，创建35个星级投放点和25个星级单位。抓好中央生态环境保护督察整改，持续提升生态环境质量。

（七）推进文化自信自强，展现新时代江海精神文明新风貌

广泛践行社会主义核心价值观。深入实施习近平新时代中国特色社会主义思想传播工程，抓好“四史”教育，深化大中小幼思政教育一体化建设；选树一批道德模范、身边好人等先进典型，培育时代新人；巩固拓展新时代文明实践阵地，组织开展超1000场文明实践活动；深化全国文明城市创建，促进志愿服务专业化、常态化，倡导全民阅读，让江海文明底色愈加鲜亮。

加强历史文化保护传承。讲好陈少白、陈伯坛等历史文化名人故事，擦亮名人名片；深入挖掘外海龙溪、礼乐龙舟的文化内涵，形成弘扬中华民族传统文化、扩大地方知名度的文化品牌。保护利用好顺天里144号旧址、青青读书会旧址等红色资源，传承革命精神；加快江门纸厂、江门船厂工业遗址保护修复与活化，推进历史建筑修缮工程，延续城市印记，让城市文化资源利用与城市更新有机融合相互促进。

推动文旅体融合发展。加强公共文化服务基础设施建设，促进村（社区）综合性文化服务中心提质增效达标率达70%；推动区图书馆创建国家一级馆。大力发展乡村游、工业游、研学游、红色游等多元旅游业态，积极推进国家级AAA景区、省级休闲农业与乡村旅游示范点创建，力争全年接待游客人数翻番。高质量建成更多公共体育设施，办好“大湾区城市乒乓球邀请赛”“广东省健身气功联赛”等大型体育赛事，积极推广全民健身，让江海群众的生活充满活力。

（八）坚持统筹发展与安全，确保社会大局平安稳定

防范化解重大风险。全面贯彻落实总体国家安全观，坚持统筹推进各领域安全，积极构建大安全格局。加强金融监管和风险预警监测，建立金融稳定保障体系。强化食品、药品、特种设备、工业产品等领域的安全监管。深化“智慧应急”平台建设，加强应急救援队伍和装备配备，全面提升应对处置各领域风险隐患和防灾减灾能力。严格落实安全生产责任制，加强道路交通、城镇燃气、自建房、危化品、消防、水上交通和渔业船舶等重点领域安全监管和风险隐患排查整治，坚决防范发生较大以上安全生产事故。

加强和创新社会治理。坚持和发展新时代“枫桥经验”，推动完善社会治理三级平台建设。深化运用“两中心一基地”创新成果，持续推进智慧社区矫正中心等建设，拓展“粤平安”平台功能模块，提升网格化管理服务效能，打造市域社会治理现代化试点品牌。加强平安江海建设，深入推进警务体制机制改革和社会治安巡防管控“四个一”体系建设，持续抓好常态化扫黑除恶斗争，依法严惩各类违法犯罪。全面实施“八五”普法，开展全国、全省民主法治示范村（社区）创建，增强全民法治观念。

此外，还要全力做好国防动员、征兵、双拥、外事侨务、台港澳、民族、宗教、人防、打私、档案、地方志、妇女、工会、共青团、工商联、残联、红十字会等工作。

全面加强政府自身建设

新征程催人奋进，新作为重在实干。我们要牢记全面从严治党永远在路上、党的自我革命永远在路上，坚持履职尽责、担当作为，加快建设人民满意的服务型政府。

加强党的全面领导。始终把党的政治建设摆在首位，深学笃行习近平新时代中国特色社会主义思想，不断提高政治判断力、政治领悟力、政治执行力，始终在思想上政治上行动上同以习近平同志为核心的党中央保持高度一致。

发展全过程人民民主，主动向区人大及其常委会报告工作，自觉接受人大依法监督、政协民主监督、纪检监察专责监督、群众监督和舆论监督。积极开展法治政府示范创建，把依法行政贯穿到政府工作各方面、全过程，全面推进严格规范公正文明执法。严格落实重大行政决策程序规定，促进行政决策科学化、民主化、法治化。加强政务信息公开，不断提高政府工作的透明度和公信力。

建设廉洁高效政府。推动政府系统全面从严治党不断向纵深发展，坚持以严的基调强化正风肃纪，坚决打赢反腐败斗争攻坚战持久战，锲而不舍落实中央八项规定及其实施细则精神，以钉钉子的精神纠治“四风”，力戒形式主义、官僚主义。坚持干字当头、实字为先，健全为基层减负长效机制，让基层一线干部有更多时间精力谋发展、抓落实。加强审计监督、统计监督，扎实推进第五次全国经济普查。厉行勤俭节约，坚持政府过“紧日子”，让人民群众过“好日子”。

大事记

2022年江海区大事记

1月

1日 江海区人民法院成为江门市唯一一家行政案件集中管辖的基层法院。

12日 市民陈永壮在中国人民解放军南部战区总医院为一名身患血液病的9岁女孩成功捐献造血干细胞约200毫升，成为江海区首例配型成功的造血干细胞捐献者。

18日 中共江门市江海区第十届委员会第三次全体会议召开。全会坚持以习近平新时代中国特色社会主义思想为指导，深入学习贯彻中共十九届六中全会精神，贯彻落实习近平总书记视察广东系列重要讲话和重要指示批示精神、中央经济工作会议精神、广东省委十二届十五次全会和江门市第十四次党代会精神，总结2021年工作，部署2022年工作。全会审议江海区2021年传达学习贯彻落实习近平总书记重要讲话和重要指示批示精神情况以及党建工作情况的书面报告，确定2022年全区地区生产总值增长9%左右目标。

20日 中国人民政治协商会议第五届江门市江海区委员会第二次会议召开。

同日 江门市江海区第十一届人民代表大会第二次会议召开。会议通过《关于江海区人民政府工作报告的决议》《关于江海区2021年国民经济和社会发展计划执行情况与2022年计划草案报告的决议》《关于江海区2021年财政预算执行情况和2022年财政预算草案报告的决议》《关于江海区人民代表大会常务委员会工作报告的决议》《关于江海区人民法院工作报告的决议》《关于江海区人民检察院工作报告的决议》。会议以差额票决的方式确定2022年度江海区政府10项民生实事项目。

21日 江门市江海区十一届人大二次会议票决选出2022年全区十大民生实事，涵盖基础教育、困难群众生活救助、疾病预防和就医保障等内容，包括增加公办中小学、幼儿园学位供给，新建、改扩建一批公办中小学、幼儿园，增加公办学位1600个；公办幼儿园生均经费提高至每生每年1000元，公办小学提高至每生每年1500元，公办初中提高至每生每年2500元，公办普通高中提高至每生每年2000元。城乡低保对象生活保障标准由每月932元提至950元；按照不低于低保标准的1.6倍提高特困人员基本生活供养标准。全区困难残疾人生活补贴由每月200元提高至220元、重度残疾人护理补贴由每月250元提高至280元。全区开展“粤菜师傅”培训150人次；新增技能等级获证人数不少于500人次；实施“南粤家政”品牌计划，开展家政培训不少于500人次。强化疾病预防和就医保障，开展HPV“人乳头瘤病毒”疫苗免费接种，落实门诊医保共济。改善农村人居环境，推动村内道路升级改造。系统、综合开展河流治理，做好河流保护和生态修复。修复历史建筑和不动产文物一批，升级灯光篮球场和新建儿童篮球场12个，村、社区文体广场新增体育健身设施50件。加强食品安全、交通安全和自然灾害风险监控。新增筹集建设保障性租赁住房200套间，开工改造老旧小区6个，惠及居民2000户。深化“数字政府”建设，提供高效便捷的政务服务。

25日　江门市江海区城央绿廊下沙片区的下沙人行天桥向市民开放。下沙人行天桥跨越江门河两岸，东接江南街道下沙公园，西连礼乐街道文昌沙公园，全长427.97米，因桥身状似“玉如意”，又名如意桥，是江门市第一座跨江双塔悬索人行天桥。

26日　江海区人大常委会举行立法意见义务收集员座谈会暨荣誉证书颁发仪式，一批单位和个人获表彰。

同日　外海街道在麻园商业街开展“助商助工”关爱行动，向留在当地过春节的外来务工人员发放“促消费留人心”新年消费券。发放的新年消费券面额30元，共计6000张、价值20万元。

30日　为确保市民群众度过一个平安祥和的新年，江海区各单位部门在物资保障、福利补贴和文化活动等方面推出暖心举措，区总工会为非江门户籍工会会员准备了价值700万元的新春大礼包，新春大礼包包括“学习送积分·齐齐贺新年”奖励积分10万份、“喜江文旅票”价值1000元的春节文旅康养票80份、“留江礼包”26000份、“喜江礼包”18000份和不限名额的价值50元的“亲情通话流量包”；区人社局准备1万张免费的儿童公园门票，派发给就地过春节的异地务工人员及其家属，并联系辖区培训机构开设亲子培训班、素质提升班；区经促局组织辖区内大型商场共同策划春节期间促销方案，派发2022年春节消费券，推出满减、打折、换购和联合促销等不同形式的促销活动；区文广旅体局在线上举办“我为群众办实事”春节期间惠民会演活动，在线下举办“贺岁迎春”春节文化展示活动、江海虎年国潮展和中国锁具历史文化展等活动。

2月

13日　2021年度江门市群众文艺作品评选结果公布，江海区选送的4件文艺作品获奖，其中《领导要宣传》获戏剧类一等奖；《哪吒转世》获舞蹈类二等奖；《喜》《幸福之光》获舞蹈类三等奖。

3月

4日　江海区退役军人金融服务中心在中国农业银行江海支行、中国邮政储蓄银行外海支行挂牌成立。这是江海区深入贯彻落实《中华人民共和国退役军人保障法》，通过设立退役军人金融服务中心的方式，促进新形势下退役军人工作与金融服务有机融合，充分推动军银合作深度发展的创新探索，这是江海区退役军人事务局与中国农业银行江门江海支行、中国邮政储蓄银行外海支行共同打造的江门市首批两家退役军人金融服务实体平台。

5日　江海区举行“志愿建功行，喜

迎二十大”学雷锋志愿服务系列活动启动仪式暨“关爱外来务工人员子女”志愿服务活动。

7日　江门高新区（江海区）税务局智能纳税服务厅启用。服务厅是江门市首个智能纳税服务厅，实现传统实体服务、电子税务局和V-Tax远程可视化办税平台等智慧办税的深度融合，为纳税人和缴费人提供更加智能、便捷、高效的办税缴费服务体验。

14日　2022年“放心消费承诺单位”授牌暨江门市首个消费纠纷诉调对接工作室挂牌成立仪式在高新区火炬大厦知识产权运营公共服务中心举行。消费纠纷诉调对接工作室在江门市消委会、区人民法院、区消委会等3个单位设点，集法院、市场监管局、消委会三方力量，旨在形成多方参与消费纠纷多元化解大格局，降低消费者维权成本，完善消费者纠纷诉调对接机制。活动现场，区市场监管局为江海广场颁发“广东省放心消费承诺商城”牌匾，为江海区新恒美电器商行颁发“广东省放心消费承诺单位”“广东省线下无理由退货承诺店”牌匾，为广州瑞浩投资咨询有限公司江门滘北分公司等5家代表企业颁发“广东省放心消费承诺单位”牌匾。年内全区新增“广东省放心消费承诺单位”179家、“广东省线下无理由退货承诺店”2家、“广东省放心消费承诺商城”1家，其中江海广场是首家“广东省放心消费承诺商城”。至此，全区共培育“广东省放心消费承诺单位”252家、“广东省线下无理由退货承诺店”6家、“广东省放心消费承诺商城”1家。

4月

6日　江海区人民法院与江海区人民检察院举行“化解行政争议、推进诉源治理”合作机制签约仪式，双方共同签署《关于建立推进诉源治理促行政争议实质性化解的协作机制》。

11日　江海区人大常委会举办涉侨基层立法联系工作交流活动。活动现场，区人大常委会与江门市侨联签署加强基层立法联系点建设合作框架协议。区人大常委会、区委统战部和江门市侨联主要负责人以及15名巴西联邦共和国侨领和留学生等参加江门市侨联法律顾问委员会服务站揭牌仪式。

21日　区委统战部、高新区（江海区）税务局与团区委、交通银行江海高新科技支行携手举办“税银促发展、惠侨向未来——走进江门‘侨梦苑’”活动，区委统战部、高新区（江海区）税务局、交通银行江海高新科技支行共同签订“侨梦苑”平台发展合作协议、党支部共建协议，共同推动“侨都赋能”服务效能再上新台阶。

22日　江海区政数局联合恩平市政数局举行江海—恩平政务服务结对合作线上签约仪式，江海区政数局和恩平市政数局签署江海—恩平政务服务结对合作备忘录。

24日　江海区政数局、高新区（江海区）园区党群服务中心举行共建合作启动仪式，联合探索合作发展新机制，构建“基层党建+政务服务”体系。

27日　江海区现役军人李富强在海上执法专项行动中荣立三等功。李富强于1999年入伍，20多年来，多次参加各类大小型任务，累计航行时间7900小时，航程

3万海里；荣立三等功1次、嘉奖7次，获优秀士兵称号8次。

29日　广东省应急产业协会珠西工作站揭牌仪式在江门市江海区高新信息产业港举行。工作站目标是打造国内领先的安全应急产业高质量发展公共服务平台。

5月

2日　继3月底蓬江—江海—恩平推动江门东西部区域平衡发展对接工作会议召开并签订《江海—恩平推动江门东西部区域平衡发展对接合作框架协议》，为推动框架协议落实，构建“1+7+40”工作体系，形成“1张清单、7个方面、40项重点工作”，签订江海—恩平“三结对”帮扶合作备忘录。外海、礼乐、江南三个街道与恩平市牛江、大槐、圣堂三个镇对口合作；外海街道通过“以购代捐”帮助牛江镇产品拓展销路；礼乐街道与大槐镇开展农业、产业合作；江南街道召开“江南—圣堂结对协同发展工作会议”，就基础建设、环境提升和社区治理等方面进行交流。江海区、恩平市互相选派优秀干部8名进行为期一年的全脱产跟班学习；倡导采购恩平特色农产品；共同举办旅游推介会，签署江海—恩平政务服务结对合作备忘录，在608项高频事项两地“市内通办”基础上拓宽事项范围；开展江门—恩平载体区域共建宣传工作；鼓励恩平市利用自有资源、资产和资金，以直接投入或以投资入股、融资等方式，投入江海区工业产业项目；组织开展“经纶江海”人才交流活动、高层次人才国情研修班和人才工作者培训班等交流活动；联合恩平市、蓬江区举办粤菜师傅竞赛活动。

16日　区文化广电旅游体育局、区教育局联合举办第四届江海区“体彩杯”中小学生乒乓球赛，江海区32所中小学共有400名学生参加。

26日　江海区从广东省参选的8个县（市、区）中脱颖而出，被推荐参加国家级全民运动健身模范县（市、区）评审。

6月

3日　礼乐街道举办龙舟活动，庆祝端午节。礼乐龙舟已有300年历史，2007年入选广东省级非物质文化遗产名录。礼乐街道现有南兴坊、南桥坊、忠联坊、联捷坊、中正坊、乌纱里、东门坊、朱紫坊等8大龙舟坊，分别对应天字号、九社、七星、桃果红、白桡、红桡、黄桡、花蓝桡等8条传统大龙舟。礼乐龙舟活动包含着众多民俗传统，如“新龙升水”“采青”“贺庙”“晒标”“龙舟饭”“第一龙舟戏”等。

4日　广东省人力资源和社会保障厅发布批准设立广东省博士工作站名单，江海区2家企业榜上有名，分别是江门市安诺特炊具制造有限公司和励福（江门）环保科技股份有限公司，两家企业分别享受建站补贴50万元。至此，全区建成博士后科研工作站7家（含园区分站4家）、博士后创新实践基地12家，建有广东省博士工作站8家，累计引进博士、博士后115人。

7日　由区市场监督管理局（知识产权局）主办的知识产权运营转化对接活动在江门高新区知识产权运营公共服务中心举行。活动现场，为区内8家“2021年度广东省知识产权示范企业”授牌；广东南方职业学院与江门喜智科技有限公司等公司签署专利技术转让协议；中国银行江门高新科技支行、江门农商银行江海中心支行与江门市艺光科技开发有限公司等公司进行知识产权质押融资授信协议签约。

9日　广东省数字政府市域社会治理“一网统管”示范区和数据要素市场化配置改革试验区揭牌暨首张融合数据元件的数据资产凭证发布活动在江门市江海区举行。

13日　2022年江门市群众艺术花会（少儿艺术）评选结果公布，江海区选送的作品获二金五银五铜奖项，获金奖的作品将代表江门市参加广东省少儿花会复赛。江海区选送的曲艺作品《龙腾江海》、书法作品《欧阳修诗词节选》获金奖；音乐作品《快乐鱼吉祥鱼》，戏剧作品《不能说的秘密》，书法作品《孟子告天下》《崔子玉座右铭》《曹操，诗二首》获银奖；戏剧作品《闪光的翅膀》，书法作品《画禅随笔》《节录三字经》，美术作品《爱环境，爱健康》《暮归》获铜奖。

14日　“书香政协”江海区龙溪湖阅读中心点挂牌成立。除了“书香政协”江海区龙溪湖阅读中心点以外，区政协在区政协机关、礼乐街道党群服务中心分别设立“书香政协”阅览点。

15日　工业和信息化部完成对第四批专精特新（专业化、精细化、特色化、新颖化）“小巨人”企业培育审核工作的公示。江海区有两家企业入选国家级专精特新“小巨人”企业，分别是江门市高力依科技实业有限公司和广东优巨先进新材料股份有限公司。至此，全区共有国家专精特新“小巨人”企业3家，主要涉及新材料领域。

17日　江海区为期3天的“潮好玩江海购”2022江海消费欢乐节在江海万达广场举行，有房展、车展、美食市集等。同时，发放200万元消费补贴和专项优惠。

28日　江海区3个区级非遗项目狮舞（江海佛装狮艺）、麻二佛家拳、刘氏铜木镶嵌传统制作技艺，入选第九批江门市非物质文化遗产代表性项目；陈丽娟（外海面手工制作技艺）等8名传承人申报为第七批江门市非物质文化遗产项目代表性传承人。至此，江海区共有各级非遗代表性项目15个，非遗代表性传承人24名。其中，省级项目1个、省级非遗传承人1名；市级项目8个、市级非遗传承人10名；区级项目6个、区级非遗传承人13名。

同日　江海区举行2022年“广东扶贫济困日”活动仪式。活动仪式通报江海区2021年度扶贫济困慈善公益活动情况，包括筹集各类善款2587.16万元，累计支出2661.92万元。至此，全区共筹得善款1411.44万元。

29日　江海区乡村振兴人才驿站在礼乐街道党群服务中心挂牌启用并举办首场乡村工匠主题讲座。人才驿站是江海区大力实施“人才强基工程”、广泛集聚本土人才资源的载体。

30日　江门市通报2021年度慈善捐赠先进单位和先进个人，江海区一批先进单位和先进个人获表彰，其中江门摩尔科技有限公司被授予江门市杜鹃花慈善捐赠银奖；江门市科恒实业股份有限公司、江门市东乐房地产开发有限公司、广东绿润环境科技有限公司江门市江海区分公司被授予江门市杜鹃花慈善捐赠铜奖；江门市江晟电机厂有限公司、江门市明泰投资发展有限公司以及江门市江艺实业公司法定代表人陈梁暖被授予江门市杜鹃花慈善捐赠公益奖。

7月

1日 江海区立法联系咨询专家座谈会暨聘书颁发仪式在江海基层立法联系点活动中心举行，105名学者受聘为立法联系咨询专家，组成江海区立法联系工作的专业智囊团。区领导易立、余志坚、陈国纯等出席仪式，并为20位江海基层立法联系咨询专家代表颁发聘书。

同日 江海区7个红色驿站挂牌启用。红色驿站是江海区为新业态新就业群体打造的“暖心小屋”，按照快递员、外卖送餐员和网约车司机等就业群体的实际需求，红色驿站分别设在江海万达广场、江海广场、礼乐街道党群服务中心和江海区家政服务中心。

12日 一份装载退役军人优待证的邮件寄达区退役军人服务中心。这是江海区全面启动退役军人优待证办理工作以来收到的第一张退役军人优待证。这张退役军人优待证由外海街道谭玉强申请。江海区重点优抚对象谭玉强现年63岁，1978年应征入伍，服役期间获三等功一次。

18日 外海街道综合行政执法中心新址启用。执法中心新址位于江海区四路外海人民法庭侧，4层，建筑面积532平方米，分为办案区、办公区和生活区三大功能区域，设有听证调解室、案件研判室和装备室等。

26日 国家知识产权局发布关于第二十三届中国专利奖授奖的决定，得实打印机（江门）有限公司“一种双色针式打印机及其使用方法”项目获得第二十三届中国专利优秀奖。这是继2016年量子高科（广东）生物股份有限公司、2018年江门市英特视界科技有限公司后，江海区又一家企业在中国专利奖评选中获奖。

29日 江海区水上应急（消防）救援基地暨江门市益心救援服务站在江门港澳码头挂牌成立。为加强江海区水域救援力量，在江门港澳客运码头旁边设立水上救援基地，由江门市益心应急救援服务队服务江海区水上搜救、防洪抢险和应急志愿者服务等工作，并接受江门港口海事处、江海区水上搜救中心、江海区应急指挥中心和消防救援大队的工作调度。

同日 江海区体育旅游“十四五”工作会议暨“抱团发展、互帮互助”体旅合作交流活动在长廊生态园举行。

同日 江海区召开2022年“最美退役军人”“最美拥军人物（集体）”“最美军嫂”先进事迹报告会暨二等功臣表彰会。王记周、孙雄、吴荣振、黄振光、陈钊鸿、张俊东、毛均民、徐周、李鸿辉、麦棠等10人被授予“最美退役军人”称号；江海区人民法院、江门市公安局江海分局被授予“最美拥军集体”称号；林家荣、胡锦洪被授予“最美拥军人物”称号；潘辅霞、向洋被授予“最美军嫂”称号；黄振林、张锦亮、郭远光、张俊东、梁榴转被授予“二等功臣”称号。

30日 江门高新区智能智造港交付使用。江门高新区智能智造港项目位于江门高新区产业核心区，毗邻江睦路高速路口、江门高新港，5分钟内可接驳高速路网和公共码头，1.5个小时内可到达深圳市和广州市；占地2公顷，建设面积5.3万平方米，总投资2.2亿元，由江门市高新技术工业园有限公司下属公司开发建设，由深圳市航天工业技术研究院有限公司所属深圳航天科创实业有限公司招商运营。

8月

5日 江海区举行退役军人、其他优抚对象优待证首发仪式，首批35人领到优待证。全区累计受理退役军人、其他优抚对象优待证申请办理1375人，完成优待证申领办理发放35人。

6日 民政部发布《关于确认全国农村社区治理实验区结项评估结果的通知》，确认51个全国农村社区治理实验区完成各项实验任务。江海区是广东省唯一通过结项评估的县（区）。2017年，江海区成为全国首批、全省唯一的全国农村社区治理实验区；2020年，江海区成为全省唯一的全国人大常委会法工委基层立法联系点；从全国先进基层党组织、全国乡村治理示范村、全国民主法治示范村的礼乐街道英南村，到入选江门市市域社会治理现代化试点工作第一批示范项目的江南街道江翠社区，江海区通过完善社区、社会组织、社工“三社联动”管理服务平台，发挥社会组织、专业社工扎根乡村优势，基层治理实现从1.0模式到2.0模式的新跨越。

同日 江海区武术、网球代表队参加2022年江门市“中国体育彩票杯”青少年武术套路、网球锦标赛，获三金六银一铜奖项。其中江海区武术协会在武术套路锦标赛上获二金四银一铜奖项，江海区网球协会在网球锦标赛上获一金二银奖项。

8日 由区委组织部举办的驻村强基促振兴第一书记项目擂台赛在高新区（江海区）园区党群服务中心举行。江海区开展党建促乡村振兴示范创建工作，实施驻村强基促振兴项目，各驻村（社区）第一书记围绕基层党建、民生实事、集体经济等申报项目62个，经过评选推荐，进入现场擂台赛项目14个。

18日 大湾区江门五邑华人华侨联谊社团、刚果共和国中国商会、刚果民主共和国中华总商会、柬埔寨人民共和国湖南总商会、柬埔寨人民共和国中国妇女联合会、巴西联邦共和国江门五邑青年联合会等6个海外侨团代表到江海区参观考察，并分别与江海区签订缔结友好合作关系协议。江门“侨梦苑”核心区工作小组成立江门“侨梦苑”核心区智库，把大湾区江门五邑华人华侨联谊社团主席团总主席陈文添、刚果民主共和国中华总商会会长张琪等7人聘为智库专家。活动现场，区领导邓志华为陈文添、张琪等人颁发智库专家聘书。

23日 应急管理与未来城市峰会暨中国产业互联网（江门）峰会在江海区举行。峰会期间，举办江门市安全应急产业园项目集中签约动工活动，14个安全应急产业项目集中签约动工，总投资555亿元。

同日 江海区街道智慧政务大厅管理平台上线，外海、礼乐、江南三个街道同步上线“智慧导办”智能化服务，在全省率先实现县镇两级政务服务大厅全部上线“智慧导办”智能化服务，基层政务服务实现提速升级。

9月

18日 江海区在江门市国防教育训练基地召开2022年秋季新兵入伍欢送座谈会。

24日 江海区启动适龄女生HPV疫苗免费接种工作，并在9月24—25日、10月5—6日开设专场。首日，接种第一针人数为521人。

29日　江海区住建局举办“金秋送惠，乐居江海”活动，派放消费券150万元。

10月

6日　江门市区42路公交车线路优化调整，外海、礼乐、江南三个街道实现“一线通”。优化调整后的42路公交车线路上行途经外海站、江门儿童公园、白水带牌坊、礼乐中学、礼乐站等24个站点；下行途经礼乐站、礼乐医院、城轨江门东站北、中环广场、茶庵寺、外海站等22个站点。

14日　中共江门高新区（江海区）智能家电（光电）产业链委员会挂牌成立，成为江海区首个产业链党委。党委设委员7名，由行业主管部门、属地街道、行业协会以及4名骨干企业党组织有关负责人担任，其中4家委员企业分别位于产业链上、中、下游及全产业链。智能家电是江门高新区（江海区）优势产业之一，光电产业作为智能家电的重要组成部分，包括江门市科恒实业股份有限公司、江门聚科照明有限公司、广东尔漫照明有限公司、江门华辉煌科技有限公司等企业，形成经营主体超百家、产值超百亿元的产业规模，实现产业上下游融合发展。

28日　江海区人民法院举行首批知识产权特邀调解员聘任仪式，10名来自相关律师事务所的律师以特邀调解员的身份，参与江海区人民法院知识产权纠纷调解工作。

11月

11日　江门安全应急产业（北京）孵化器在北京、江门两地同步“云揭牌”，这是中国科学院大学和江门市开展的“校地合作”实体化运作升级。活动现场，江海区人民政府与北京联东投资（集团）有限公司签订战略合作框架协议，中国产业互联网发展联盟与北京联东投资（集团）有限公司签订联合共建江门应急产业（北京）孵化器框架协议，并举行2022中国智慧应急发展论坛活动。

15日　江海区“奋斗青春筑梦江海”青年双创系列活动在粤湾云谷智慧产业园启动。活动聘请9名创业导师参与江海区青年之家、粤湾云谷智慧产业园、YOUNGGUYS青年创意社群平台的创业导师管理服务工作。

25日　区委宣传部开展为期1个月的江海区“最美网格员”网络评选活动，通过线上故事展播和投票形式，评选出江海区2022年度“最美网格员”10名。

12月

1日　江海区入选全国第一批全民运动健身模范区名单。

3日　江海区人社局与恩平市人社局签订《江海—恩平人社领域区域平衡发展合作框架协议》，建立人社领域对口协作机制，进一步深化劳务协调对接、人才合作和人才培训，包括联合举办高层次人才交流活动、人才工作交流活动，探索建立“优才卡”人才驿站资源共享机制，建立江海区恩平市“三支一扶”（支农、支教、支医和扶贫服务人员）交流机制；结合“粤菜师傅”“南粤家政”工程，加强劳动力职业技能培训合作，举办粤菜师傅竞赛及粤菜技能大师交流等活动。

6日　粤港澳大湾区侨梦苑税务驿站（广东江门）启用仪式在江海区粤湾云谷智慧产业园举行。这是中国（江门）“侨梦苑”首个税务驿站。中国（江门）“侨梦苑”是全国首批挂牌的6家“侨梦苑”之一，也是全国唯一一个在非省会、非经济特区城市设立的“侨梦苑”。8月，广州江门税务部门联合助侨工作基地挂牌成立，并发布“税力助侨十条”便民措施，包括在广州、江门两市打造“侨梦苑”税费服务专区。

8日　外海街道村级工业园项目一期动工。工业园项目位于江门市安全应急产业园区侧高新区17号地，整合7个村集体的53.33公顷连片土地资源，总投资20亿元，打造成为59万平方米的安全应急配套产业集聚区，建立厂房90栋、生活服务区10个。项目一期的中东村工业园项目占地7.13公顷，造价4.1亿元，用于配套江门市安全应急产业园区建设，采取“园区+企业+村集体”合作模式分两期开发建设，项目容积率3.0，建筑面积18.4万平方米，建立标准工业厂房15栋、综合大楼1栋。

概览

基本情况

【位置、范围、面积】 江海区是江门市中心城区之一。地处珠江三角洲西缘、江门市东南部，东北隔西江与中山市古镇镇相望，南接新会区睦洲镇，西依江门水道与新会区会城街道分界，北靠蓬江南岸与蓬江区为邻。2022年，江海区面积109.16平方千米，占江门市总面积的1.15%。

【人口】 2022年，江海区常住人口37.74万人，年末户籍总人口19.01万人，常住人口城镇化率100%。全年人口出生率9.1‰，死亡率5.7‰，自然增长率3.4‰。

【行政区划】 江海区是江门市辖县级建制区，与江门高新区合署办公。2022年，下辖外海、礼乐、江南3个街道，设社区居民委员会27个、村民委员会36个。

江海区行政区划一览表

表1

街道	面积（平方千米）	行政村	社区
外海街道	47.1	麻一、麻二、麻三、南山、中东、东南、东升、七东、七西、直冲、东宁、前进	墟镇、金溪、清兰、四大、沙津横、石鹤利、银泉、彩虹、永康
礼乐街道	50.3	英北、英南、东红、跨龙、东仁、雄乡、敬和、雄光、威西、五四、威东、向前、武东、乌纱、新民、新创、向民、新丰、向荣、新兴、向东、新华、丰盛、镇龙	墟镇、文苑、文昌沙、中福
江南街道	11.76	—	桥南、蓬苑、江翠、新中、竹苑、中沙、仁美、建联、银城、正南、永明、北湾、富横、永贤

社会经济发展概况

【经济综述】 2022年，江海区实现地区生产总值302.10亿元，增长2.4%。其中，第一产业增加值7.91亿元，增长7.7%；第二产业增加值184.29亿元，增长2.3%；第三产业增加值109.90亿元，增长2.1%。三次产业结构为2.6:61.0:36.4。人均地区生产总值80335元，增长0.9%。全年地方一般公共预算收入14.28亿元，剔除留抵退税因素后增长1.6%，其中税收收入9.79亿元，下降10.1%。地方一般公共预算支出24.19亿元，增长4.7%。其中，教育支出4.67亿元，增长3.8%；社会保障和就业支出3.38亿元，增长7.2%；卫生健康支出3.13亿元，增长49.1%。

【农业】 2022年，江海区农林牧渔总产值13.5亿元，增长7.9%。全年粮食作物播种面积1879亩，增长52.8%。甘蔗种植面积4406亩，下降47.5%。蔬菜种植面积32742亩，增长0.6%。全年粮食产量639吨，增长51.4%。果蔗产量24875吨，下降39.9%。蔬菜产量54274吨，增长8%。水果产量7114吨，下降8.6%。全年肉类总产量56吨，增长7.7%。全年水产品产量29157吨，增长2%。水产品以南美白对虾、笋壳鱼、淡水河豚、桂花鱼、四大家鱼、锦鲤等品种为主。花卉苗木种植面积3208亩，水果种植面积3096亩。其中巨峰葡萄、向东桃花为传统特色农业。加速发展礼乐腊味、外海面、龟苓膏、预制菜等加工农产品。

【工业和建筑业】 2022年，江海区拥有安全产业类规上企业50家，涵盖抢险救援装备、现场保障产品、生命救护产品和安全应急服务等领域，安全应急产业产值180.15亿元，增长18.38%。新一代电子信息产业发展集中在电子关键元器件、印刷电路板、汽车电子等电子材料、电子元器件和电子产品制造的上、中游，与前沿新材料产业的电子化工材料及智能家电产业相互发展，产值271.87亿元，下降2.1%。前沿新材料产业主要包括新能源电池和石化新材料产业链，以新能源电池为主导，产值205.64亿元，增长4.7%。高端装备制造业主要集中在产业链上游和中游，产值115.78亿元，下降0.1%。智能家电是战略性产业中传统特色产业之一，产值140.3亿元，下降5.2%。生物医药与健康产业链集中在产业链的中游，主要生产化学制剂和医疗仪器设备及器械，产值23.38亿元，增长6.1%。全年具有资质等级的总承包和专业承包建筑企业29个；实现建筑业总产值9.09亿元，增长22.7%；利润总额0.85亿元，增长120%。全年商品房施工面积446.04万平方米，下降10.8%；商品房竣工面积62.37万平方米，下降33.1%；商品房销售面积69.64万平方米，下降1.8%；商品房销售额52.60亿元，下降20.1%。

【服务业】 2022年，江海区批发和零售业增加值14.06亿元，下降5.1%；住宿和餐饮业增加值4.55亿元，下降2.2%；金融业增加值10.45亿元，增长5.7%；房地产增加值22.71亿元，增长0.3%；交通运输、仓储和邮政业增加值6.84亿元，增长11.7%；营利性服务业增加值25.01亿元，增长3.2%；非营利性服务业增加值23.33亿元，增长2.6%。全年规模以上服务业企业实现营业收入19.1亿元，增长0.7%；利润总额0.08亿元，下降86.2%。营业收入分行业看，交通运输、仓储和邮政业增长1%；信息传输、软件和信息技术服务业增长7.4%；租赁和商务服务业下降3%；科学研究和技术服务业增长22.7%；水利、环境和公共设施管理业下降12.9%；文化、体育和娱乐业下降28.1%。

【固定资产投资】 2022年，江海区固定资产投资增长5.6%。第二产业投资增长20.7%，其中工业投资增长20.7%，制造业投资增长24.2%，技改投资增长15.8%。第三产业投资下降4.0%。

【国内贸易】 2022年，江海区社会消费品零售总额66.88亿元，增长5.6%。分行业看，限额以上批发零售业实现零售额35.32亿元，增长13.4%；限额以上住宿餐饮业实现零售额2.23亿元，下降2%。分商品类别看，在限额以上批发零售业零售额中，粮油和食品类增长8.4%，饮料类增长62.1%，石油及制品类增长79.9%，家用电器和音像器材类增长16.4%，汽车类增长7.6%，建筑及装潢材料类增长47.1%，文化办公用品类增长20%。

【对外经贸】 2022年，江海区货物进出口总额301.7亿元，下降3.1%。其中进口总额72亿元，增长5.1%；出口总额229.7亿元，下降5.4%。全年实际利用外资6.74亿元，下降28.8%；合同利用外资18.77亿元，增长91.4%。

2022年江海区国民经济主要指标情况统计表

表2

指　标	计量单位	绝对值	增长（%）
地区生产总值	亿元	302.1	2.4
第一产业增加值	亿元	7.91	7.7
第二产业增加值	亿元	184.29	2.3
第三产业增加值	亿元	109.9	2.1
固定资产投资	亿元	185.7	5.6
社会消费品零售总额	亿元	66.88	5.6
外贸进口总额	亿元	72	5.1
外贸出口总额	亿元	229.7	-5.4
实际利用外资	亿美元	6.74	-28.8
地方一般公共预算收入	亿元	14.28	1.6
地方一般公共预算支出	亿元	24.19	4.7
常住居民人均可支配收入	元	51460	3.9

【人民生活和社会保障】　2022年，江海区城镇新增就业5890人，城镇失业人员再就业3650人，就业困难人员实现就业288人。城镇登记失业率2%，上升0.15个百分点。全年开展劳动力技能培训4074人。全年居民人均可支配收入51460元，增长3.9%，扣除价格因素实际增长1.7%。2022年社会保险基金总收入30.86亿元，其中企业职工基本养老保险基金总收入27.50亿元，城乡居民基本养老保险基金总收入0.35亿元，机关事业单位基本养老保险基金总收入1.24亿元，工伤保险基金总收入0.70亿元，失业保险基金总收入1.07亿元。城镇职工基本医疗保险（含生育）8.8亿元，城乡居民基本医疗保险0.78亿元。参加城镇职工基本养老保险（含离退休）18.54万人，增长5.4%。参加城镇职工基本医疗保险20.09万人，下降0.02%。参加工伤保险13.10万人，增长8.5%。参加生育保险14.18万人，下降0.4%。参加失业保险12.41万人，与上年持平。参加城乡居民社会养老保险4.14万人，下降0.3%。参加城乡居民基本医疗保险7.59万人，增长0.4%。城镇最低生活保障户数123户，人数158人，全年城镇最低生活保障金支出202.85万元；农村最低生活保障户数218户，人数344人，全年农村最低生活保障金支出374.98万元。拥有社会福利院1间，床位800张，收寄养人数490人；儿童福利院1间，床位500张，收养人数80人；养老院3间，床位520张，收寄养人数219人。社区服务中心覆盖率100%，社区服务设施66个。全年共发行销售福利彩票0.69亿元，筹集福利彩票公益金0.09亿元。每万人拥有社会组织数量为5.7个。注册志愿者人数3.85万人，注册志愿者人均参与志愿服务时数累计16.9小时。

【教育】　2022年，江海区地方一般公共预算教育支出4.67亿元，增长3.8%。全区拥有幼儿园52所，小学19所，中学16所。普通高中招生2594人，在校生7476人，毕业生2281人。初中招生3851人，在校生10564人，毕业生2880人。小学招生5135人，在校生30439人，毕业生4131人。幼儿园入园儿童3387人，在园幼儿11181人。小学学龄儿童入学率、初中适龄少年入学率和初中升学率均为100%，高中升学率为99.8%。全年高等教育（含成人高等教育）招生30142人，在校学生59276人，毕业生11644人。中等职业技术学校招生30人，在校学生518人，毕业生1253人。

【科技】　全年地方一般公共预算科学技术支出1.66亿元，下降3.9%。国家级高新技术企业672家；全年净增国家级高新技术企业153家。省级以上创新平台96个。建立工程技术研究中心341家，其中省级工程技术研究中心76家。全年专利授权量4328件，增长3.7%，其中发明专利授权量186件，下降5.1%。有效发明专利1251件，每万人发明专利拥有量15.53件。

【卫生】　2022年，江海区共有各类卫生机构106间，其中医院3间。各类卫生技术人员1268人，床位625张。其中，医院卫生技术人员548人，执业（含助理）医师162人，床位501张。

【文化、旅游、体育】　2022年，江海区有文化馆1个，文化分馆3个，图书馆1个，图书馆分馆3个，基层综合性文体服务中心63个，街道文体服务中心3个，村居社区文化服务站点63个。全区图书馆服务点9个，

24小时自助图书馆3个，图书总藏量54.0万册。全区有15个体育公园，66个文体广场，其中全民健身广场13个，文体小广场53个。公共体育场所总面积120.80万平方米。全年旅游总收入1.71亿元。全年接待游客42.36万人次。2022年江海区文化馆参加江门市群众艺术花会（少儿艺术）比赛，获得二金五银五铜奖项及优秀组织奖。其中书法作品《欧阳修诗词节选》获广东省2022群众艺术花会（少儿艺术）书法作品一等奖、江门市金奖；曲艺作品《龙腾江海》获广东省戏剧曲艺类三等奖，江门市金奖；歌曲《福在人间走》获2022年“感党恩听党话跟党走”乡村振兴江门原创歌曲征集活动一等奖；《轻轻推开窗》获优秀奖；戏剧作品《嘿，少年》获江门市2022年度群众文艺作品评选一等奖。2022年12月，江海区获得国家体育总局颁发的“全民运动健身模范区”称号。

2022年江海区社会事业主要指标统计表

表3

指　标	单　位	数　量
普通中学	所	16
普通中学在校学生	人	18040
小学	所	19
小学在校学生	人	30439
幼儿园	所	52
在园幼儿	人	11181
医院、卫生院	家	3
医院、卫生院床位	张	625
公共图书馆	个	1
博物馆	个	1
国家档案馆	个	1

【城乡建设】 2022年，江海区完成基础设施投资65.6亿元，增长86.7%，增速全市第一；高新路、新港路、金瓯路西延线等总投资超57亿元的34个交通项目动工建设，连海路改扩建、南山路改扩建、一行路（连海路—龙溪路）等14个交通项目完工通车，重点交通项目建设考核排名全市第一。配合市交通大会战，加快中江高速公路扩建、五邑路扩建、会港大道等道路建设。优化固定资产投资结构，工业投资占比40%，基础设施投资占比35%。投入18亿元推进45项城市品质提升工程，建成

油湾公园、文昌沙公园等一批景观提升项目，下沙公园如意桥成为新网红打卡点，完成文昌沙社区、兴南小区等11个老旧小区的改造。年内铺设燃气管道10千米，完成供水管网建设4.2千米，惠及居民8700户。年内增加公共停车位6000个。

【环境保护】 2022年，江海区有污水处理厂3座，污水管网232.6千米，污水处理能力每日34吨，城镇生活污水处理率98.5%。镇级生活垃圾转运站43座，城镇生活垃圾无害化处理率100%。全年规模以上工业综合能源消费量68.56万吨标准煤，下降8.4%。全年全社会用电量36.12亿千瓦时，下降3.2%。全区大气环境质量良好，空气质量优良天数占比81.9%。城市集中式饮用水水源地水质达标率100%。城市昼间区域环境噪声平均值58.3分贝，优于国家区域环境噪声2类区昼间标准；道路交通干线两侧昼间等效声级68.1分贝，符合国家4类区昼间标准。

中共江门高新区工作委员会·中共江海区委员会

综 述

【区委常委会会议】 2022年1月7日，区委召开会议，传达学习贯彻习近平总书记关于疫情防控工作的重要论述，听取江海区疫情防控工作汇报，审议关于进一步完善区委区政府会议制度意见。

1月17日，区委召开会议，传达学习贯彻习近平总书记关于党史学习教育重要指示精神、在中央政治局党史学习教育专题民主生活会上的重要讲话精神，学习《中国共产党党内监督条例》《关于新形势下党内政治生活的若干准则》等党内法规，学习《把握历史主动 争做建设新侨都的奋进者》理论文章，审议中共江门市江海区第十届委员会第三次全体会议材料、江门市江海区第十一届人民代表大会第二次会议材料、2022年新增专项债券提前批发行项目、高新区（江海区）区街财政管理体制方案、中国（江门）国际绿色光源博览交易中心天桥及特展馆项目投资建设合作协议补充协议、进一步完善被征地农民养老保障政策、高新区（江海区）安全管理问责制度、收储江海区外海沙津横子沙围土地使用权事项、2021年度江门高新区（江海区）经济社会发展绩效考核实施方案、江海区推荐广东省出席党的二十大代表候选人推荐人选名单。

1月28日，区委召开会议，听取各街道党工委书记、区直机关工委书记、区国资局党委书记和区教育局党组书记述职并进行评议。

2月11日，区委召开会议，传达学习贯彻习近平总书记在十九届中央纪委六次全会上的重要讲话精神，听取江海区人大常委会党组2021年工作情况报告、中共江门市江海区人民政府党组关于2021年主要工作情况的报告、2021年以来江海区政协党组工作和年度协商计划、民主监督计划执行情况报告、区纪委监委2021年工作情况报告、2021年以来江海区人民法院党组工作情况报告、2021年以来中共江门市江海区人民检察院党组工作情况报告、江门市国土空间总体规划编制阶段进展情况汇报，审议江门高新区（江海区）打造千亿工业园区实施方案、2022年1月发行新增专项债券项目资金分配事项、审议江门市江海区2022年度国有建设用地供应计划。

2月16日，区委召开会议，传达学习贯彻习近平总书记关于个人事项报告工作的重要指示批示精神、市委十四届二次全会精神，审议2022年领导干部个人事项报告、江海区区本级财政性资金支出审批权限规定、江睦路项目复工方案、推进景观中轴及东西路项目建设事项、推进高新路项目建设事项、推进龙溪路项目建设事项、推进新港路项目建设事项、推进沙河路项目建设事项、推进云沁路项目建设事项。

2月21日，区委召开会议，传达学习贯彻习近平总书记在省部级主要领导干部学习贯彻党的十九届六中全会精神专题研讨班开班式上的重要讲话精神，对党的建设研究工作、做好“三农”工作作出的重要指示、中央农村工作会议精神，《关于更加有效发挥统计监督职能作用的意见》及国家统计局会议精神，审议推进2022年江海区桥梁维修、人行道改造、市政配套改造及防洪排涝工程项目建设事项。

3月11日，区委召开会议，传达学习贯彻习近平总书记在中国文联十一大、中国作协十大开幕式、党外人士座谈会、全国宗教工作会议上的重要讲话精神，传达学习贯彻岸明同志到江海调研的讲话精神，通报财政收支情况，审议上报江海区土地储备中心2022年储备计划事项、调整工业用地出让底价事项、投资中创新航江门基地项目事项、出资中创新航江门基地项目事项、江门市高新技术工业园有限公司2022年一季度融资计划事项、高新区4号地30.44亩土地债权债务处理情况及处理意见事项、江海区2022年区本级城市教育费附加和地方教育发展专项资金分配方案、应急产业园项目首期（礼乐属地）征地拆迁补偿方案、2022年度礼乐街道耕地提质改造项目收地补偿方案。

3月14日，区委召开会议，学习贯彻全省传达贯彻习近平总书记重要讲话精神暨全国两会精神干部大会和市委常委会（扩大）会议精神。

3月24日，区委召开会议，传达学习贯彻习近平总书记在中央党校（国家行政学院）中青年干部培训班开班式上的重要讲话精神、3月17日中央政治局常务委员会会议上的重要讲话精神、3月19日全国新冠肺炎疫情防控工作电视电话会议精神，听取江海区中青年干部培训情况和疫情防控工作情况，研究部署有关工作，传达学习贯彻江门市政治安全工作会议精神，研究部署江海区政治安全工作，审议江海区发展新型农村集体经济专项改革试点实施方案、江海区“人才强区”行动计划（2022年—2024年）、江海区打造全国博士后创新（江门）示范中心核心区行动计划（2022年—2024年）、对2022年3月发行新增专项债券项目资金分配及调整1月新增专项债券项目资金事项、高新区（江海区）2022年重点建设项目计划、实施江海区实验小学二期和江南小学扩建提质工程项目事项、礼乐街道工业留用地集中安置区（一期）征地拆迁补偿方案。

3月29日，区委召开会议，传达学习贯彻习近平总书记关于社会治理和应急管理的重要论述精神，研究部署“两中心一基地”和安全应急产业园等工作，审议高新区3号地金瓯路与连海路交界东北侧国有建设用地使用权供地方案、江海区老旧小区整体改造项目（一期）项目建设方案、推进江海区市政防洪排涝专项工程、2022年江海区桥梁维修改造工程项目建设方案。

4月11日，区委召开会议，传达学习贯彻习近平总书记关于安全生产的重要论述精神，传达市委十四届三次全会精神，提出江海区贯彻意见，审议加强党建引领基层治理网格化工作实施方案、江海区2022年增减挂钩跨省域调入节余指标需求事项。

4月26日，区委召开会议，传达学习贯彻习近平总书记对统筹推进疫情防控和经济社会发展的重要指示精神，部署统筹推进江海区疫情防控、经济社会发展和安全生产工作，传达学习贯彻全国、全省、全市组织部长会议精神，审议《中共江门市江海区委关于加强党的全面领导和党的建设 为推动江海高质量发展提供坚强政治保证的实施意见》、2022年支持小微企业留抵退税有关专项资金分配事项、江门高新区（江海区）国家知识产权试点园区三年行动计划（2022年—2024年）。

5月13日，区委召开会议，传达学习贯彻习近平总书记在庆祝中国共产主义青年团成立100周年大会上的重要讲话精神，以及关于疫情防控工作的重要讲话精神和对湖南长沙居民自建房倒塌事故的重要指示精神，传达学习贯彻全国、全省、全市打击整治养老诈骗专项行动部署会议精神，审议江门高新区（江海区）2022-2025年政府投资项目计划、江门高新区（江海区）推动科技创新办法、下达第二批支持基层落实减税降费和重点民生等转移支付资金分配事项、明确受偿接管原城信社资产债权归属事项、关于搭建发展江海区资产营运平台工作方案、工业园公司申请银行贷款事项、礼乐街道向东村三益围收储用地项目征地拆迁补偿方案、推进2022年度江门市江海区礼乐街道3个垦造水田项目建设事项。

6月1日，区委召开会议，传达学习贯彻习近平总书记重要文章《坚持把解决好“三农”问题作为全党工作重中之重 举全党全社会之力推动乡村振兴》精神，通报2020年度推进乡村振兴战略实绩考核工作情况，研究部署江海区贯彻落实工作，传达学习贯彻市委、市政府主要领导到江海调研的有关指示精神，提出江海区贯彻意见，听取2022年江海区12345政务服务便民热线工作情况汇报，审议江海区农村发展党员违规违纪问题处理意见、2021年度党（工）委（党组）书记抓基层党建工作考核结果事项、推进江海区社会智慧治理技术创新中心与安全应急产业标准厂房园区建设项目事项。

6月14日，区委召开会议，传达学习贯彻习近平总书记对信访工作的重要指示精神，《信访工作条例》《中华人民共和国反有组织犯罪法》和有关文件、会议精神，听取江海区防范化解重大风险工作情况汇报，审议区文物局领导职数事项、江海区专职网格员薪酬待遇实施方案、申请追加2022年度专职网格员人员经费事项、实施江海区人民医院升级改造工程部分项目事项、推进金瓯路西延线工程（一期）建设的事项、金瓯路西延线（礼乐先行段）工程征地拆迁补偿方案、高新区（江海区）2022年财政预算调整方案、江门市江海区资产经营管理有限公司2022年融资计划。

6月24日，区委召开会议，传达学习贯彻习近平总书记关于疫情防控、经济发展、社会稳定和安全生产的重要指示、李克强总理关于安全生产的批示、3月31日全国安全生产电视电话会议和6月19日省、市专题工作会议精神，传达学习贯彻6月24日江门市中小微企业诉求平台专题推进会议精神，听取稳步推进江门高新区（江海区）生活垃圾分类工作情况汇报，审议出席江门市工会第十六次代表大会代表候选人初步人选事项、江海区生态环境保护和中央生态环境保护督察整改工作、关于支持江海区“5+2”重点产业、重点项目引育紧缺适用人才的意见、江门高新区（江海区）支持专精特新中小企业高质量发展办法。

7月15日，区委召开会议，传达学习贯彻习近平总书记关于疫情防控工作的重要指示精神、7月12日全省和全市疫情防控工作电视电话会议精神，传达学习贯彻市委乡村振兴战略领导小组办公室专题会议精神，审议规范江海区事业单位工作人员及机关工勤人员工资津贴补贴工作方案、推进馆北东路等工程建设事项、申请追加2022年江海区交通线疫情防控专项经费事项、礼乐街道长乐尾围至天福围地块征地拆迁补偿方案、申请滘头联星股份经济合作社“三旧”改造项目已缴交土地出让金返还事项、江门市江海区民办义务教育学校政府购买学位工作方案。

7月26日，区委召开会议，传达学习贯彻习近平总书记在庆祝香港回归25周年大会暨香港特别行政区第六届政府就职典礼上的重要讲话精神和省、市有关会议精神，传达学习贯彻习近平总书记关于国家安全工作重要论述精神、市委常委会会议精神、全市党委国安办主任会议和市国家安全人民防线建设领导小组会议精神，传达学习贯彻习近平总书记在中央政治局第四十次集体学习时关于一体推进“三不腐”能力和水平的重要讲话精神、学习《中国共产党纪律检查委员会工作条例》，听取2021年度实行最严格水资源管理制度专项考核结果及2022年6月份水质考核的情况汇报，审议区委全面深化改革委员会2022年改革工作安排、开发建设高新区新港路和前业路交界西南侧地块事项、启用汇美公寓作为集中隔离场所事项、调整2022年第二批新增专项债券资金用途事项。

8月1日，区委召开会议，传达学习贯彻习近平总书记在中央统战工作会议上的重要讲话精神和全国、全省、全市统战部长会议以及市委常委会会议精神，研究部署江海区统战工作，传达学习贯彻国家、省、市信访工作会议精神，听取十届区委第二轮巡察综合情况和十届区委第一轮巡察集中整改情况报告，通报江门高新区（江海区）促进制造业企业增资扩产办法。

8月12日，区委召开会议，传达学习贯彻习近平总书记关于“三农”工作和实施乡村振兴战略的重要论述精神，听取江海区农村厕所革命、粮食安全、巩固拓展脱贫攻坚成果、推进乡村振兴战略实施工作情况汇报，通报关于加强动态编制绩效管理办法，审议调整区委办领导职数事项、江海区创建全国文明城市三年行动计划。

8月31日，区委召开会议，传达学习贯彻习近平总书记关于党的建设的重要指示精神、市委常委会会议（30次）精神，审议中共江门市江海区委党的建设工作领导小组2022年工作要点、开展法治宣传教育的第八个五年规划（2021—2025年）、江门高新区（江海区）安全应急产业扶持办法、江门高新区（江海区）招商引资扶持方法、江门市高新技术工业园有限公司2022年下半年度融资计划事项。

9月19日，区委召开会议，传达学习贯彻习近平总书记在省部级主要领导干部专题研讨班上的重要讲话精神，传达学习贯彻中共中央办公厅转发《中央宣传部、中央组织部关于认真组织学习〈习近平谈治国理政〉第四卷的通知》《中共广东省委关于认真学习宣传贯彻〈习近平谈治国理政〉第四卷的通知》文件和省有关会议精神，审议江门高新区（江海区）2021年度经济社会高质量发展考核结果事项、江海区（高新区）2022年度经济社会高质量发展绩效考核实施方案、启动江新联围外海堤段防渗加固工程事项。

9月26日，区委召开会议，听取9月23日上午国务院、省、市安全生产工作会议精神、9月20日上午省、市疫情防控和安全稳定工作会议精神贯彻落实情况汇报，研究部署江海区下一阶段工作。

9月30日，区委召开会议，传达学习贯彻习近平总书记在8月30日中央政治局会议上的重要讲话、关于总体国家安全观和网络安全工作的重要论述以及有关会议精神，审议江海区2022年全面依法治区工作要点、法治江海建设规划（2022—2025年）、第三批次及调整批次发行新增专项债券项目资金分配事项、区金信公司增资扩股事项。

10月14日，区委召开会议，传达学习贯彻《习近平谈治国理政》第四卷关于“不断提高政治判断力、政治领悟力、政治执行力”的重要论述精神，传达学习《中共中央办公厅关于浙江省嘉兴市违规改扩建南湖宾馆问题查处情况的通报》《市纪委监委关于党员干部酒驾醉驾情况通报》精神，审议两馆一中心场地租赁服务采购有关事宜。

10月21日，区委召开会议，传达学习贯彻习近平总书记关于疫情防控工作的重要论述，通报江海区五邑路西北侧国有建设用地使用权供地方案、江门市高新区43号地段国有建设用地使用权供地方案、江门市江海区村级工业园升级改造实施意见情况、江门高新区（江海区）工业类用地升级改造的实施意见情况，听取江海区文明城市创建和文明实践工作、未成年人思想道德建设工作、2022年“扫黄打非”工作情况汇报，审议江海区本级2022年压减支出和盘活存量资金调整支出结构事项、高新区35号地龙溪路与朝翠路交界处西南侧国有建设用地使用权供地方案。

10月25日，区委召开会议，传达学习贯彻党的二十大、党的二十届一中全会精神和市委常委会（扩大）会议精神，研究江海区贯彻落实意见。

11月2日，区委召开会议，传达学习贯彻党的二十大、党的二十届一中全会精神和省、市有关会议精神。

11月4日，区委召开会议，传达学习贯彻习近平总书记在10月25日中共中央政治局会议、中央政治局第一次集体学习时的重要讲话精神，传达学习贯彻省委主要领导在全省干部会议上的讲话精神、10月29日省委常委会会议和10月30日市委常委会会议精神，研究部署江海区贯彻落实意见，通报江门高新区（江海区）关于支持市域社会治理产业发展办法，审议中共江门市江海区委关于认真学习宣传贯彻党的二十大精神通知、江海区学习宣传贯彻党的二十大精神总体工作方案、向工业园公司注入停车泊位（场）特许收费经营权实施行动方案。

11月25日，区委召开会议，传达学习贯彻习近平总书记关于疫情防控的重要批示精神、在中共中央政治局常务委员会上的重要讲话精神以及对河南安阳市凯信达商贸有限公司火灾事故作出的重要指示精神，11月11日全国新冠肺炎疫情防控工作电视电话会议、11月18日省委常委会会议，11月14日全省、全市疫情防控工作电视电话会议精神，集中学习《中国共产党章程（修正案）》，传达学习贯彻《中共中央关于认真学习宣传贯彻党的二十大精神的决定》、中共中央办公厅《推进领导干部能上能下规定》《中共广东省委关于认真学习宣传贯彻党的二十大精神的通知》《中共广东省委办公厅关于印发〈学习宣传贯彻党的二十大精神总体工作方案〉的通知》，党的二十大精神中央宣讲团宣讲报告会暨全省市厅级主要领导干部学习贯彻党的二十大精神专题研讨班开班式精神，审议增加江海区政协机关专门委员会事项、江海区法治政府建设实施纲要（2022—2025年）、江海区法治社会建设实施纲要（2022—2025年）、追加江海区疫情处置工作经费事项、公开处置区银信公司61套物业事项、高新区26号地龙溪路和新港路交界处东北侧国有建设用地使用权供地方案。

12月10日，区委召开会议，传达学习贯彻12月7日省委常委会会议精神、省委十三届二次全会和12月9日省委常委会会议精神、市委常委会（扩大）会议精神，研究部署江海区贯彻落实意见。

12月13日，区委召开会议，传达学习贯彻习近平总书记在瞻仰延安革命纪念地和在陕西延安、河南安阳考察时的重要讲话精神，对第五个“中国农民丰收节”的重要指示精神和11月4日省委常委会会议精神；集中学习《中国共产党农村工作条例》《中国共产党农村基层组织工作条例》《广东省乡村振兴促进条例》精神，传达学习十九届中央纪委向党的二十大的工作报告关于巡视工作的部署要求以及听取十届区委乡村振兴资金管理使用暨农村集体“三资”专项巡察综合情况，审议江海区执法机关和司法机关向纪检监察机关移送问题线索工作办法、区政协专门委员会领导职数事项、区直机关工委领导职数事项、申请补缴江海区2022年度机关事业单位养老保险和职业年金事项、开展27号地智慧路北侧235亩及26号地新港路北侧231亩土地填土工程事项、高新区（江海区）2022年财政预算调整方案（第二次）事项。

12月30日，区委召开会议，传达学习贯彻习近平总书记在中央经济会议、12月6日中共中央政治局会议上的重要讲话精神，中共中央、国务院《扩大内需战略规划纲要（2022—2035）》文件精神和12月18日省委常委会会议精神，传达学习贯彻习近平总书记关于保障国家粮食安全的指示批示精神，通报江海区2022年粮食安全工作情况和2023年粮食安全工作计划，审议江门市江海区2022年法治政府建设年度报告、江门市江海区农村人居环境整治提升五年行动方案（2021—2025年）、江门市江海区2023年度国有建设用地供应计划事项、江海区公共停车泊位（场）事项、江门市高新技术工业园有限公司2022年下半年度补充融资计划事项、2021年地方政府专项债券资金使用整改重新分配事项。

【区委工作会议】 2022年1月29日，区委召开消防专题工作会议，研究部署2022年度有关工作。

3月28日，区委召开专题会议，研究法治广场安全保卫工作。

5月30日，区委召开经济工作专题会议，调度全区经济运行工作。

6月14日，区委召开全区经济工作半月分析会，并就下阶段经济工作进行部署。

6月28日，区委召开光博汇项目重大社会风险化解专题会议，制订化解方案。

7月1日，区委召开全区经济工作半月分析会，部署安排下一步经济工作。

7月6日，区委召开深化全国文明城市创建专题工作会议，研究《江海区创建全国文明城市三年行动计划》工作清单实施事项。

8月16日，区委召开信访案件化解工作专题研究会。

8月19日，区委召开泰达公司破产重整工作小组专题工作会议。

8月30日，区委召开书记专题会，听取华夏幸福项目进展情况汇报，研究部署下一步工作。

9月29日，区委召开专题工作会议，研究工业园区专项整治过程中需要解决的问题，部署下一步工作。

10月10日，区委召开专题工作会议，听取党建引领基层治理工作汇报，研究部署下一阶段重点工作。

10月17日，区委召开专题工作会议，听取人才工作汇报，研究部署下一阶段重点工作。

10月25日，区委召开专题工作会议，听取党建引领基层治理工作情况汇报，结合贯彻落实中共二十大精神，研究部署下一阶段工作。

10月26日，区委召开专题工作会议，听取疫情期间场所码扫码大行动工作情况汇报，研究部署下一步工作。

11月8日，区委召开消防专题工作会议，听取全区火灾防控和灭火救援工作情况汇报，研究部署启动外海街道中东片区城市消防站项目建设和独立联网式火灾探测报警器、智慧用电检测系统推广安装等工作。

12月17日，区委召开专项工作会议，研究协调解决诊疗平台在开发建设、数据流转、闭环管理和推广应用等方面存在的问题，并就响应平台推广使用工作作部署。

【办文办会】 2022年，区委办印发《江海区委办公室、区政府办公室公文处理操作规程》《公文报送工作指引》，进一步严格工作标准，规范工作流程，完善工作制度。全年收办上级来文9532件，下级请示、报告1450件；核发文件3150份，会议纪要、备忘文件206份。办理中央、省、市各级会议和培训500场，区级会议300场。组织筹办江海区第十次党员代表大会、区委十届一次全会等重大会议，协助人大、政协会议的会务工作。严控文件印发，缩减会议数量，全年印发全口径文件压减12.7%，区级会议压减15.3%。

【筹办活动】 2022年，区委办完成国家有关部委、省有关领导和市有关领导到江海区调研考察80次。统筹筹办重大会议和项目动工等重大活动30场次。统筹协办江海智慧安全应急联合实验室视频签约仪式、2022首届应急管理与未来城市峰会暨中国产业互联网（江门）峰会等活动。

【规范性文件审查】 2022年，区委办完成区级党内规范性文件前置审查、制定报备工作。全年全区印发党内规范性文件3份，全部按时报备并审查通过。坚持有件必备、有备必审、有错必纠原则，开展各街道、区直各部门党内规范性文件备案审查工作，定期审核各单位发文目录，及时发出工作提醒。全年下备一级党内规范性文件12份，审查发现问题文件2件，并作提醒、修正。推行法律顾问制度，续聘专业律师为区委法律顾问，参与党内规范性文件的合法性审查并提供法律意见。

【紧急信息报送和重大突发事件处置】 2022年，区委办向江门市委、市政府报送各类突发事件信息专报、后续处理情况报告、落实领导批示精神报告等材料80篇，办理江门市领导批示100份，办理街道和单位、部门领导外出及休假请示70余起，妥善协调处置礼乐街道2名村民失联和疫情防控、公交车碰撞行人1人致死、“9·3”房屋倒塌事件、防御22号台风“尼格”以及“12·26”厂房火灾等系列事件，确保区委区政府指令传递、协调联络“全天候、不间断”，确保紧急信息报送工作有规可依。

【调研工作】 2022年，区委办结合全区中心工作，围绕基层党建、知识产权保护、营商环境、乡村振兴、高质量发展、科技创新和城市品质提升等领域，开展战略性、综合性和政策性专题调研，包括组织开展和迎接省、市领导及兄弟单位考察调研10次，形成《关于党建引领基层治理的调研报告》《关于江门“侨梦苑”核心区涉侨企业有关情况的调研报告》《关于江门高新区与三江、睦洲联动发展调研报告》等多篇调研报告。加强与市委办、市委调研室、市委改革办和市委政研室等部门的沟通联系，配合提交各类报告数十篇。全年参与区主要领导有关座谈、调研、慰问和督查等重要活动。

【改革办工作】 2022年，区委办对接中央、省委、市委改革工作部署要求，突出系统集成，强化统筹谋划，推动战略性改革和创造型、引领型改革，出台重点改革任务100项和若干改革文件，推进若干重点改革项目。通过召开专题会议，定期开展改革自查工作，研究细化工作措施，及时上报改革进展及工作亮点情况，撰写的《江海区扎实推进网格化管理全面提升基层治理能力》等改革信息被江门市委改革办采用并向全市推广。

【督查工作】 2022年，区委办印发专项督查事项57期。共整理印发区委书记指示督办事项21期、事项504条；批示33期、事项403条。全年深入企业、建筑工地、村（社区）等重点场所开展督导80次，帮助协调解决相关问题120项。会同区人大、区政协、区纪委监委、区委组织部等单位和部门组成经济督查组，开展现场督查30次，座谈20次。全年安排区政府工作清单任务89项。共印发区长指示28期、事项203条；批示21期、事项169条。制订、完善《关于做好全区“六稳”工作落实“六保”任务情况督查激励鞭策通报机制工作方案（2022版）》。印发全区十件民生实事33项及其任务分解表，通过有效协调推动工作落实，年内33项民生实事均全面完成。推进第49期江门市委常委会会议交办事项和129期《专项督查通知书》督办落实工作，完成市委下派的跟进事项119项、市政府下派的跟进事项107项督查反馈。每月固定通过江门市督查督办电子监察系统及市有关部门报送跟进事项68项，每季度、每半年报送市长调研、政府党组相关会议落实等事项9项，全年报送工作信息28期。

【中共江门高新区工作委员会负责人名录】

副书记：郑丹辉
　　　　朱辉荣
委　员：甄瑞珠（5月任职）
　　　　曾　立
　　　　刘宏杰（5月任职）
　　　　岑明俸
　　　　刘　刚
　　　　曾国华
　　　　邓志华
　　　　郑伟潮
　　　　陈小平（7月任职）
　　　　叶茂森（3月任职，任至9月）
　　　　肖咏延（任至5月）
　　　　庞晋山（任至5月）
　　　　颜胜华（任至1月）
　　　　陈焕溪（任至3月）
　　　　曾计开（任至3月）

【中共江门市江海区委员会负责人名录】

副书记：郑丹辉
　　　　朱辉荣
　　　　易　立（任至8月）
　　　　李　敏（9月任职）
常　委：甄瑞珠（5月任职）
　　　　曾　立
　　　　岑明俸
　　　　刘　刚
　　　　曾国华
　　　　张连军
　　　　邓志华
　　　　陈小平（7月任职）
　　　　颜胜华（任至1月）
　　　　肖咏延（任至5月）

组织工作

【干部监督】　2022年，区委组织部落实“凡提四必”（干部档案必审、个人事项必核、纪检意见必听、信访举报必查）、动议即审和部门联审制度，全年开展联审657人次。规范选人用人专项检查，制订《江海区结合区委巡察开展选人用人专项检查实施方案》，建立专项检查组人才库。开展区委2021年度干部选拔任用工作“一报告两评议”（专题报告干部选拔任用工作情况,评议干部选拔任用工作和选拔出来的干部）及领导干部政治表现、担当作为情况测评。举办组织人事业务培训班，对机关党建、干部选拔任用、干部人事档案、干部监督、公务员管理和机构编制管理等内容进行指导。规范因私出国（境）管理，完成证照移交38人，办理新增、变更和撤销备案156人次。深入开展领导干部违规兼职取酬、“裸官”等专项整治，加强常态化监管。做好领导干部经济责任审计，提请对干部经济责任审计1人，完成离任领导工作交接44人次。开展干部队伍作风建设专题调研，结合政治巡察和选人用人专项检查等工作，对领导班子和领导干部担当作为情况监督检查。

【人才培育服务】 2022年，区委组织部印发江海区“十四五”人才队伍建设工作清单，推进产业、教育、医疗等人才队伍建设，人才总量新增10073人，江门市下达任务完成率169.72%，排名全市第三。实施博士和博士后专项政策，新增博士（后）20人，增长30.77%，增量全市第二。培育国家级、省级、市级人才，入选国家重点人才计划1名，累计4名。入选广东省重点人才计划1名，获“侨都十大工匠”称号1人，获“侨都百优工匠”称号23人。选聘首批江海区“招才大使”，与第三方合作在湖北省武汉市、湖南省长沙市等城市建立首批引才工作站，发动5名外籍人才和留学归国人员申报国家级重点人才计划；1名韩国籍博士入选国家高端外国专家引进计划；5个留学归国人才项目入选江门市留学归国人员创新创业项目。组建邑青联盟江海分部，创立“奋斗青春筑梦江海”青年人才工作品牌，举办青年双创系列活动。引进国创中心专家团队加入工作专班，对接深圳航天工业技术研究院的政法智能化示范基地和航天科工集团华南创新中心、华为（江门）人工智能创新中心等25个项目落地。网商时代江门孵化器认定为国家级孵化器，全区国家级孵化载体增至4家。全区拥有在孵企业370家，在孵企业创新创业人员4900人，完善“1+4+N”博士（后）创新平台体系建设，推荐江门市安诺特炊具制造有限公司、励福（江门）环保科技股份有限公司等2家企业入选广东省博士工作站，累计拥有博士、博士后科研平台27家。新增市级工程技术（研究）中心5家，全区累计拥有新型研发机构、工程中心、科技特派员工作站、企业技术中心等创新平台373家，高新技术企业存量600家。全年走访慰问高层次人才105人次，收集意见建议38条，解决人才需求11个。开发“江海人才通”小程序平台，为人才提供政策查询和补贴申请、活动报名服务，完善优才卡制度。探索江海区、恩平市两地人才驿站资源共享机制，落实人才安居保障，出台配建住宅接收方案，把425套配建房纳入人才安居住房。

【“双报到、双服务”工作】 2022年，区委组织部健全机关干部“平急转换”机制，拓展“双报到、双服务”（党组织到驻地社区报到、党员到常驻社区报到，党组织服务基层、党员服务群众）活动，在全市率先实现村、社区“双报到、双服务”结对全覆盖，推动40个区直单位党组织每月至少到村、社区开展志愿活动1次。全区40个结对单位作为驻网格部门，派出190名党员干部担任结对村、社区兼职网格员，选派44名市直、区直结对机关企事业单位中层干部担任“双报到、双服务”结对社区“大党委”兼职委员，定期参加社区“大党委”联席会议，协调解决基层治理一线工作。

【党员发展】 2022年，江海区发展党员139名，其中区直机关38名、外海街道49名、礼乐街道32名、江南街道20名。在人员类别方面，兼顾机关、村居、两新组织（新经济组织和新社会组织）等各个领域，其中机关10名、事业单位23名、农村20名、社区9名、两新组织74名、国有企业1名、经联社1名。学历结构方面，研究生学历7名、大学本科学历63名、大学专科学历39名、高中学历

21名、初中及以下学历7名。年龄结构方面，25周岁及以下8名、26～35周岁56名、36～45周岁46名、46～60周岁22名。

【干部队伍建设】 2022年，区委常委会会议共讨论区管干部人事议题14次，调整配备区管干部206人次，提拔重用干部46人次，晋升职级42人次。提拔重用担任街道、区直单位“主要负责人”11名，担任街道、区直单位副职18名。安排担任信访督导员副科级干部14名，其中上级对口部门跟岗锻炼10名、到恩平市挂职锻炼8名、黑龙江省七台河市开展园区共建1名、到佛山市跟班学习1名，统筹全区31名年轻干部交流任职。选树“江海区担当作为履职尽责好干部”6人，2022年授予19名先进个人和10个先进集体荣誉称号。向江门市委组织部推荐各行业物色优秀代表、委员人选，江海区获选广东省第十四届全国人大代表1名，广东省第十四届人大代表2名，政协第十三届广东省委员会委员1名。进一步完善考核评价机制，分别对3个街道、41个区有关单位科学划分的20项和16项考核指标开展全面考核，细化负面清单处理意见23项，加大奖优罚劣、治庸治懒力度，营造鼓励先进、鞭策后进的良好氛围。

【“两新”组织党建】 2022年，江海区新建高新技术企业、侨资企业等“两新”（新经济组织和新社会组织）党组织38家，推动两新党组织扩面提质。快递物流、外卖送餐和网络直播等新业态党组织建设工作全面推进，发动新就业群体担任兼职网格员，成立智能家电（光电）产业链党委，带动200家企业、100名党员推动光电产业集群化健康发展。围绕市委“港澳融合”“侨都赋能”工程，成立江门“侨梦苑”党委，持续提升侨资企业党建水平，推动江门“侨梦苑”核心区提档升级。

【城市社区党建】 2022年，江海区发挥街道“大工委”、社区“大党委”工作效能，推动参与基层治理事务较多的城管、民政和公、检、法、司等中层以上干部以及人民调解员、律师顾问、驻点法官等350人担任兼职委员。全区住宅小区和符合组建条件的25家物业服务企业实现党组织全覆盖，建成全市首个物业管理委员会。在江南街道新南小区试点引入国有物业服务，探索老旧小区治理新模式，治理模式在全市推广。年内全区增加社区工作者134人，其中大专以上学历达91.3%。

【乡村党建】 2022年，区委组织部深化推广礼乐街道英南村党建引领基层治理经验做法，全区全面建立完善党员责任岗、村规民约积分管理和村民议事会等制度，全省唯一一个全国农村社区治理实验区通过民政部结项评估，英南村再获“全国先进基层群众性自治组织”称号。落地驻村强基促振兴项目62个，推动流动党员管理、小微权力清单责任追究等7项制度试点。与恩平市开展东西部村党组织结对共建工作，定期联合开展党建学习、乡村发展和产业合作等共建交流活动。

【党建引领基层治理】 2022年，江海区成立区委党建引领基层治理领导小组，设立9个工作专班，围绕“五治融合”（政治、自治、法治、德治、智治）不断提高基层治理社会化、法治化、智能化和专业化水平。深化智慧网格治理，全区优化划分智慧网格190个，细分最小单元2590个，建立“街道—村（社区）—网格—最小单元”责任链条，全覆盖组建实体型网格党组织（含党小组）168个，摸排采集网格内“人、地、事、物、组织”等43项基础信息并建立台账。按照“一格两员”配备专职网格员，制定队伍建设办法、考核办法、薪酬待遇方案“两办法一方案”，明确7类19项具体职责，推行“五必知五必访三必到”（人口必知、重要场所必知、组织信息必知、矛盾必知、需求必知；对独居老人、困难家庭、流动人口、重点人员和特殊人群必访；发生事件、矛盾纠纷和紧急求助必到）工作法，发动8000名网格员形成群防群治合力。江海区基层治理经验被人民日报社《人民论坛》杂志评为国家治理（基层党建）创新经验案例。

【红色遗址保护】 2022年，江海区升级改造党史教育基地江南街道滘头顺天里144号，完成基地场所的租赁修缮及布展、升级改造建星公园、沿线氛围设计和布置、红色展播厅设置和家具电器采购等工作。顺天里144号全年共接待参观团队72批次、1500人次，吸引中央、省、市等多家主流媒体前来采访报道。完成外海街道直冲村曲尺里青青读书会旧址修缮和布展，2022年，外海青青读书会旧址被命名为第四批江门市党员教育基地，年内接待参观团体129批次、2800人次。

【党校工作】 2022年，区委组织部围绕习近平新时代中国特色社会主义思想举办干部大讲堂9期，开展全覆盖大轮训5600人次；开展中共二十大精神学习培训16期，培训党员干部1500人次。举办选调生暨年轻干部综合能力提升培训班、新任科级干部综合能力提升培训班等主体班次27个36期，培训8000人次。2022年江门市委党校江海分校在高新区（江海区）园区党群服务中心挂牌，统筹使用周边培训资源，做好党校办学质量评估工作，推动党校工作再上新台阶。全年组织基层党校师资培训6次共109人次，开展江海区党校系统领导干部学习中共二十大精神研讨座谈会、观摩听课等活动。

【老干部管理】 2022年，区委组织部组织老干部参加“建言二十大”和“我看中国特色社会主义新时代”线上线下座谈会、“喜迎二十大，圆梦新时代”江门市老干部书画作品展、“颂赞新时代·一起向未来”江门市老干部迎接党的二十大胜利召开线上文艺展演活动。做好走访慰问工作，春节、中秋节、重阳节前夕走访慰问全区离退休干部、处级退休干部88人次。推进区、街道、村（社区）三级关工委领导班子配备和规范管理工作，建立江海区“五老”（老地下党员、老游击队员、老接头户、老交通员、老苏区乡干部）人才库第一批成员名单共64人。全区创办“五老”工作室5个，在全市率先实现“五老”工作室全覆盖。

【党史工作】 2022年，区委组织部配合做好红色文化资源保护条例立法调研及党史资料修订完善工作。开展《江门市红色文化资源保护条例》立法调研，广泛组织开展专题座谈会，征集全区相关单位意见，核实全区红色文化资源。协助广东省委党史研究室修订、完善《广东省红色革命遗址大博览》，对江海区革命遗址的有关内容进行核实、修改和完善。

【选调生和公务员招录】 2022年，区委组织部加强对全区公务员队伍结构的评估，精准科学设置招录条件。全年招录选调生和公务员59人，其中包括选调生9人、街道20人、研究生学历9人。

【公务员培养管理】 2022年，区委组织部加强选调生综合培养管理。以人岗匹配原则安排基层锻炼岗位，全年开展基层锻炼选调生11人（包括市直选派2人）；年内累计开展“邑选成才”沙龙交流活动3期，组织选调生赴开平、恩平等市集中开展国情调研，举办挂职干部座谈会和主题辩论会等，创新沟通交流平台渠道；开展选调生基层锻炼考核工作，建立“村两委—街道党工委—区委组织部”三级评分评价机制。建立年轻公务员信息库，重点关注年轻公务员“学非所用”情况并举办年轻公务员座谈会4场次，举办选调生暨年轻干部能力提升培训班，加强新录用公务员导师制工作，把导师评鉴情况与平时考核、年度考核、转正定级等工作相互结合。

【干部教育培训】 2022年，江海区干部教育培训工作举办各类培训班236期，培训1.92万人次，其中主体班次27个36期、8000人次。组织领导干部参加上级调训26个班次27期，125人次。制订《2022—2024年江海区干部教育培训计划》，对全区干部教育培训工作进行统筹规划，印发《关于进一步加强干部教育培训工作的三大行动计划》，围绕提升政治能力、专业能力、强化阵地建设三个方面提出细化措施18条，推动全区各级领导干部上讲台110人次。全区开展中共二十大精神学习培训48期，培训党员干部4000人次，围绕“两中心一基地”（国家政法智能化技术创新中心江门市域社会治理孵化中心、江门市市域社会治理技术创新中心、江门市市域社会智慧治理应用示范基地）和安全应急产业园建设，出台“两中心两基地一平台”（在“两中心一基地”基础上，加上江门市安全应急产业园基地和“粤平安”信访诉求综合服务平台）系列专题培训方案，组织“两中心两基地一平台”专题培训班、社会治理安全应急知识培训、网格化管理业务培训班、基层行政执法类公务员专题培训班等26期，培训5000人次。

【干部人事档案管理】 2022年，区委组织部贯彻落实干部人事档案工作条例，拓展干部人事档案数字化范围，实现在库在职干部人事档案信息化全覆盖。发挥干部人事档案资政作用，严格落实“凡提必审”“凡进必审”、干部管理权限发生变化的“凡转必审”，完成干部人事档案审核450人次。做好人事档案材料查漏补缺，收集补充人事档案材料1500份，做好公务员统计及月度采集工作，完成采集信息10万条，动态更新公务员数据。

【公务员管理】 2022年，区委组织部贯彻公务员法及其配套政策，落实公务员登记备案制度，规范机关单位借用人员流程，明确退休审批流程，制定完善公务员辞去公职后管理相关制度等。持续推进公务员职务与职级并行制度，2022年股级及以下公务员职级晋升20人次，新招录行政执法类公务员16人，其中街道9人，充实了综合行政执法队伍力量。进一步加强公务员平时考核工作，深化拓展“争做人民满意的公务员”系列活动，选送先进典型个人14人、集体5个。

【事业单位管理】 2022年，区委组织部通过广东省事业单位集中公开招聘和江海区事业单位工作人员公开招聘等方式，结合教育、医疗卫生系统实际情况开展多场公开招聘，共招聘事业单位工作人员185人，其中教育系统122人、医疗卫生系统35人。推进事业单位管理岗位职员等级晋升制度，印发江海区事业单位管理岗位职员等级晋升制度工作实施方案和实施细则，完成全区事业单位的管理岗位职员等级设置工作，累计晋升15人，涉及单位11个。

【党员管理】 2022年，区委组织部构建党员分类管理制度，全面推行党员责任岗，设立“政策宣传岗”“环境整治岗”等岗位，全区70%无职党员上岗履责，形成“村居吹哨、党员报到”工作机制。制定“鸿雁工程”实施方案，强化流动党员管理。以江南街道新中社区为试点，实施在职党员“八小时以外”教育管理；以江门市安诺特炊具制造有限公司为试点，推行“两新”党员积分管理，推动各领域党员亮身份、作表率，带动更多群众参与农村社区治理。督促基层党组织和党员按照要求开展好“三会一课”（支部党员大会、支部委员会、党小组会和党课）、组织生活会等组织生活。开展民主评议党员，制定基层党组织组织生活会和民主评议党员工作指引，全区687个党支部按照工作指引要求开展民主评议工作，对9658名党员开展民主评议。

宣传工作

【理论学习】 2022年，江海区发挥党委（党组）理论学习中心组示范引领作用，全面系统开展理论学习。全年区委理论学习中心组集中学习8次，指导全区各单位党委（党组）理论学习中心组规范开展学习，推进党史学习教育常态化长效化。创新组建网格宣讲团，开展分众化、互动化专题宣讲。加强“学习强国”学习平台线上学习，推动中共二十大精神、广东省第十三次党代会精神等学习进机关、进企业、进学校、进农村、进社区、进网格，全年开展各类宣讲活动600场次。

【正面宣传】 2022年，江海区以学习宣传、贯彻中共二十大为主线，依托中央、省市主流媒体及网络媒体，聚焦“党建引领基层治理”“两中心一基地”“安全应急产业园”“疫情防控”等主题，通过专题报道、短视频等方式，策划推出“江海这十年”“江海网格故事”“图看江海”“潮涌江海奋斗有我”等专题，开展正面宣传报道，进一步增强江海区的知名度和影响力。在全市首推“江海防疫掌上宝典”等资讯栏目。举办新闻发言人和信息应对专题培训班，提升全区干部信息应对能力。

【主题宣讲活动】 2022年，江海区开展

“强国复兴有我”系列活动，组织举办“学习强国”中共二十大精神知识PK赛，全区5万人参赛，江海区代表队入围全市决赛。组建理论宣讲团、政策宣讲团、百姓宣讲团和网格宣讲团等各级各类宣讲队伍，开展对象化、分众化、互动化专题宣讲活动600场次，持续开展“学习强国”学习平台学习，党员干部日均人均积分保持全市前列。

【精神文明创建活动】 2022年，江海区印发《江海创建全国文明城市三年行动计划》，实施2022年“六大提升行动”，稳步推进创建专项工作。清洗城市建筑外立面3.6万平方米，修补道路坑洼437处，更换分类垃圾桶730个；推动全区15个农贸市场实行“五人组”综合治理机制；制定全区车位施划计划任务清单，新增停车位6102个。精心设计，全区增加文明公益小品、广告牌300多个，新增文明墙绘700平方米，制作“百姓二三事”文明微视频11个。开展文明校园创建评选活动。推荐景贤小学、天鹅湾小学为广东省文明先进单位，江门市十一中学参加全国文明校园评选。制定《江海区文明村创建工作方案》，推进乡风文明“十个一”工程，开展全区12个市级文明村复查工作，评选36户家庭为区“星级文明户”。推荐4人为“江门好人”，4名学生获“江门市新时代好少年”称号。

【新时代文明实践工作】 2022年，江海区推动1个实践所（礼乐街道）、5个实践站创建省级新时代文明实践示范所、站。先后成立江门市轻骑兵交通志愿服务队等，注册志愿者3万名，实现区、街、村（居）志愿服务组织全覆盖。开展“小手牵大手共创文明城”“文明大挑战”等各类文明实践活动1300多场次。“五邑志愿服务银行”项目在全市首次推广。

统一战线工作

【民主党派调研活动】 2022年，区委统战部组织区域民主党派开展以“助力高新企业树标提质”“将礼东主灌河区域打造成集群式休闲生态区”“加快推进高水平应急产业园区建设”“整合江门幼儿师范学校，推动江海区普通高中高质量发展”“加快江海区三大主导产业高质量发展”为主题的调研活动，分别召开座谈会，围绕调研主题建言献策，为区委、区政府决策提供参考。

【村社区慈善联谊会建设】 至2022年底，江海区共成立村、社区慈善联谊会33个。成立以来协助村、社区慈善联谊会完成年审工作，指导和组织村、社区慈善联谊会，参与乡村振兴、弘扬体育文化、建言献策、奖学助学和重阳敬老等慈善公益事业等活动，投入建设资金400万元，受惠群众1万人。

【政协委员协商提名】 2022年，区委统战部按照政协委员推荐提名工作流程，严把政协委员推荐质量关，增补区政协第五届委员19名，推荐省政协委员初步人选6名。

【民主党派发展】 2022年，江海区各民主党派新发展成员8名，其中民革2名、农工党2名、致公党1名、九三学社3名。

2022年江海区民主党派一览表

表4

党派名称	负责人	人数（人）
民革江海总支	余瑞武	53
民盟江海总支	唐兵仿	24
民建江海总支	袁美兰	39
民进江海区基层委员会	陈颖琼	53
农工党江海总支	罗政权	62
致公党江海支部	吕旭芬	22
九三学社江海基层委员会	朱振华	56

机构编制工作

【事业单位优化管理】 2022年，区委编办加强机构编制保障，争取江门市下达江海区区义务教育阶段中小学教职工周转编制426名，并悉数分配下达周转编制，推动中小学教职工编制全面达到国家基本标准的要求。成立江海区特殊教育学校，推动特殊教育和普通教育共同发展。成立江海区实验幼儿园，推进学前教育公益普惠发展。围绕打造共建共治共享的社会治理新格局，成立江海区社会治理综合指挥中心，负责社会治理工作、社会治安防控管理以及协调、指导、推动全区网格化管理工作。组建江海区行政服务中心，组织、协调和督促各部门负责实施的行政许可和公共服务事项进驻政务服务大厅办理。深化街道事业单位设置，出台《江门市江海区优化街道事业单位设置实施方案》，督促单位、部门做好事业单位登记管理工作推进涉改人员的妥善转隶工作。成立江海区未成年人救助保护中心，在江海区婚姻登记处加挂牌子。设立江海区自然保护地管理中心，在白水带风景名胜区管理处加挂牌子。全国博士后创新（江门）示范中心江海分中心划转至江海区人社局管理，统筹服务保障全区人才工作。

【街道体制改革】 2022年，街道综合治理委员会、公共服务委员会、综合行政执法委员会的规范化建设取得初步成效，在全市率先出台进一步加强街道三个委员会规范化建设的系列制度文件，从领导架构、规范化运作、运行机制、上下联动、督查督办和双向考评等方面全面加强委员会规范建设。推动综合行政执法规范化建设实现全覆盖，擦亮礼乐街道综合行政执法规范化建设示范品牌，为江门市推进镇街综合行政执法改革提供“江海经验”。

健全“三位一体”的街道基层治理工作链条，单独设置街道执法服务中心，完善委员会+办公室+中心“三位一体”运作的工作体系。建立区、街社会治理综合指挥体系，成立江海区社会治理综合指挥中心，各街道综合治理服务中心加挂街道社会治理指挥中心的牌子，形成区、街两级共建社会治理工作格局。配齐配强街道人员队伍力量，2021年启用编制20名用于2022年街道公务员招录并全部到位，其中用于综合行政执法业务13名。开展街道事业单位招聘优秀村、社区党组织书记工作，全年面向优秀村、社区党组织书记招录事业单位工作人员2名。

【机构优化调整】 2022年，区委编办推动重点领域体制改革，单独设立江海区信访局，为江海区人民政府工作部门，承担全区信访行政管理工作职能。健全招商机构设置，组建江海区人民政府投资促进中心，作为区政府直属事业单位，负责统筹、协调、指导全区招商引资工作，并推动组建34人的招商队伍。成立江海区政协港澳台侨和联络委员会、教科文卫体委员会。调整设立街道党工委农村工作领导小组（实施乡村振兴战略领导小组），加强街道乡村振兴职能。做好江新肉联厂驻场检疫承接工作，增加江海区动物防疫监督所领导职数，加强动物防疫检疫工作力量。调整区人社局内设机构设置和职能配置，提升依法行政水平和服务效能。增加区残联、区侨联、区红十字会、区计生协会机关事业编制。江海区法学会机关调整为纳入机构编制管理的人民团体机关，组建江海区人民政府国防动员办公室，在区发展和改革局加挂牌子；在区文广旅体局加挂江海区文物局牌子；在卫生健康局加挂江海区疾病预防控制局牌子。

【机构编制刚性约束】 2022年，区委编办开展机构改革评估，选取10个新组建或机构职责调整幅度大的单位作为评估对象，聚焦机构改革组织实施情况、机构改革完成度、改革后机构运行情况及机构改革效益等4个方面，通过开展层级自评、区级自评、实地核查、结果反馈和总结报告，全方位做好机构改革“回头看”，全面落实改革任务和检验改革成效。完成派驻纪检监察政法专项编制问题整改，对广东省纪委监委指出江海区存在“纪委派驻机构尚有政法专项编制未置换为行政编制”问题撤销区纪委监委驻区人民法院、区人民检察院、区公安分局等3个纪检监察组，改由驻区委政法委纪检监察组负责监督区委政法委、区司法局、区人民法院、区人民检察院、公安分局等5个单位。出台《加强动态编制绩效管理办法（试行）》，建立动态编制管理模式，进一步提升机构编制资源使用效益，提高部门履职能力和工作效能。

【编外人员管理体制改革】 2022年，区委编办结合全省编外人员摸底调研工作要求，进一步规范编外人员管理制度，对全区机关事业单位编外人员的规模、基本信息和财政成本等情况进行全面调研，进一步优化人员配套制度，研究、出台《江海区区直机关事业单位雇员管理办法》，推动区公安分局出台《江门市公安局江海分局警务辅助人员管理办法》，实现编外人员管理规范化和科学化。

江海区人民代表大会

综 述

【十一届人大二次会议】 2022年1月20日，召开十一届人大二次会议。1月21日，召开十一届人大二次会议第二次全体会议。会议通过《关于江门市江海区人民政府工作报告的决议》《关于江门市江海区2021年国民经济和社会发展计划执行情况与2022年计划的决议》《关于江门市江海区2021年预算执行情况和2022年预算的决议》《关于江门市江海区人大常委会工作报告的决议》《关于江门市江海区人民法院工作报告的决议》《关于江门市江海区人民检察院工作报告的决议》。会议提出江海区人民政府2022年十大民生实事项目。

【常委会会议】 2022年1月17日，召开区人大常委会第二次会议。会议审议通过《关于召开江门市江海区第十一届人民代表大会第二次会议的决定》《江门市江海区人大常委会工作报告》《江门市江海区人民代表大会常务委员会关于江门市江海区第十一届人民代表大会第二次会议列席和邀请列席人员范围的决定》和会议有关文件；审议有关人事任职案。

3月7日，召开区人大常委会第三次会议。会议审议通过《关于接受个别区十一届人大代表辞职请求的决定》。

3月24日，召开区人大常委会第四次会议。会议审议通过《关于开展第八个五年法治宣传教育的决议》《关于接受黄雅悠、池文茂同志辞去区十一届人大代表职务请求的决定》；审议有关人事免职案。

5月26日下午，召开区人大常委会第五次会议。会议审议有关人事任免职案；听取和审议区政府《关于“工业兴区”工作情况的报告》。

7月28日，召开区人大常委会第六次会议。会议审议有关人事任免职案；听取和审议区政府贯彻实施《中华人民共和国未成年人保护法》《中华人民共和国预防未成年人犯罪法》工作情况的报告和《关于江门“侨梦苑”核心区工作情况的报告》《关于高新区（江海区）2022年财政预算调整方案（第一次）的报告》，听取区政府关于地方隐性债务有关情况的报告。

8月30日，召开区人大常委会第七次会议。会议听取和审议区政府关于贯彻落实“双减”（减轻学生作业负担和校外培训负担）工作情况的报告，江海区2021年财政决算报告草案、2021年度区级预算执行和其他财政收支的审计工作报告，江海区2022年上半年预算执行情况报告和国民经济和社会发展计划执行情况报告。

10月27日，召开区人大常委会第八次会议。会议审议有关人事任职案；审议通过《关于接受个别区人大常委会委员、部分区人大代表辞职请求的决定》《江门市江海区人民检察院民事检察工作情况报告》。

12月14日，召开区人大常委会第九次会议。会议审议通过《江门市江海区人民代表大会常务委员会关于补选和另行选举区人大代表的决定》《江门市江海区补选和另行选举区人大代表办法》。

【法制委员会】 2022年，区人大共收到区政府报送备案规范性文件11件，并及时组织法制委员会委员、法律专业代表小组代表进行审查。区十一届人大常委会第四次会议听取和审议区政府关于全区“七五”普法决议并对“八五”法治宣传作出决议，组织法制委员会委员研究并撰写初审意见，组织调研组对全区民事检察监督工作开展调研，撰写《关于江海区民事检察监督工作情况报告的初审意见》。通过听取法院、检察院专题汇报，组织法制委员会委员、法律专业代表小组代表参加法院、检察院的专题听证会，参与法院、检察院的开放日活动，加强对法院、检察院工作的监督。配合完成全国、省、市人大的法律和法规征集意见工作。

【财政经济委员会】 2022年，区人大对涉及重大项目、民生保障等部门的预算草案进行重点审查，并及时向区财政局反馈审查意见。区十一届人大二次会议期间，对国民经济社会发展计划执行情况和计划草案的报告、预算执行情况和预算草案报告进行讨论和审查。根据区政府提请，对区政府提出的预算调整方案的合法性、合规性进行审查。区十一届人大二次会议前，到区发改局、区统计局等部门调研，听取情况汇报并提出意见、建议。财政经济委员会委员和部分人大代表对全区上半年国民经济和社会发展计划执行情况进行调研，了解江门汉宇集团股份有限公司、江门荣信电路板有限公司、江门德森实业有限公司、信义环保特种玻璃公司、金多多食品集团江门公司和江门市中心医院新院区等在建项目情况。受省人大常委会预算委员会委托，开展国有自然资源资产管理情况专题调研，联系区财政局、区国有资产监督管理局和区自然资源局等部门，进一步核实全区国资现状。开展对全区“工业兴区”工作情况的专题调研，视察江门市贝尔斯顿电器有限公司、江门汉宇集团股份有限公司、德昌电机（江门）有限公司等工业企业和在建项目；听取区政府14个相关部门和街道的情况汇报。

【社会建设委员会】 2022年，区人大组织学法专题培训1次、组织参加广东省人大常委会社会建设工作培训班1期，开展专题调研和执法检查1项、参与工作评议1项、举办人大代表约见地方行政机关负责人专题座谈会1场、跟踪督办民生实事项目1项，配合省、市人大开展调研和检查工作3项。配合省人大常委会社会建设委员会开展《广东省粤菜发展促进条例》立法调研工作，提出对《广东省粤菜产业发展和促进条例》的修改意见；配合江门市人大调研组开展《江门市侨乡广府菜传承发展条例》立法调研，征求人大代表对《江门市侨乡广府菜传承发展条例（草案征求意见稿）》的修改意见。开展对全区人才引育工作情况专题调研，了解全区各类人才状况和人才引育的基本情况，分析存在的问题和原因，提出人才引育工作要从拓宽引才引智渠道着手，加快实现人才智库“扩容提质”。开展江海区加强养老机构服务监管专项调研，提出继续贯彻落实强制性国家标准《养老机构服务安全基本规范》。组织开展《中华人民共和国未成年人保护法》《中华人民共和国预防未成年人犯罪法》贯彻实施情况的执法检查。联系、监督相关部门开展“走基层、听民意、察民情”主题活动，为对口联系部门解决实际问题。

【民生实事项目监督】 2022年政府十项民生实事项目经区人民代表大会票决通过以后，纳入区人大常委会年度工作计划，列入常委会和主任会议的重要议事日程，印发《江海区人大常委会2022年监督工作计划任务分解表》《江海区人大常委会监督跟进2022年区十大民生实事项目任务分解表》，开展对口跟踪监督。围绕中心工作，突出监督重点，推进民生实事包括“强化疾病预防和就医保障，提升卫生健康水平”项目。通过跟踪督办，为1572名适龄女性免费接种第一针HPV疫苗；对“改善农村人居环境，建设美丽宜居乡村”项目开展监督，100%完成礼乐街道的向前村、五四村、敬和村、向民村、向荣村的道路硬化升级；对“推进保障性租赁住房建设和城镇老旧小区改造，提升城市安居保障水平”项目开展监督，完成配套公寓、保障性住房472套建设，并在全市率先统一规范5本燃气台账。全年通过强化民生实事项目全过程跟踪监督，落实“一项目一工委，一月一情况，一季一检查，半年一汇报，年度一测评”“五个一”工作体系。

【人大代表视察活动】 2022年，人大代表集中视察活动，分为外海、礼乐、江南3个街道以及江门市共4个代表团安排在年内11—12月进行，视察地点包括江门市安全应急产业园、台山市黄茅海大桥、台山市海晏镇五丰村、恩平市良西镇、台山市四九镇、江门高新区应急产业园和开平市大沙镇大塘面村，采取视察前自学、实地视察和召开座谈会等形式，圆满完成视察活动。

【人大代表建议办理】 2022年，区人大通过动态征集人大代表意见、建议286条，其中街道答复人大代表263条，政府部门落实23条。江海区十一届人大二次会议期间，人大代表提出建议、批评和意见38件，根据《中华人民共和国全国人民代表大会和地方各级人民代表大会代表法》《广东省各级人民代表大会代表建议、批评和意见办理规定》进行交办、督办、答复和落实。其中意见、建议有法治建设和社会建设方面8件，反映完善道路交通管理秩序和社会治理的问题；财经城建环保方面22件，反映加快城市道路建设、完善城市配套设施、推进工业污水管网建设等环境治理问题；教科文卫方面4件，反映增设公共卫生服务机构、兴建“九年一贯制”（小学和初中实行一体化教育，小学毕业后可直接升初中）学校、加强非物质文化遗产建设等问题；侨务农村方面4件，反映助推“侨商产业发展”、加大对集体经济困难村帮扶、整治农村民宅违建、完善农村集体资产交易管理办法等问题。承办单位按照《广东省各级人民代表大会代表建议、批评和意见办理规定》，依法办理并书面答复代表，办复率100%。通过不断改进代表建议督办方式，实行“主任会议督办、各工委分工督办、人大代表参与督办”的三级督办工作机制，常态跟踪督导，强化回头监管，使人大代表意见、建议及时得到解决。

【人大代表联络站】 2022年，江海区有人大代表联络站17家，其中街道中心站3家、村（社区）11家、企业2家、行业协会1家，在江门市率先实现每10个人大代表就有一间联络站的目标，江海区成为江门市企业行业协会中建立首家人大代表联络站的区。人大代表联络站作为人大代表工作的一大创新，作为人大代表与人民群众联系的阵地和渠道，发挥着人大代表在密切联系群众、听取和反映民意方面的作用。

【依法任免机关工作人员】 2022年，区人大严格按照《江门市江海区人大常委会人事任免工作实施办法》规定的范围、程序办理人事任免工作，加强与区委组织部和“一府两院”相关部门的联系与沟通，及时收集和核对拟任免人员的相关材料，并对提请的任免职议案进行资格和条件审查，提前落实拟任命人员的法律考试和颁发任命书等准备工作，全年区人大常委会共任免干部44人次，其中任职35人次、免职9人次；接受区人大代表辞去职务10人次、根据工作需要补选区人大代表10人。

【规范性文件备案审查】 2022年，区人大共收到区政府须报送备案文件5件，内容主要涉及科技创新、企业增资扩产、企业管理和人才管理等方面。从审查情况来看，区政府报送的规范性文件能够遵循法律、法规的规定，未发现与上位法相抵触之处，制定程序合法、规范，且符合全区经济和社会发展的实际需要。

【法律监督】 2022年，区人大常委会听取和审议关于民事检察监督工作情况的报告，为配合审议工作，区人大常委会调研组开展民事监督工作调研，包括工作基本情况、主要做法、存在问题、原因分析和下一步的工作计划。

【预算审查监督】 2022年，区人大提前介入做好预算草案编制审查，组织财政经济委员会委员、邀请江门市财经咨询专家对2022年全区部门预算草案进行集中审查，对涉及重大项目、民生保障等部门的预算草案进行重点审查，并及时向区财政局反馈意见。联系区发改、财政等部门听取人大代表和社会各界意见，对国民经济社会发展计划执行情况与计划草案、预算执行情况进行讨论和审查，并对区级预算执行和其他财政收支的审计工作报告进行审查，突出审查重点，结合审计报告发现的问题，强化预算执行管理，提升财政管理效能，加强审计监督实效和问题整改。

【部门评议】 2022年，区人大对区人力资源和社会保障局进行工作评议，包括制订工作方案、开展调研、召开评议工作动员暨汇报会，向区人社局工作人员发放满意度测评调查及征求意见表；召开座谈会，听取各街道、人大代表、村居代表以及企业代表对区人社局工作的意见和建议；向区政府、区直相关部门、人大代表以及各街道发放调查问卷，通过工作评议形成具体的评议报告提交常委会会议和主任会议审议，并由区人大常委会召开工作评议会议。

【专题调研】 2022年，区人大听取和审议区政府《关于江门“侨梦苑”核心区工作情况的报告》，为做好审议的有关工作，组织部分人大常委会组成人员、专业小组成员和部分区人大代表，进行调研活动，实地视察高新创智城和江门“侨梦苑”，走访侨资企业、征求意见和建议，听取区政府及相关部门对推进江门“侨梦苑”核心区建设情况的汇报并形成调研报告。听取和审议《关于进一步减轻义务教育阶段学生作业负担和校外培训负担的意见》，对区政府贯彻落实“双减”情况进行调研，实地考察校外培训机构，召开校长（教师）代表、学生家长代表座谈会；听取区政府和相关部门的汇报情况和江门市教育局的意见，了解贯彻落实“双减”工作的主要做法和成效、存在问题和相应工作措施。

【执法检查】 2022年，区人大常委会社会建设委员会和教科文卫工委专业代表联合组成执法检查组，对区政府贯彻《中华人民共和国未成年人保护法》《中华人民共和国预防未成年人犯罪法》实施情况开展执法检查。

【约见副区长】 2022年10月31日，在江海区基层立法联系点活动中心会议室，区人大常委会举行区人大代表约见区行政机关负责人专题座谈会，围绕未成年人保护工作中群众关心的热点难点等问题开展交流。江海区人民政府副区长丑继明和区政府有关职能部门负责人参加会议。

【全国基层立法联系点工作】 2022年，江海基层立法联系点完成15部法律法规草案的意见征集工作，上报意见521条，被采纳27条。在通过的7部法律、法规中，上报意见153条，被采纳27条；未通过的8部法律法规草案中，上报意见建议368条。提交的工作报告得到全国人大常委会法工委主任沈春耀的批示并刊发全国人大常委会法工委工作简报。江海区对野生动物保护法的修订提出的意见、建议，被全国人大常委会法工委发言人首次具名回应社会公众。全国人大常委会法工委副主任许安标在江门市开展爱国主义教育立法调研，对加强江海基层立法联系点建设提出要求；广东省人大常委会主任黄楚平到江海区指导工作，提出要把江海基层立法联系点打造成为全过程参与立法的重要阵地、发挥人大代表作用的重要平台和讲好民主法治故事的重要窗口。全区立法联系咨询专家库成员由33名增至118名，组建由立法联络员57名和信息员350名构成的立法联系工作队伍，其中村、社区网格员126名。修订完善《江海区基层立法联系工作制度》《江海基层立法联系点工作职责》等规章制度。全区立法联系工作网络由57个立法联系单位扩充至59个，增加江门市律师协会和国家税务总局江门高新区（江海区）税务局；与江门市侨联建立合作关系，加强与海外侨团组织的联系；与中山大学、华南理工大学、暨南大学、北京德恒（深圳）律师事务所、港澳律师事务所等沟通联系，在立法意见征集中增添“湾区声音”。2022年，江海基层立法联系点先后与全国人大常委会法工委举行视频会议4次；根据法律法规草案内容，组织召开座谈会，邀请各界人士参加，到居民区走访开展一对一访谈，广泛征求立法意见，有关工作先后被新华社、《光明日报》、《南方日报》等媒体报道247次。

【人大常委会领导名录】

主　任：余志坚

副主任：李国和

李志浩

区　用

陈国纯

林壮强

陈颖玲

江门高新区管理委员会·江海区人民政府

综 述

【政府常务会议】 2022年1月17日，区政府召开会议，审议江门市江海区第十一届人民代表大会第二次会议材料、新增专项债券提前批发行项目、高新区（江海区）区街财政管理体制方案、中国（江门）国际绿色光源博览交易中心天桥及特展馆项目投资建设合作协议补充协议、进一步完善被征地农民养老保障政策、高新区（江海区）安全管理问责制度、收储江海区外海沙津横子沙围土地使用权事项。

1月24日，区政府召开会议，听取2021年江海区开展东西部协作工作情况汇报，审议江门高新区（江海区）科学技术发展“十四五”规划、市域社会智慧治理技术创新中心建设专项资金项目实施方案、江门高新区（江海区）商业发展“十四五”规划、江门高新（江海）区村集体工业用地建设管理的指导意见、高新区26号地龙溪路与规划六路交界处东侧国有建设用地使用权供地方案、江门市江海区农村集体资产交易管理办法、江门市江海区华源混凝土有限公司搬迁安置工作、推进46号地规划一路和排水工程项目建设事项、推进富民路道路排水工程项目建设事项、江海区人民医院发热门诊整改方案。

1月28日，区政府召开会议，审议江门高新区（江海区）土地征收成片开发方案、推进新兴路及东海路人行天桥等项目建设事项、推进16号地及17号地规划路项目建设事项、推进云沁路项目建设事项、实施江门国家高新区应急产业园区配套设施建设项目、实施江门市江海区绿色照明创新产业区配套设施建设项目、江门市江海区老旧小区改造建设项目、江门市河南片老旧街区改造建设项目、宏都新城项目。

2月21日，区政府召开会议，传达学习贯彻《关于更加有效发挥统计监督职能作用的意见》及国家统计局会议精神，审议推进2022年江海区桥梁维修、人行道改造、市政配套改造及防洪排涝工程项目建设事项。

3月25日，区政府召开会议，审议2022年江海区政府重点工作任务分解表、2022年江海区政府民生实事项目任务分解表、江门高新区（江海区）2022年主要经济指标工作目标分解方案、江门高新区（江海区）县域经济比学赶超勇争先工作实施方案、26号地新港路北侧135亩及27号地新港路南侧200亩土地填土工程、高新区44号地排洪渠整治工程（一期）申请招标挂网工作。

3月29日，区政府召开会议，审议高新区3号地金瓯路与连海路交界东北侧国有建设用地使用权供地方案、江海区老旧小区整体改造项目（一期）项目建设方案、推进江海区市政防洪排涝专项工程、2022年江海区桥梁维修改造工程项目建设方案。

4月11日，区政府召开会议，审议江海区2022年增减挂钩跨省域调入节余指标需求工作。

4月26日，区政府召开会议，传达学习贯彻省、市关于切实做好红火蚁防控工作精神，审议2022年支持小微企业留抵退税有关专项资金分配工作、江门高新区（江海区）国家知识产权试点园区三年行动计划（2022年—2024年）、江门高新区（江海区）小微双创三年行动计划（2022—2024年）、关于对疫情防控工作人员发放临时性工作补助的方案、分配2022年江海消防站建设工程预算指标、16号地规划道路拆迁补偿方案、高新区新港路与江睦路交界西南侧国有建设用地使用权供地方案、江门高新区（江海区）区属企业全面预算管理暂行办法、江门高新区（江海区）区属企业财务决算报告管理暂行办法。

5月13日，区政府召开会议，审议江门高新区（江海区）2022—2025年政府投资项目计划、江门高新区（江海区）推动科技创新办法、下达第二批支持基层落实减税降费和重点民生等转移支付资金分配工作、搭建发展江海区资产营运平台工作方案、工业园公司申请银行贷款、礼乐街道向东村三益围收储用地项目征地拆迁补偿方案、推进2022年度江门市江海区礼乐街道3个垦造水田项目建设事项。

5月19日，区政府召开会议，传达学习贯彻《广东省自然资源厅关于印发自然资源管理工作中若干底线要求的通知》文件精神，审议江海区行政事业性国有资产管理办法、江门市江海区华源混凝土有限公司搬迁安置工作、推进金星路道路工程建设工作、工业园公司2022年度运营计划、高新路外海段征地补偿方案、推进江南街道农村人居环境提升工程项目（一、二期）建设工作。

6月1日，区政府召开会议，听取2022年江海区12345政务服务便民热线工作情况汇报，审议推进江海区社会智慧治理技术创新中心与安全应急产业标准厂房园区建设项目。

6月14日，区政府召开会议，审议申请追加2022年度专职网格员人员经费事项、实施江海区人民医院升级改造工程部分项目、高新区（江海区）2022年财政预算调整方案、江门市江海区资产经营管理有限公司2022年融资计划。

6月20日，区政府召开会议，传达学习广东省实施《中华人民共和国消防法》办法精神，通报江海—大新2022年广东帮扶广西财政协作资金项目计划，审议江门高新区（江海区）贯彻落实国务院《扎实稳住经济的一揽子政策措施》实施方案、江门高新区（江海区）生态环境保护“十四五”规划、江门高新区（江海区）区属企业审计监督管理暂行办法、江门高新区（江海区）区属企业内部审计工作暂行办法、高新区（江海区）推进国家自主创新示范区和国家创新型特色园区融合发展三年行动计划、外海海关关于划拨2022年补助经费事项、2022年度“万里碧道”等项目补助资金使用事项、推进龙溪新城东侧规划道路项目建设事项、推进连海北片区规划道路工程建设工作、推进江海区外海街道农村人居环境提升工程（一期）建设工作、推进外海街道水环境综合整治提升工程（一期）建设工作、金瓯路与外睦路交界西南侧地块征地拆迁补偿方案。

7月22日，区政府召开会议，传达学习《中华人民共和国专利法》，审议江门市江海区妇女发展规划（2021—2030年）、江门市江海区儿童发展规划（2021—2030年）、高新区18号地高新路南侧国有建设用地使用权供地方案、高新区江睦路西侧国有建设用地使用权供地方案、推进礼东大桥维修加固工程项目建设事项。

7月26日，区政府召开会议，审议开发建设高新区新港路和前业路交界西南侧地块工作、调整2022年第二批新增专项债券资金用途事项。

8月12日，区政府召开会议，听取1—6月各级河长履职情况报告，审议江海区创建全国文明城市三年行动计划。

8月26日，区政府召开会议，听取江海区规范民办义务教育发展工作情况汇报，审议江门高新区（江海区）安全应急产业发展规划（2022年—2025年）、江门市江海区行政规范性文件管理规定、礼乐街道武东村级工业园升级改造项目、东宁路征地拆迁补偿方案、新港路征地拆迁补偿方案、启动江海区主灌河沿线水环境整治及农田水利设施提升项目、申请追加2022年人才发展专项资金事项、调整区国资局2022年部门预算项目。

9月29日，区政府召开会议，通报市安委会对江海区2021年度安全生产责任制、消防工作考核及问题整改情况，审议江门高新区（江海区）2022年工商业经济稳增长方案、应急产业园（礼乐属地）项目填土方案、礼乐街道办事处申请区级补助事项、追加深国仲江门中心专项经费预算事项。

9月30日，区政府召开会议，审议第三批次及调整批次发行新增专项债券项目资金分配事项、江海区金信公司增资扩股事项。

10月14日，区政府召开会议，审议两馆一中心场地租赁服务采购事项。

10月21日，区政府召开会议，听取江海区文明城市创建和文明实践工作、未成年人思想道德建设工作、2022年“扫黄打非”工作情况汇报，审议江海区本级2022年压减支出和盘活存量资金调整支出结构事项、高新区35号地龙溪路与朝翠路交界处西南侧国有建设用地使用权供地方案、江海区五邑路西北侧国有建设用地使用权供地方案、江门市高新区43号地段国有建设用地使用权供地方案、江门市江海区村级工业园升级改造实施意见、江门高新区（江海区）工业类用地升级改造实施意见。

11月2日，区政府召开会议，传达学习贯彻《关于更加有效发挥统计监督职能作用的意见》《中华人民共和国行政处罚法》精神，审议公布江门高新区（江海区）政府规范性文件全面清理结果决定事项、申请追加应急物资储备专项资金事项、江门高新区（江海区）推进农业农村和水利现代化“十四五”规划、江门市江海区“十四五”残疾人保障和发展规划。

11月4日，区政府召开会议，审议向工业园公司注入停车泊位（场）特许收费经营权实施行动方案、江门高新区（江海区）关于支持市域社会治理产业发展办法。

12月9日，区政府召开会议，传达学习《中华人民共和国家庭教育促进法》精神，审议中共江门市江海区人民政府党组关于认真学习宣传贯彻党的二十大精神的实施方案、江门高新区（江海区）金融发展改革“十四五”规划、江门高新区（江海区）新型城镇化“十四五”规划、江门高新区（江海区）民政事业发展“十四五”规划、申请2022年江门市汽车消费第二期配套补助资金事项。

【政府工作会议】 2022年1月7日，区政府召开专题工作会议，审定江南小学扩建提质工程、龙溪路等路段征地拆迁补偿方案。

1月27日，区政府召开宏都新城项目专题研究会议。

2月14日，区政府召开全区重点项目征地拆迁工作专班会议。

5月13日，区政府召开关于江门国际仲裁中心办公场所建设工作推进会。

6月28日，区政府召开江海区人民医院江南分院建设项目工作推进会。

7月14日，区政府召开专题会议，分析全区2022年上半年经济运行情况，部署下一步推进工作。

7月19日，区政府召开专题工作会议，调度全区2022年上半年经济运行工作。

8月18日，区政府召开江睦路以东16 号地规划横四道路及规划横一路段天然气管道保护协调工作会议。

8月19日，区政府召开江海区部分场所水电维修工作协调会议。

9月9日，区政府召开专题工作会议，部署场所码设置、检查等工作。

9月16日，区政府召开江海区人民医院江南分院建设协调会。

9月24日，区政府召开场所码应用全覆盖推进会，部署场所码设码、扫码等工作。

9月30日，区政府召开专题工作会议，听取区科学技术局“两中心一基地”工作情况汇报，研究部署下一步工作。

11月2日，区政府召开区政府全体会议。会议传达学习贯彻中共二十大、党的二十届一中全会精神和省、市有关会议精神，研究部署有关工作。

11月15日，区政府召开工业园区专项整治工作推进会议。

11月17日，区政府召开江海区派力士公寓等场所改造工作会议。

12月25日，区政府召开专题工作会议，部署启用阳性人员健康驿站工作。

【建议提案办理】 2022年，办理省人大代表建议、省政协委员提案6件，市人大代表建议69件、市政协委员提案63件，区人大代表建议41件、区政协委员提案69件，共计248件。人大代表和政协委员对承办的建议、提案答复满意率均为100%。推进江门市重点提案《关于抢抓发展新机遇全力发展安全应急产业的建议（第2022094号重点提案）》《关于推动高新区与睦洲镇、三江镇联动发展的建议（第2022074号重点提案）》办理工作，及时组织召开协调会和现场会办理提案。全年接受国务院和广东省人民政府“互联网+督查”线索核查并办理问题线索96条。

【金融工作】 2022年，在江门市金融局、中国人民银行江门分行、江门市银保监分局等单位和部门的指导下，区金融办以打造珠西产业金融综合改革示范区为目标，依托宏都新城、金融街等载体，出台《江门高新区（江海区）关于支持江门高新区金融中心建设运营办法的实施细则》，吸引各类金融机构及高素质金融人才落户，鼓励金融创新。年内高新区金融中心A座入驻机构45家，包含银行、保险、基金和事务所等金融及其配套服务机构。与广东股权交易中心签订战略框架协议，拓宽企业的融资渠道。出台江门高新区（江海区）金融改革发展“十四五”规划，推动金融服务经济社会发展。鼓励企业申报进入“金种子库”，支持、引导企业与多层次的资本市场对接。推动江门市优巨新材料有限公司申报IPO（首次公开募股）并获受理，励福（江门）环保科技股份有限公司转入新三板创新层，储备意向进入多层次资本市场融资的企业10家。全力防范化解金融风险，坚持专项整治与常态化监管相结合，充分利用公众号、短视频等方式，强化打非处非（打击防范和处置非法集资）宣传力度，提高人民群众的金融风险防范意识。密切关注包括“荷包金融”、房地产领域、典当行业和第三方财富管理公司等涉金融风险的跟踪处置。

【信访工作】 2022年，区党政领导班子成员到区“信访超市”开展值班接访工作，接待来访群众12批27人次，听取信访工作汇报和研究包案化解工作19次，带案下访6次，现场解决群众诉求问题7个。区信访局推进重点信访事项“百日攻坚”行动，在全区开展重点信访事项集中攻坚工作，省督查组重点交办的重点重复信访事项5件全部办结。开展社会涉稳风险和重点信访事项排查，确定全区重点信访事项清单台账115宗，实行区党政领导包案化解工作机制，结案94宗，占总量的82%。开展风险隐患拉网式大排查行动，集中治理重复信访、化解信访积案专项工作，包括中央信访工作联席会议交办的第一、二批信访事项案件47宗、交办倒流件案件3宗，全部落实区领导包案，办结率100%。年内成立高新区（江海区）园区党群服务中心信访超市驿站和星海湾物业小区信访超市驿站，通过基层的网格员、平安员以及各级信访超市服务站点，依托“粤平安”综合网格服务管理平台群众信访诉求矛盾纠纷化解综合服务应用，录入“12345”政务服务便民热线转办的矛盾纠纷事件以及110报警服务台转办的非警情事件，实现群众矛盾纠纷事项闭环解决，全年处理信访案件9557件，办结9145件。

【采购管理】 2022年，区政府采购中心在江门市公共资源交易中心的指导下，完成江海区第一个采购平台全流程项目的江海区人民医院物业管理服务项目609万元。全力做好广东政府采购智慧云平台推广普及工作。全年政府采购项目计划备案1218个，采购计划金额14289.95万元；备案采购合同1006笔，合同金额13778.13万元。年内江海区授予区内中小企业合同72395.63万元，其中小微企业合同18912.04万元。全年政府采购金额184214.42万元，节约资金11533.96万元，节约率5.89%。加强中介服务超市工作，全年通过中介服务超市发布项目数1093项，成交金额1887.6万元，资金节约率30.23%。

【公务活动】 2022年，区府办完成区委、区政府政务接待219批次。其中，省部级领导视察3批次，省、市、县（区）领导检查调研组86批次，外省、市考察团50批次，投资客商75批次，澳门等各友好城市考察团5批次，共计3687人次。包括接待广东省委常委、统战部部长黄宁生，广东省委常委、政法委书记袁古洁等到江海区调研指导工作，全省第二届“南粤家政”技能大赛总决赛等接待任务，以及接待丰田三共株式会社考察团等招商活动。做好2022中国产业互联网（江门）峰会暨首届应急管理与未来城市峰会全程接待工作，以及“两中心一基地”“五老”工作室揭牌仪式、全区重大项目动工仪式等重要活动嘉宾接待安排工作。

【江门高新区管理委员会负责人名录】
主　　任：彭章瑞
常务副主任：郑丹辉
副主任：刘宏杰（5月任职）
　　　　郑伟潮
　　　　叶茂森（3月任职，任至9月）
　　　　陈焕溪（任至3月）
　　　　庞晋山（任至5月）

【江门市江海区人民政府负责人名录】
区　长：郑丹辉
副区长：曾　立
　　　　赵春旺
　　　　丑继明
　　　　袁美兰
　　　　梁毅渝
　　　　邓群标
　　　　曹志刚（任至12月）

政务服务

【政务服务事项规范化建设】　2022年，区政数局为进一步推进政务服务运行标准化、服务供给规范化、企业和群众办事便利化，全年开展政务服务事项标准化二次统筹工作，牵头各街道、区直各单位各部门完成2批次939项事项的二次统筹梳理和确认，加强实施清单动态管理工作，实现同一事项在不同地区和层级同要素管理、同标准办理。

【工程建设项目审批改革】　2022年，区政数局组建工程建设项目综合窗口，通过完善工程项目竣工联合验收机制，把联合验收各流程环节从串联变成并联，构建形成项目验收“统一受理、联合勘验、限时办结、联审会议、一窗出证”的工作流程，提高工程建设项目审批效率。2022年，受理工程建设项目1599宗，其中并联审批项目376宗、联合验收项目181宗。

【港澳跨境通办服务】　2022年，区政数局为有效满足港澳居民跨境投资和生活需求，加强与港澳深度融合，加快政务服务机制“软联通”，推动高频政务服务事项实现跨境通办470项，设置“江门·江海区—港澳跨境通办专窗”，指引港澳居民办理“江门—港澳跨境通办政务服务专区”事项470项，为港澳企业群众提供便捷服务通道。

【智能化服务】　2022年，江海区行政服务中心和街道公共服务中心率先推行“智慧导办”智能化服务，为企业、群众提供高频服务办理事项68项，实现智慧导台实时排号一目了然、大厅布局一屏尽览、智能填单一扫即填、数据录入一键调用、表单打印一刷即出，大大简化了办事流程和提高了服务效率，全年累计办理量3746人次。

【侨都之窗服务】　2022年，区政数局全面完成3个街道63个村、社区的侨都之窗升级改造工作，侨都之窗自助机增设粤智助板块功能，可办理政务服务事项220项，为群众提供全天候政务服务，全年办理业务量257196宗，实现“小事不出村、大事不出街”。

【“12345”政务服务便民热线】 2022年，区政数局进一步完善政府服务热线平台统一运行机制，依托江门市“12345”政务服务便民热线平台系统，对区直各部门事项办理的情况进行全流程监督、风险预警提醒和绩效评价，并加强数据分析和问题梳理工作，多方位、多角度、多层次分类解决群众诉求，全年共处理群众热线、留信、留言60697件，市民满意率93.65%。

【电子证照应用】 2022年，区政数局推动电子证照扩大应用领域，实现证照发证用证事项的动态管理，发证部门在业务办结以后同步把数据推送到江门市电子证照库，做到实体证照与电子证照的同步签发。

【一网统管平台建设】 2022年，区政数局依托“粤治慧”江门分平台，通过对综合数据的智能分析，汇聚各领域的业务数据，实现对江海区的综合运行态势感知，建设江海区“一网统管”专题应用，推进新型智慧城市建设，围绕政务服务、一图防疫、消防救援、经济运行、数字水利、基层社会治理重点领域智慧等6个专题建设，完成开发和接入工作，形成区级“一网统管”行业治理专题展示成果。

【政务云平台建设】 2022年，区政数局推进政务上云工作，落实上云系统的安全测评，持续监测政务云系统资源使用情况，优化资源利用率，全年全区符合上云条件的系统上云率100%。

【公文处理平台服务】 2022年，区政数局建立办公自动化系统移动端，实现随时随地手写签批、移动办公。优化流程再造，推进政务工作高效化，江海区办公自动化系统新增加“一文直办”、政府“财政资金”一表直批、投资“项目准入”一次直批、全区重大事项“工作落实”等审批功能模块，进一步提升公文办理效率，持续深化打造一个全方位的“高效数字政府”。

【网络基础设施建设】 2022年，区政数局持续开展网络安全基础设施建设工作，实现区主干网络核心设备和安全设备的双机冗余全覆盖，为政务外网、视频专网的接入打下基础。制定全区网络安全事件应急预案，建立、健全全区网络安全应急体系，提高网络安全应急事件应对能力。

【公共数据管理应用】 2022年，区政数局加大公共数据普查、汇聚及共享力度，持续推动政务数据汇聚，提升数据质量，利用广东省数据资源“一网共享”平台挂接本地目录数据258条，录入自建系统23个，发起用数申请有38条清单，其中国家级数据接口25个，编制目录事项覆盖1000条；“开放广东”平台目录挂接数量157条。

政协江海区委员会

综 述

【五届二次会议】 2022年1月19—20日，召开中国人民政治协商会议第五届江门市江海区委员会第二次全体会议。会议听取和审议政协第五届江门市江海区委员会常务委员会工作报告、提案工作报告；听取各民主党派、区工商联、港澳联络组和各界别代表的大会发言；组织开展委员履职培训；列席江海区十一届人大二次会议，听取和讨论江海区人民政府工作报告及有关报告；表彰第四届区政协2021年度优秀提案和办理提案先进单位；审议通过政协第五届江门市江海区委员会第二次会议决议。

【主席会议】 2022年1月4日，区政协召开党组会议、五届二次主席会议。会议传达学习习近平总书记在全国政协新年茶话会上的重要讲话精神；研究区政协五届二次会议期间成立临时党组织有关事项；审议关于召开区政协五届二次会议的决定草案、会议议程草案和会议日程草案；审议提交区政协五届二次会议审议的常委会工作报告征求意见稿、提案工作报告征求意见稿；审议区政协五届二次会议期间提案收集截止日期草案、《关于表彰2021年度（区政协四届六次会议及闭会期间）优秀提案和办理提案先进单位的建议》、区政协五届二次会议邀请列席人员的决定草案和《政协第五届江门市江海区委员会常务委员会关于授权主席会议审议区政协五届一次常委会会议未尽事宜的决定草案》；研究区政协五届一次常委会会议议程。

1月29日，区政协召开党组会议、五届三次主席会议。会议传达学习贯彻习近平总书记关于党史学习教育重要指示精神和在中央政治局党史学习教育专题民主生活会上的重要讲话精神；审议公务员评优工作。

2月14日，区政协召开党组会议、五届四次主席会议。会议传达学习习近平总书记在十九届中央纪委六次全会上的重要讲话精神；学习贯彻《中共中央办公厅印发〈关于加强和改进新时代市县政协工作的意见〉的通知》；开展微信泄密案例警示教育；审议区政协“四个一”（提案督办、协商、民主监督和专题调研）工作安排、“一号提案”“重点提案”的建议、区、街、村（社区）三级协商平台委员工作室设计方案；部署区政协机关2022年党风廉政建设工作。

3月17日，区政协召开党组会议、五届五次主席会议。会议传达学习习近平总书记重要讲话；传达学习张元醒主席在政协第十四届江门市委员会第一次会议闭幕大会上的讲话精神；审议区政协2022年度民主协商民主监督计划、专题调研计划、“一号提案”“重点提案”和区政协领导督办提案计划、区政协贯彻落实《中共中央关于加强和改进新时代市县政协工作的意见》工作任务清单、区政协五届二次会议重点工作任务分解清单和“博爱政协情暖江海”行动方案、“书香政协”行动方案；研究江海区政协三级协商平台分布点及其江海区政协三级协商平台预算等有关工作；审议人事议题。

5月30日，区政协召开党组会议、五届六次主席会议。会议传达学习贯彻习近平总书记2021年12月6日在十九届中央政治局第三十五次集体学习时的重要讲话精神；传达学习贯彻中国共产党广东省第十三次代表大会精神；学习江门市有关保密工作精神；学习江海区2022年网信工作重点；研究对《政协江门市江海区委员会履职工作规则》增加履职加分项目；人事议题审议黄培忠辞去区政协常委、区政协提案与港澳台侨委主任职务；区润彪任区政协常委候任人、区政协提案与联谊委主任职务；宣读关于吴刚免职退休和赵振宝任江海区政协办公室副主任的通知；审议区政协五届三次常委会（扩大）会议议程。

6月2日，区政协召开党组扩大会议、五届七次主席会议。会议传达学习贯彻习近平总书记重要文章《坚持把解决好“三农”问题作为全党工作重中之重，举全党全社会之力推动乡村振兴》精神；传达学习贯彻市委十四届二次、三次全会精神和6月1日区委常委会会议精神；审议人事议题。

7月21日，区政协召开党组（扩大）会议、五届八次主席会议。会议传达学习贯彻习近平总书记在庆祝香港回归祖国25周年大会暨香港特别行政区第六届政府就职典礼上的重要讲话精神、中央办公厅《关于推动党史学习教育常态化长效化的意见》精神；传达7月15日区委常委会会议精神；审议三级协商平台协商议题。

8月5日，区政协召开党组扩大会议、五届九次主席会议。会议传达学习贯彻习近平总书记在中央统战工作会议上的重要讲话精神；传达区委推进安全应急产业园、“两中心一基地”工作要求；研究审议《江门市江海区政协协商工作规则》《江门市江海区政协加强和改进调研工作实施办法》；研究区政协五届四次常委会会议有关事项；研究审议《2022年江海区政协重点提案督办视察工作方案》和三级协商平台调研有关工作。

11月18日，区政协召开党组（扩大）会议、五届十二次主席会议。会议传达学习贯彻习近平总书记在10月25日中央政治局会议、中央政治局第一次集体学习时的重要讲话精神；传达学习贯彻中共中央《中国共产党统一战线工作条例》；传达学习贯彻中央办公厅《纪检监察机关派驻机构工作规则》；审议区政协五届五次常委会会议扩大议程及“一号提案”督办协商活动有关工作。

12月13日，区政协召开党组扩大会议、五届十三次主席会议。会议传达学习贯彻习近平总书记在江泽民同志追悼大会上致的悼词；传达学习贯彻习近平总书记在二十国集团领导人第十七次峰会、亚太经合组织第二十九次领导人非正式会议上的重要讲话精神；传达学习贯彻中共广东省委十三届二次全会、12月9日省委常委会会议、市委常委会（扩大）会议及12月10日区委常委会（扩大）会议精神；研究审议区政协五届三次会议筹备方案和《江门市江海区政协提案工作细则》《江门市江海区政协提案审查和处理工作细则》《江门市江海区政协提案办理协商办法》。

【常委会会议】 2022年1月5日，区政协召开五届一次常委会会议。会议听取江海区2021年经济社会发展情况通报；讨论江海区2021年经济社会发展情况通报；听取区纪委监委、区人民法院和区人民检察院2021年工作情况通报，听取区委督查室关于政府部门办理第四届区政协2021年度的提案工作情况通报，书面听取区政协各专门委员会2021年工作情况报告；讨论区纪委监委、区人民法院、区人民检察院、区委督查室2021年工作情况通报和各专委会工作情况报告；传达学习国家主席习近平二〇二二年新年贺词；传达贯彻习近平总书记在全国政协新年茶话会上的重要讲话精神；审议通过区政协五届二次会议方案；审议政协第五届江门市江海区委员会常务委员会2021年度工作报告征求意见稿、提案工作报告征求意见稿；审议通过关于表彰区政协2021年度优秀提案和办理提案先进单位的通报。

1月20日，区政协召开五届二次常委会会议。会议听取区政协五届二次会议各组讨论情况汇报；审议通过政协第五届江门市江海区委员会第二次会议期间提案审查情况的报告；审议政协第五届江门市江海区委员会第二次会议决议草案。

5月31日，区政协召开五届三次常委会会议。会议传达学习贯彻习近平总书记在看望农业界、社会福利和社会保障界全国政协委员时的重要讲话精神以及全国政协十三届五次会议精神；传达学习贯彻中国共产党广东省第十三次代表大会精神、市委书记陈岸明在调研政协工作时的指示精神、张元醒主席在江门市政协“机关学堂”开班动员会议上的讲话精神；审议人事议题。

8月30日，区政协召开五届四次常委会会议。会议传达学习贯彻习近平总书记在庆祝香港回归祖国25周年大会暨香港特别行政区第六届政府就职典礼上的重要讲话精神；学习贯彻在中央统战工作会议上的重要讲话精神、听取江海区2022年上半年经济社会发展情况通报；听取和讨论2022年“重点提案”办理情况；研究审议《江门市江海区政协协商工作规则》。

11月22日，区政协召开五届五次常委会会议。会议传达贯彻中共二十大精神；区政协领导班子成员交流学习心得并结合分管工作提出贯彻落实措施。

【参政议政】 2022年，区政协发挥各界人士在参政议政、反映民意和民主监督工作中的重要作用，推荐委员参加各种政情通报会、行风调查会、教育整顿会、征求意见会、目标责任制考核和法院庭审50人次。推荐委员参加政府工作报告征求意见座谈会、区人民法院庭审活动、区人民检察院开放日活动、区司法局行政执法案卷评查与“谁执法谁普法”活动、团区委与人大代表、政协委员面对面活动等，按照区委工作部署，围绕安全应急产业园、“两中心一基地”重点工作、区委“头号工程”，以及新一代电子信息、新能源新材料和高端机电装备制造三大主导产业发展等重大问题，先后召开常委会会议2次、开展系列专题协商活动12次，提出意见、建议36条。

【专题调研】 2022年3月29日，区政协经济委和高新联络组到江门高新电子信息产业港、江门高新创智城开展“委员履职日”活动，调研江海区安全应急产业发展状况并举行高新联络组委员议事室挂牌仪式。

4月1日，区政协副主席黄少芳组织江南联络组部分委员到江南街道新南小区开展基层治理调研活动。

4月7日，区政协副主席胡悦玲组织经济委和高新联络组部分委员开展专题调研活动，走访参观委员企业广东嘉威电器实业有限公司。区政协副主席余启超结合委员第202224号提案《关于将礼东主灌河区域打造成集群式休闲生态区的建议》，组织农业农村委部分委员、民盟江海总支，开展沿河区域打造成公园集群式休闲生态区、探索乡村振兴“农业+教育+旅游”新路子等专题调研。

4月12日，区政协主席邹德昌到挂钩联系外海街道麻三村委会，研究党建引领基层治理网格化工作。

4月14日，区政协副主席赵英梅到江门市中心医院江海分院、江门市鸿裕达电机电器制造有限公司和广东网商时代产业园投资管理有限公司实地调研三级协商平台上墙问题。

4月16日，区政协副主席余启超组织礼乐联络组部分委员到江门市文昌中英文学校调研。

5月18日，区政协主席邹德昌带队到江门市君盛实业有限公司、江门市路思拓电机电器有限公司开展知识产权专题调研。区政协开展2022年“一号提案”和重点提案协商调研活动，主席邹德昌、副主席罗军和秘书长黄建明参加。

5月25日，区政协组织农业和农村委部分委员开展民主协商调研活动，余启超副主席参加。

7月27日，区政协副主席胡悦玲到委员企业广东创源节能环保有限公司开展调研工作。

8月18日，区政协召开“江海邑事好商量·党建引领社会治理网格化管理”专题协商议事会，邹德昌主席、罗军、黄少芳、赵英梅、刘宗进副主席，黄建明秘书长参加。组织礼乐联络组、农业和农村委部分委员到礼乐街道文昌一带开展调研，余启超副主席参加。

8月19日，区政协围绕提案《关于在江海区建立一条贯通外海、江南、礼乐公交线路的建议》办理情况召开民主监督专题协商会，邹德昌主席、罗军副主席参加。

8月29日，区政协开展安全应急产业专题委员视察活动，邹德昌主席和余启超、黄少芳、胡悦玲、赵英梅副主席参加。

9月1日，区政协副主席胡悦玲带领调研组到粤港澳大湾区（南海）智能安全产业园开展调研。

9月2日，区政协主席邹德昌带领提案与联谊委合同政协委员、市民代表，与江海交警大队、区城管局等部门围绕协商议题“高新东路沿路工厂停车位严重不足，需要合理改善优化道路两边停车位或周边配套公共停车场”，在高新东路实地调研。

9月22日，区政协提案与联谊委组织提案人、各办案单位、群众代表围绕提案《关于进一步推动江海区村级工业园升级改造的建议》开展提案督办协商活动，罗军副主席参加。

9月23日，区政协提案与联谊委组织提案代表、各办案单位围绕提案《关于支持港澳大湾区青年创业就业在江海的建议》开展提案督办协商活动，赵英梅副主席参加。刘宗进副主席带领社会委联合高新联络组政协委员代表与区住建局、区城管局、区国资局等部门围绕协商议题“纾解停车难问题”，在高新区综合服务中心和江南街道兴南小区实地调研。

10月9日，区政协提案与联谊委组织提案代表、各办案单位围绕提案《关于以多元化合作为抓手，深化江海区与港澳科创和产业融合的建议》开展提案督办协商活动，赵英梅副主席参加。

10月13日，区政协副主席胡悦玲到广东南大机器人有限公司、江门同川科技有限公司开展调研。

10月18日，区政协副主席胡悦玲组织经济委委员开展“大力推动安全应急产业加快相关扶持政策出台”协商活动。

11月1日，区政协副主席罗军带领提案与联谊委，联合提案委有关成员、提案工作研究会代表、区教育局负责人，到礼乐中学围绕“以特色办学推动江海区普通高中教育高质量发展”开展专题调研。

11月11日，区政协副主席赵英梅组织港澳联络组成员召开港澳联络组线上线下工作会议，传达贯彻中共二十大精神、围绕“侨都赋能”调研课题及调研报告以及五届三次会议大会发言选题及提案线索展开讨论。

11月22日，区政协召开“一号提案”督办暨江门市安全应急产业园区建设专题调研协商会议，邹德昌主席，邓志华党组副书记，余启超、罗军、黄少芳、胡悦玲、刘宗进副主席和黄建明秘书长参加。

11月29日，区政协副主席黄少芳带领社会委部分委员到区人民检察院围绕“推动区人民检察院公益诉讼”开展专题调研。

12月2日，区政协副主席罗军组织江门市公路局、区城管局、江海交警大队、外海街道和东升村委有关负责人到外海街道东升村，对机动车出入口设置问题进行商讨。

12月14日，区政协主席邹德昌率领区政协领导班子成员到区人民法院进行工作调研，余启超、罗军、黄少芳、刘宗进副主席和黄建明秘书长参加。

12月16日，区政协副主席余启超带领农业和农村委部分委员到礼乐街道向民村围绕民主监督课题“推动村内道路升级改造”开展调研。

年内，区政协通过开展“江海邑事好商量·党建引领社会治理网格化管理”协商活动形成《关于党建引领社会治理网格化管理的几点建议》；组织港澳委员开展“加强侨梦苑核心区建设，助推侨都赋能工程落深落实”调研，形成《关于加强“侨梦苑”核心区建设，助推“侨都赋能”工程落深落实专题调研报告》；开展“加快江门市安全应急产业园建设”调研，形成《加快江门市安全应急产业园建设专题调研报告》；开展“推动江海区高新技术企业高质量发展激发企业创新主体活力”调研，提交《关于推动江海区高新技术企业高质量发展的调研报告》；开展《关于用“温度”赋能“人才倍增”工程，助力大江海高质量发展的建议》提案办理协商活动，形成《〈关于用“温度”赋能“人才倍增”工程，助力大江海高质量发展的建议〉提案办理协商报告》；开展《关于加强高新区基础道路建设的建议》提案办理协商活动，形成《〈关于加强高新区基础道路建设的建议〉提案办理协商报告》；组织对珠西先进产业优秀人才创业创新园与“侨梦苑”核心区综合服务中心进行调研，形成《关于促进江澳两地合作的建议》社情民意等协商成果。

【重点提案督办】 2022年，区政协五届一次、二次会议以来，共收到提案77件，经审查立案70件，不予立案7件，立案率为90.91%。其中个人提案22件、联名提案29件、集体提案19件。年内，70件提案办结，办结率100%。通过“一号提案”、重点提案督办，形成以点带面的提案办理新格局，推动提案工作提质增效。通过“委员之家”了解掌握企业和群众诉求，以“直通车”方式形成《关于规范工业园区管理，优化营商环境的建议》，建立区政协领导班子领衔督办重点提案机制，通过邀请提案人、办案单位面对面沟通交流，提案办理工作取得成效。

【年度协商计划】 2022年，区政协年度协商计划包括协商产生区政协委员建议增补人选；加快5G新基建项目建设、加快东海路出行繁忙路段人行天桥建设、加强农产品质量安全等3项对口协商；《关于进一步推动江海区村级工业园升级改造的建议》《关于支持港澳大湾区青年创业就业在江海的建议》等2件提案的办理协商。协商计划按时完成。

【民主监督】 2022年，区政协民主监督工作包括开展“一号提案”督查督办活动、围绕江南街道江南路（新中大道—五邑路）升级改造开展民主监督活动、围绕推动区人民检察院公益诉讼开展民主监督活动和围绕推动村内道路升级改造开展民主监督活动如期执行完毕。

【三级协商平台】 2022年，区政协探索推进协商民主新模式，创新打造“1+5+N”模式三级协商平台，构建1个委员议事厅、5个街道（联络组）委员议事室、22个村（社区）界别委员之家的“三位一体”协商平台，以“六个一”（平台在一线搭建、思想在一线引领、力量在一线汇聚、调研在一线开展、问题在一线协商、共识在一线形成）为工作目标，推动全区150名政协委员亮明身份，下沉基层开展履职工作，把政协委员宣传政策、联系群众、协商监督等职能和“三级协商平台”有机结合，为培育“邑事好商量”协商品牌提供经验。平台建设以来，组织开展协商活动69次、提交调研报告9份、反映社情民意信息15篇、提出各类意见建议100条。省、市政协和江门市委主要负责人先后两次到江海区调研并作为协商民主案例介绍推广，作为打造“邑事好商量”的“江海经验”在全市推广。全国政协官网、《人民政协报》以“新时代市县政协工作新样子”栏目宣传“三级协商平台”创新做法；广东卫视《广东新闻联播》选取“三级协商平台”作为贯彻落实党的二十大精神、发展全过程人民民主的例子作专题报道。年内，区政协出台《江海区政协关于加强社情民意信息工作的实施意见》。

【联谊交流活动】 2022年，区政协健全落实区政协领导联系民主党派、工商联及其成员制度，集中走访民主党派、工商联及其成员和无党派人士，全年走访委员100人次，帮助委员企业协调解决问题30个。密切加强同兄弟市、区政协的履职联动，年内接待贵州省、广西壮族自治区梧州市、内蒙古自治区通辽市、广东省珠海市和韶关市以及新会区、恩平市等地政协同行到江海区调研、考察。

【民主党派工作】 2022年，区政协班子成员联系走访各民主党派，听取工作和自身建设情况汇报，深入了解各民主党派的工作设想，对开展参政议政、民主监督等工作提出意见和建议。鼓励各民主党派到“三级协商平台”各平台开展协商议政活动，在大会发言、专题协商中优先安排发表意见。通过联合开展调研、督办重点提案、征集社情民意等形式，各党派、各界别委员参政议政形成的20项协商成果被区委、区政府采纳使用。

【慈善公益】 2022年，区政协印发《政协江门市江海区委员会“博爱政协情暖江海”行动方案》，开展“博爱政协情暖江海”行动，区政协班子带头、广泛发动政协委员开展访贫问暖活动，帮扶困难家庭、学生40户；引导政协委员发挥各自专长，参与扶危济困、捐资助学等公益活动，发动政协委员捐赠抗疫款项及各类物资价值300万元。

【政协江门市江海区委员会负责人名录】

主　席：邹德昌

副主席：余启超

罗　军

黄少芳

胡悦玲

赵英梅

刘宗进

江海区纪律检查委员会·江海区监察委员会

综 述

【纪委全会】 2022年1月30日，十届区纪委二次全会召开，会议贯彻中共十九大和十九届历次全会精神，贯彻落实十九届中央纪委六次全会工作部署和十二届省纪委七次全会、十四届市纪委二次全会工作要求，总结全区2021年纪检监察工作，研究部署2022年工作任务。

【专题会议】 2022年7月26日，区纪委监委召开区党风廉政建设领导小组会议，会议传达学习贯彻习近平总书记在中央政治局第四十次集体学习时关于一体推进“三不腐”（不敢腐、不能腐、不想腐）能力和水平的重要讲话精神、学习《中国共产党纪律检查委员会工作条例》，并就贯彻落实作出安排。

10月14日，区纪委监委召开区党风廉政建设领导小组会议，会议传达学习贯彻《习近平谈治国理政》第四卷关于“不断提高政治判断力、政治领悟力、政治执行力”的重要论述精神，学习传达有关典型案例通报的文件精神，部署相关工作。

【纪律教育学习月活动】 2022年，区纪委监委组织党员干部到江门周边的廉政教育基地接受教育，利用网络平台、电子LED（发光二极管）显示屏等媒体，在30个场所展播省纪委“廉润南粤”系列公益广告250场次。把书籍《中国共产党的自我革命》、廉政微电影《桥》等学习教育素材发放到全区各街道各部门，督促及时开展学习教育。以作风建设点题，在“江门高新公众号”开设学习专栏，更新上级查处的形式主义、官僚主义和漠视群众利益典型案例8篇，督促全区各单位组织学习和对照检查。打造一批党建引领基层治理工作试点，指导外海街道推进“阳光村务”工作、礼乐街道推进村级纪检监察站建设、江南街道推进“阳光居务”等试点，不断完善基层监督体系。

【党风廉政建设】 2022年，区纪委监委加强对党章和新形势下党内政治生活的若干准则执行情况的监督，强化对履行管党治党政治责任、依法依规履职用权、廉洁自律等情况的监督。发挥派驻机构作用，对党员干部因工作不到位被上级通报的情况等问题，及时约谈提醒相关人员或分管领导6人次。加强警示教育，转发3批上级纪委监委关于违反中央八项规定精神典型问题的通报。完善党风廉政建设责任制考核，细化评分标准，进一步激发履行全面从严治党主体责任的自觉性。

【警示宣传教育】 2022年，区纪委监委组织学习《中国共产党纪律处分条例》，详细讲解和剖析典型案例，总结发生违纪违法问题的本质和规律，各派驻纪检监察组组长为监督单位讲授廉政专题辅导课12场次，以增强纪律意识、规矩意识、责任意识。通报全区3起违反中央八项规定精神的典型案例，以身边事教育身边人，持续释放全面从严、一严到底强烈信号。组织党员干部到江门市廉政法治教育基地、江门市党的纪律教育示范基地和江海区廉政法治教育基地等教育基地接受教育。分别摄制廉洁文化微视频和微电影，展播一批省纪委监委摄制廉洁文化作品，利用网络平台、电子LED显示屏等媒体，在全区办事大厅、公共服务中心、中小学校和公立医院等场所循环展播。

【“四风”整治】 2022年，区纪委监委为加强对“四风”（形式主义、官僚主义、享乐主义和奢靡之风）的整治，年内对3个街道和7个区直单位开展调研，督促对进度靠后的工作深入分析原因，提出相应的工作措施。持续开展特别防护期、节假日值班值守专项监督，对各单位执行统筹疫情防控和经济社会发展、安全生产和安保维稳等领域责任落实情况开展全覆盖监督检查；对乡村振兴迎检、文明城市创建等工作开展专项监督，发现问题及时反馈并督促立行立改。深入推进“吃公函”问题专项整治工作，要求各单位对照《关于进一步规范公务接待费管理的通知》自查自纠，严格执行公务接待管理规定；开展“私车公养”专项治理。

【“一把手”监督】 2022年，区纪委监委贯彻落实《中共中央关于加强对“一把手”和领导班子监督的意见》，配合区委讲好对区直单位、各街道“一把手”（主要负责人）的开年第一课，区纪委主要负责人对参会“一把手”作廉政谈话，指导各“一把手”严格履行全面从严治党第一责任人责任。督促各单位“一把手”向区委书面述责述廉，向6名新任“一把手”发出提醒函，推动各单位“一把手”严守纪律底线。

【党内谈话制度】 2022年，区纪委监委对苗头性倾向性问题，采取日常谈话和约谈、提醒谈话等措施，及时督促整改；对受处分或诫勉处理的党员干部，及时开展警诫谈话，全年全区共开展提醒谈话和警诫谈话86人次，涉及科级干部29人次。

【腐败惩治】 2022年，区纪委监委以高质量发展为主题，把一体推进“三不腐”贯穿自身建设，加强规范化、法治化和正规化建设，全年立案23件全部办结。办结的34宗案件中，给予党内警告19人、党内严重警告9人，开除党籍处分5人（其中移送司法机关审查起诉2人），政务记大过2人、政务撤职1人、开除公职1人、取消退休待遇1人。给予江门市公安局江海分局原党委委员、副局长潘大卫开除党籍、取消退休待遇处分并移送司法机关审查起诉；给予江门市公安局网警支队江海大队原大队长周达文开除党籍、开除公职处分并移送司法机关审查起诉。全年新增各类线索

81条，新办结线索51条，属实33条，属实率64.71%，转立案23条，成案率45.1%。在办线索60条。办结线索中，移交江门市纪委监委办理8人次、谈话提醒26人、批评教育18人、诫勉处理3人、转立案23宗23人。

【涉黑涉恶案件查处】 2022年，区纪委监委排查涉黑涉恶线索56条，办结55条，在办1条；立案34人，结案34人；给予党纪政务处分22人，移送司法机关审查起诉10人。办结扫黑除恶留置案件2宗2人，完成留置对象审查调查工作并移送司法机关审查起诉。

【信访受理】 2022年，区纪委监委收到群众举报90件，其中检举控告38件、业务范围外17件、批评建议及其他11件、重复件24件。检举控告件中，反映科级干部4件、一般干部11件、村干部16件、其他人员7件。组织12个承办主体通过召开座谈会、现场操作示范和定期专项检查等形式，确保信访举报受理工作分流及时、处置规范和反馈到位。先后构建"三个监督机制"（"双督办"工作机制、"苗头性问题"导向机制、"点对点"式追问机制），推动"去存量"工作任务落地见效。开展"双督办"22件，对涉及上级交办、群众反映强烈的问题，提级双督，实现"转办即督办，交办即挂牌"。先后开展重复举报治理工作专题分析、出嫁女信访调研，形成专题报告上报江门市纪委监委。开展初始研判，及时发现苗头信号，调研全区农村"三资"（集体所有制资产、集体经济组织的资金、集体成员的劳动力资产）管理方面的突出问题并进行对策分析。

【街案区审模式】 2022年，江海区纪委监委实施纪检监察案件"街案区审"机制以来，以案件质量为核心，不断优化"街案区审"审理模式，从事实、证据和程序、手续等方面，对各街道查办案件实施全覆盖审理审核。全年全区审结街道案件7宗，"街案区审"率100%。

【巡察工作】 2022年，区委3个巡察组对区教育局、区经济促进局、区民政局、区人力资源和社会保障局、区住房和城乡建设局、区总工会、区工商业联合会和外海中学、礼乐中学等9个单位的党组织，开展十届区委第二轮巡察；对区委宣传部、区卫生健康局、江南街道和外海街道的墟镇社区、银泉社区、永康社区、彩虹社区等7个单位党的组织，开展十届区委第三轮巡察工作。

外事·侨务·港澳台事务

外　事

【概况】　2022年，区外事局受理外国人来华邀请函11批、16人次，涵盖7家企业，涉及日本、韩国、德国、意大利、西班牙等5个国家；办理邀请核实单1批3人次，涉及1家企业和1个国家（孟加拉国）。

【外事工作】　2022年,区外事局精选区内优秀外向型企业参与江门市外事平台，推荐江门市菲力斯电气（广东）有限公司及江门市宝士制冷电器有限公司担任江门市人民友好协会第八届理事会候任团体会员，推荐外海中学一名教师及江门顺兴吸塑厂有限公司一名高管担任候任特邀理事。推广APEC（亚太经合组织）商务旅行，发放APEC商务旅行卡3张，涉及江门宏力后视镜实业有限公司等2家企业，受理APEC商务旅行卡5张，涉及江门市伟胜电业有限公司等2家企业。

侨　务

【“侨梦苑”建设】　2022年，区侨务局创新与“百年侨校”合作模式，引入暨南大学教授王鹏团队深入研究，编制“侨梦苑”核心区发展战略规划。打造江门“侨梦苑”核心区智库，吸纳国务院原侨务办公室国外司司长张健青、粤港澳大湾区经济发展研究中心教授王鹏等13名专家成员，形成智库首批专家团队。加强与暨南大学交流合作，挂牌成立江门“侨梦苑”港澳青年创新创业基地暨南大学联络站，构建港澳台侨青年到江海区创业实习机制。

【侨胞考察江海区】　2022年，区侨务局依托江门“侨梦苑”核心区综合服务中心，加强与海内外侨胞的交流，全年接待智利、刚果、柬埔寨、巴西、秘鲁等国家和地区交流团，共32批、335人次。

【扶持侨资企业】　2022年，区侨务局加大侨资企业创新创业政策扶持力度，落实江门“侨梦苑”核心区高质量发展若干政策措施，首年奖补6家侨资企业资金53万元。开展“侨梦苑”政策宣讲活动，会同区税务局和区内金融机构、粤湾云谷智慧产业园，开展“银税促发展，惠侨向未来”活动3场次，邀请侨资企业代表参加。

【帮扶困难归侨侨眷】 2022年，区侨务局组织开展入户探访区内的困难归侨侨眷，会同区民政局、中国华侨公益基金会联合江门五邑爱尔新希望眼科医院，开展江海区“侨爱心·光明行”活动，对江海区户籍的生活困难的归侨、侨眷和侨属，免费提供白内障复明手术、胬肉手术和网脱手术等服务。做好全区2022年广东省贫困归侨扶贫救助补助资金申请和发放工作，共有2户归侨受惠。

港澳台事务

【因公赴台港澳及出入境管理】 2022年，区台港澳事务局规范江海区因公赴台港澳人员出国（境）管理，执行全区年度因公出国（境）团组任务经费审核制度与出访计划报批制度，全年共办理因公赴港（澳）通行证4批、12人次。

【扶贫助学】 2022年，区台港澳事务局联合江门五邑台资企业协会举办“暖童心台胞显真情”扶贫助学活动，江门五邑台资企业协会妇女委员会向25位家庭困难儿童派发慰问金2万元。江门联福科技纺织彩印有限公司向每个儿童送上价值5000元的新春大礼包。

群众团体

江海区总工会

【组织建设】 2022年，区总工会开展非公企业工会“强基工程”，全年新组建基层工会64家，其中50人以上企业建会43家。全区共建基层工会736家，通过智慧工会新发展工会会员10418名，新增新就业形态劳动者会员2655名，包括快递员、外卖配送员、网约车司机和货车司机等群体。江海区总工会智慧工会系统注册会员总数59375人，其中，活跃人数45131人，活跃率76%。指导56家工会申报开展120个积分发放活动，发放积分176万元。发动184家基层工会开展主席评议，参与1.4万人次，职工提出合理化建议1619条。指导60家基层工会注册积分系统开通积分工作。推行集体协商和签订集体合同制度，指导职工签订集体合同，实现企业劳动关系规范化、契约化。累计签订集体协商合同520份，完成率90%。其中5家行业协会全部按要求签订集体协商合同、42家300人以上企业完成三项合同（集体合同、工资协商、女职工权益保护）签订、63家企业签订劳动卫生专项合同。

【劳模工匠宣讲活动】 2022年，区总工会召开劳模精神宣讲座谈会，组织邀请历届劳模代表举办庆“五一”暨劳模座谈会，全国劳模冯淡开、女劳模创新工作室代表张海花、2022年广东省五一劳动奖章获得者陈国纲分别作劳模精神宣讲。开展“向时代领跑者致敬”江海区庆“五一”劳模慰问活动，激励、引领全区职工以劳模先进为榜样，学习爱岗敬业、争创一流、艰苦奋斗和勇于创新的劳模精神。

【评议工作】 2022年，区总工会开展基层工会主席民主评议，组织基层工会通过江门市智慧工会平台开展主席评议工作，让基层工会通过主席评议，广泛征求职工群众意见，主动回应职工需求，全年发动基层工会开展主席评议184条，参与14781人次，职工向基层工会提出合理化建议1619条。

【职工维权】 2022年，区总工会召开2022年度工会律师顾问工作会议，明确法律顾问团职责。优化工会律师顾问队伍建设，聘请7位专业律师点对点为职工服务。指导3个街道和21家企业开展相关工作，明确专业律师、社会化工会工作者和劳动关系信息员实行专人干专事。在原有在册义务调解员队伍建设的基础上，根据工作需求和实际情况，增加和更换维权服务网格化管理信息员，全区共有在册信息员80

人。开展职工队伍矛盾排查化解以及劳资纠纷走访、劳动关系隐患排查工作，全年处理化解来自平台申诉矛盾纠纷23宗。举办《中华人民共和国工会法》专题宣传讲座，多措并举开展工会法宣传活动。深入开展推进企事业单位安全生产工作的“安康杯”活动，全区线上参与4万余人。

【推进产业工人改革】 2022年，区总工会召开江海区人民政府与区总工会联席会议暨产业工人队伍建设改革工作推进会，传达市产业工人队伍建设改革工作推进会精神，制订2022年工作计划，出台《江海区促进农民工融入城市试点工作方案》《江海区新时期产业工人队伍建设改革三年行动方案（2022—2024）》等产业工人工作方案，继续推进产业工人改革。推选西铁城精电科技（江门）有限公司技术品质本部长陈国纲获广东省五一劳动奖章。对产业工人改革工作进行调研、总结，结合推动农民工融入城市试点等产业工人改革工作中的措施、有效做法、成效和存在问题，形成《江海区产业工人队伍建设改革2022年工作报告》《江门市江海区总工会农民工融入城市试点工作报告》等调研报告。

【职工文体建设】 2022年，区总工会举办“书香沁初心，奋斗建新功”送书进基层工会活动暨职工书屋荣誉称号授牌仪式，为40家企业送去书籍3000本，并为获2021年省市级的职工书屋、职工之家、职工小家和优秀工会工作者等14个称号的10个基层工会代表颁发荣誉牌匾。联合江海区图书馆，举办“书香进企业”流动图书工程启动仪式，每月向企业流转图书100本。主动融入职工生活，实现工会形象、工会服务和工会宣传进镇街，在礼乐街道开展“幸福客厅”镇街行首场示范场活动。开展“幸福党课”进企业、进园区、进学校活动和“读报筑梦”“工会故事征文”等活动。

【慰问活动】 2022年，区总工会开展春节慰问、互助互济爱心慰问、医疗、生活救助、中秋慰问、金秋助学和疫情防控慰问等慰问活动8场，帮扶208人次，发放帮扶金额64万元。发动职工参与在职职工互助保障计划，全年参保15390人。为职工办理职工互助保障计划理赔，共办理理赔案件352个，理赔金额96万元。开展“夏日送清凉”活动，区总工会及各街道工会走访企业200家，为职工送上价值32万多元的物资。联合区委组织部等部门开展“凝心聚力抗疫情，中秋慰问暖人心”活动，慰问疫情防控一线工作人员，送上价值5万元的物资。

【职工阵地建设】 2022年，区总工会加快实现江海区工人文化宫建设和服务全覆盖，依托国家级高新区、全国人大基层立法点和全国农村社区治理实验区等三个国家级平台，出台《江海区工会服务“1+6+X”两年行动计划》，把职工综合服务中心建设成为职工需求的服务平台、供需对接的枢纽平台和职工参与社会治理的创新平台。优化完善劳动者爱心驿站，实现职工服务中心全覆盖，建成江海区职工服务中心、江海区君盛实业有限公司户外职工驿站、外海街道银泉社区新业态职工爱心驿站等7个职工服务阵地，区总工会联合各街道工会及基层工会建设“爱心妈妈小屋”17家。

共青团江海区委员会

【组织建设】 2022年，江海区有共青团组织555个，其中机关、企事业团工委7个，机关团组织21个，学校团组织134个，“两新”团组织114个。2022年，团区委发展团员460名。印发《江海区基层团组织团务工作检查督导方案》，为指导基层团组织开展团组织生活、夯实基础团委工作提供制度保障。与区委组织部、区教育局和区直属机关工委联合印发《关于进一步加强新时代基层党建带团建工作的若干措施》《关于进一步加强中学党建带团建工作的若干措施》，把团组织建设、团组织生活和基础团务的培训学习、团队阵地建设等工作纳入考核工作。

【青少年场所设施建设】 2022年，江海区建有青年之家10个，包括礼乐街道恒大青年之家、外海街道直冲村支部委员会、五邑大学第一附属中学青年之家、江海区阅新文化发展有限公司支部委员会、礼乐街道文苑社区青年之家服务站、江南街道仁美社区青年之家线下服务站、江南街道江翠社区青年之家线下服务站、粤湾云谷青年之家、江门演艺中心青年之家、启迪之星（江门）青年之家。依托青年之家，以青年需求为导向，组织青年、联系青年、服务青年和引领青年，开展线上、线下联系服务团员青年活动。江海区有少先队校外实践教育基地6个，包括江海区青少年宫（青少年活动中心）、江门演艺中心、江南街道滘头顺天里144号红色教育基地、礼乐街道党群服务中心、江海区南粤家政服务中心。团区委通过试行全区中小学结对实践基地，常态化开展校外少先队实践教育活动。

【专题教育实践活动】 2022年，团区委组织开展学习习近平总书记在庆祝中国共产主义青年团成立100周年庆祝大会上的重要讲话精神，组织团区委委员、团委候补委员和青联委员等先进青年代表，各级共青团、少先队、青年工作者和青年学生2.5万人分别在区政府、各自班级和单位收看中国共产主义青年团成立100周年庆祝大会。举办江海区百年团史回顾暨习近平总书记重要讲话精神专题培训班，全区各级团组织和少先队以主题团日、队日和专题学习等形式，组织集体专题学习。

【系列主题活动】 2022年，团区委围绕“喜迎二十大”主题，制作宣传视频《奋斗青春，筑梦江海》、开展少儿绘画展、青年演讲能力培训班、读书分享会和文艺表演等活动18场，参加活动1000人次。开展“青年运动史”专题学习，组织各基层团组织学习青运史上的重大事件、重要会议和重要人物，通过学团史、知团情，引导团干部和团员青年从历史中汲取智慧力量，在新征程中展现担当作为。

【青少年服务】 2022年，团区委开展“奋斗青春，筑梦江海”青年双创系列活动，包括江海青年融创汇免费引流的6种方法讲座分享、“聚大众智慧筑创业梦想”青年创业指导。举办共青团与人大代表、政协委员面对面活动，邀请区人大代表、政协委员和区直相关部门、街道团工委、市内高校的青年工作者，与青年代表针对青年住房问题开展面对面交流活动。推动相关部门加强政策协调，协同解决需要解决的问题。

【志愿服务】 2022年，团区委深化文明城市志愿服务工作，组织青年志愿者、党员志愿者、义工志愿者以及社区志愿者，深入到各结对社区、重要交通路口，常态化开展创文志愿服务六大专项行动，包括文明交通劝导行动、“文明·你我他”文明进社区行动、“洁城·绿生活”环境卫生整治行动、文明规范停车引导行动、“让行·微公益”倡导行动、文明城市关爱行动。全年开展活动1000场次，服务时数12万小时。发动志愿者参与全区防疫工作，江海区有储备防疫志愿者3351人，包括辖区“双报到双服务”党员志愿者1007人、社会志愿者2344人；组建团员青年突击队44支、779人，在疫情防控期间协助开展防疫工作。全年全区志愿者参与疫情防控志愿服务活动7.7万人次，时数36.3万小时。

【学雷锋服务站】 2022年，江海区有学雷锋服务站共8个，分别为江门东站广场学雷锋志愿服务站、江海广场学雷锋志愿服务站、江南文化广场学雷锋志愿服务站、白水带体育公园学雷锋志愿服务站、白水带风景区学雷锋志愿服务站、下沙公园学雷锋志愿服务站、釜山公园学雷锋志愿服务站、江门儿童公园沙主题游乐区学雷锋志愿服务站。团区委常态化为周边居民、游客提供便民服务，包括提供免费饮用水、免费提供便民工具、提供应急充电服务、信息咨询、驿站周边环境清理、不文明行为劝导、轮椅出借、雨伞借用和应急医护等，全年服务1.2万人次；结合政府有关工作要求，开展禁毒、普法、心理健康、护河护水、反诈、关爱长者和垃圾分类等宣传活动，全年开展56场次，参与1118人次，服务时数3200小时。

【未成年人保护】 2022年，团区委围绕《中华人民共和国宪法》《中华人民共和国民法典》《中华人民共和国家庭教育促进法》《中华人民共和国预防未成年人犯罪法》《中华人民共和国未成年人保护法》等开展专题法律知识讲座，举办“喜迎二十大，法治伴我行”未成年人法治教育宣传、“认识情绪，做情绪的小主人”未成年人教育宣传、“青春自护防校园欺凌”等专题活动48场次，引导青少年提升法律意识和法治观念，增强自我保护意识。实施“青春护航伴你同行”项目，依托专业社会工作者介入特殊青少年群体，把对象服务拓展到各街道团委、社区、中小学转介的或主动求助的网瘾、厌学、遭遇家暴、性侵和校园霸凌等青少年，全年跟进青少年个案28个，结案12个。

江海区妇女联合会

【基层妇联组织建设】 2022年，区妇联健全区、街道、村（社区）三级妇联执委队伍建设。落实区级执委轮值联系妇女制度，安排区妇委执委在江海区妇女维权站值班。举办江海区基层妇联执委业务学习会，进一步提高基层全区妇联执委和妇女工作者推进妇女儿童工作高质量发展的能力。组织全区妇女代表到鹤山市开展学习交流活动，提升全区妇联执委和妇女代表联系妇女的能力和作用。加大在“四新”（新领域、新业态、新阶层、新群体）领域组建妇女组织力度，新成立江海广场妇联、江海广场“妇女微家”、新南小区“妇女微家”。江海区妇女事业促进会顺利换届，谢英珠当选会长。

【妇女儿童维权】 2022年，区妇联深入实施推进反家暴联动机制，推动江海区妇女维权站升级改造和“舒心驿站”建设，探索建立 1+4+5+N“一站式”维权服务机制，做好维权妇女法律咨询、个案服务工作，加大对家暴、婚姻家庭矛盾纠纷的排查化解力度，接待婚姻家庭矛盾纠纷案件183宗，有效化解183宗。有效化解因婚姻家庭纠纷产生轻生念头个案3宗，避免个人极端事件的发生。全年共接待妇女来电、来信、来访221宗并予办理、解决、回复，群众满意度99%。举办普法宣传志愿服务活动，深入村、社区广泛宣传《中华人民共和国民法典》《中华人民共和国反家庭暴力法》《中华人民共和国家庭教育促进法》等涉及妇女儿童权益的法律、法规。进一步完善重点人群和重点家庭关爱服务机制，各级妇联每月开展排查关爱服务，动态更新 “两类”（智力残疾和精神残疾）女童和困境未成年人台账，落实妇联执委联系困境未成年人制度，结合重大节日开展困境未成年人、“两类”女童上门走访慰问活动。引入专业社会力量，对受侵害的女童给予心理疏导帮助。

【创业创新巾帼行动】 2022年，区妇联继续扶持启迪之星（江门）巾帼创业创新基地、晨光社会工作综合服务中心巾帼创业创新基地和粤湾云谷智慧产业园巾帼创业创新基地，全区3个基地共有女性创客入孵企业（项目）44个。年内协办江门市女大学生创业就业分享交流会。粤湾云谷智慧产业园巾帼创业创新基地承办江门跨境电商对接交流会暨“‘链动’全球贸易助力品牌出海”跨境巡回分享会等活动10场次。全年举办女性创业创新能力培训39场次，培训330人。

【乡村振兴巾帼行动】 2022年，区妇联实施妇女创业小额担保财政贴息贷款项目，进一步助力妇女创新创业，全年协助9名妇女办理小额担保贷款90万元。开展“巾帼学技能，各显众风采”家政技能系列培训。组织各街道妇联负责人、“妇女儿童之家”负责人、“妇女微家”负责人和农村女能手到鹤山市开展“乡村振兴巾帼行动”学习交流活动。

【巾帼建功活动】 2022年，区妇联持续创建巾帼文明岗，鼓励妇女立足岗位，建功立业，全年共有4个岗组获评区级“巾帼文明岗”，包括江海区行政服务中心综合窗口、江门高新区（江海区）税务局纳税服务科、江海区人民法院民事审判庭和江海区乐翔社会工作服务社社区服务部，江南街道公共服务中心综合窗口获评市级“巾帼文明岗”，通过培育、创建和表彰各级“巾帼文明岗”活动，引导和激励广大妇女在新征程中建功立业。组织开展广东省“妇女之家”示范点（外海街道麻三村妇女之家、江南街道建联社区妇女之家、晨光社会工作综合服务中心妇女之家）、江门市“妇女儿童之家”示范点（江南街道正南社区妇女儿童之家、礼乐街道乌纱村妇女儿童之家、晨光社会工作综合服务中心妇女儿童之家）的创建工作。

【困难妇儿帮扶】 2022年，区妇联持续开展“关爱母亲•温暖儿童”困难妇女儿童帮扶项目，联合中国人寿保险股份有限公司江门分公司为全区困难儿童77名和低保妇女124名分别赠送“关爱她”“爱童行”保险项目，捐赠保障金额926万元。利用春节、六一儿童节等节日开展走访帮扶活动，共慰问帮扶困难妇女儿童100名，支出帮扶金额4万元。会同江门市妇幼保健院和区卫健局开展免费“两癌”（乳腺癌、宫颈癌）检查1.1万例。

【家庭教育指导服务】 2022年，区妇联贯彻实施《中华人民共和国家庭教育促进法》，成立江海区家庭教育指导服务中心并广泛宣传普及相关法律法规。会同区人民检察院、区关工委成立江海区家庭教育指导服务站，为全区儿童及其家长提供针对性的家庭教育指导服务。成立江海区家庭教育指导专家团和志愿服务队，提供家教指导专业服务。区人民检察院创作的“蓝色港湾”和区税务局创作的“爱•传承”家庭情景微剧分别获江门市家庭情景微剧创作二等奖和三等奖。各级妇联全年举办家庭教育讲座、亲子活动等50场次。

【家庭文明建设】 2022年，区妇联依托全区各级“妇女儿童之家”阵地广泛开展家庭教育大讲堂、“最美家庭”事迹分享会等，进一步深化全区家庭文明建设。指导礼乐街道乌纱村创建江门市家庭文明建设示范点。联合团区委、区退役军人事务局举办“甜蜜之约，缘聚江海”七夕交友活动。区妇联常态化开展寻找“最美家庭”活动，深入挖掘身边的“文明家庭”“书香家庭”“绿色家庭”。年内在表彰2021年度江海区十大“最美家庭”和优秀“最美家庭”的同时，评选出2022年度十大“最美家庭”10户，其中获江门市十大“最美家庭”5户，为全区广大家庭树立“传承家庭美德，弘扬好家风、好家训，好家教”的文明标杆。

【妇儿发展规划修编】 区妇联推动创建广东省实施妇女儿童发展规划示范区，完成《江海区妇女发展规划（2021—2030）》《江海区儿童发展规划（2021—2030）》编制工作。2022年，江海区被确定为江门市唯一创建广东省实施妇女儿童发展规划示范区。

【儿童友好城市建设】 2022年，江海区创建省级儿童友好城市基地3个（江海区科技馆、江门儿童公园、江海区儿童免疫公共服务中心釜山分中心），市级儿童友好城市基地4个（江海区科技馆、江门儿童公园、江海区儿童免疫公共服务中心釜山分中心、江海区龙溪湖阅读中心）；创建1个市级儿童友好城市示范镇街（江南街道），市级儿童友好城市示范社区1个（江南街道富横社区）。

江海区科学技术协会

【工作交流】 2022年3月22日，江门市科协副主席朱金治一行4人到区科协开展调研工作。

5月17日，区科协会同五邑大学专家团队到广东嘉宝莉安全应急展示体验馆开展调研。

5月19日，阳江市阳西县政协副主席陈芝勇带领阳西县科协一行7人到区科协开展学习交流。

5月27日，为庆祝第六个“全国科技工作者日”，区科协在长廊生态园召开江海区科技工作者座谈会。区科协委员、企业科技工作者代表等30人参加。

5月30日，在第六个“全国科技工作者日”来临之际，区科协与中共江门市委宣传部、江门市科学技术协会、江门市科学技术局联合举办2022年“全国科技工作者日”江门主场活动暨“侨都最美科技工作者”发布仪式。全区30名科技工作者获得“江门市2022年度优秀科技工作者”称号。

7月6日，区科协召开江海区科普工作联席会议。会议通报2021年全区科普工作情况和2021—2025年科普工作计划，审议江海区科普工作联席会议成员单位责任分工。由广东省科协、江门市科协联合主办，广东科技报社、江海区科协承办，在区科技馆举办以“众心向党，自立自强——党领导下的科学家”为主题的广东巡展（江门站）启动仪式。

9月17日，区科协举办第四届江门科普嘉年华暨2022年全国科普日江海区分会场活动启动仪式，活动推出系列科普宣传活动，包括干冰瀑布、干冰泡泡、悬浮乒乓球和气球摩天轮等魔法科普节目。

11月16日，区科协召开江海区科普工作联席会议。会议传达学习中央办公厅、国务院办公厅《关于新时代进一步加强科学技术普及工作的意见》《广东省科学技术普及条例》等文件，并传达江门市委、市政府对科普工作的指示要求。

【科普活动】 2022年1月1日，区科协在江海区科协馆开展“中国地理闯通关”科普活动。

1月2日，区科协在区科技馆开展“快乐科普玩转科技馆”活动，通过问卷方式普及科普知识。

1月3日，区科协在区科技馆开展“趣味科普寻宝活动”亲子活动。

2月4日，区科协在区科技馆开展春节习俗的小科普活动。

3月6日，区科协在区科技馆开展由江门市科协主办、区科技馆和广东江门中医药职业学院协办的“科普中医保健，带你科学养生”活动。

3月13日，区科协在区科技馆开展以“垃圾分类，全民行动”为主题的环保科普活动和以“文明城市绿色梦”“爱国主题教育——升国旗科普手工课”为主题的社会主义核心价值观宣教活动，600名游客参与。

3月起，由区科协和区教育局共同组织在江门市一中附属小学、外海中心小学、新联小学、景贤小学、天鹅湾小学、江南小学、礼贤小学、中路小学、武东小学、银泉小学等12所学校展开科普进校园活动。

4月20日，区科协在区科技馆开展防震减灾演练活动。

4月23日，区科协举办区科技馆主办、广东江门中医药职业学院协办的“科普中药保健，助力全民健康”活动。

5月1日，区科协在区科技馆开展“科学防震减灾主题绘画课”活动。

5月2日，区科协在区科技馆开展防震减灾科普知识宣传活动。

5月22日，区科协和区科技馆在礼乐街道人民会堂举办“学法知法，守法用法，共创文明和谐家园”普法宣传活动。

5月22日，区科技馆2022年“科技三下乡”（科技人员下乡、科技信息下乡和开展科普活动）活动在礼乐街道人民礼堂门前篮球场举行，邀请江门爱尔新希望眼科医院的医生和广东江门中医药职业学院的师生在现场为群众进行医疗义诊。

5月23日，区科协在区科技馆开展以“家教伴成长，福见千万家”为主题的未成年人家庭思想教育宣传展示活动。

6月1日，区科技馆联合区青少年活动中心开展庆祝“六一”系列活动，600人参与。

6月3日，区科协在区科技馆开展“纸龙头”主题科普手工课亲子活动。

6月4日，区科技馆邀请江门五邑爱尔新希望眼科医院联合开展“关爱眼健康”科普义诊活动。

6月15日，江门市智力残疾人及亲友协会联合江门市残疾人事业促进会组织智力残疾人及其家属、社会工作者120人在区科技馆开展主题为“牵着蜗牛去散步圆梦江门科技馆”的科普教育活动。

7月6日，为期26天的以“党领导下的科学家”主题展广东巡展（江门站）活动在区科技馆启动，参观总人数5000人。

7月23—24日，区科协在区科技馆举行第二届“我是小小讲解员”科普讲解大赛复赛。邀请上海戏剧学院戏剧影视导演老师李佳，区科技馆讲解员、广东省科普讲解大赛江门赛区第二名获得者沈利、科普集团讲解员梁清汶和区科技馆讲解员黄楚帆担任评委。

8月20日，区科技馆第二届“我是小小讲解员”科普讲解大赛决赛在江海万达广场举行。邀请全国首届健康传播十大金牌讲师、江门市首届侨乡科普大使宋洁，广东省青少年科技创新大赛十佳组织工作者陈金丽，江海区经济促进局叶文瑞，江门市首届侨乡科普大使沈利和区科技馆讲解员黄楚帆担任评委。

8月31日，中山市关工委、江门市关工委和江海区委关工委一行40人到江海区“两馆一中心”（科技馆、图书馆、青少年活动中心）开展学习交流活动。

9月18日，区科协在区科技馆举办全国食品安全宣传周以“共创食安科普，智享美好生活”为主题的系列食品安全知识科普宣传讲座和活动。

10月2日，区科协在区科技馆开展“早预警，早行动”宣传活动，普及防震、防汛、家庭用气用电安全、安全生产、防灾减灾、应急处置和自救互救等相关知识。

10月6日，区科协在区科技馆开馆两周年之际，以“喜迎二十大，科普向未来”为主题，开展60秒科普知识快问快答科普活动。

10月28日，区科协举办江海区青少年科技创新大赛辅导讲座。天鹅湾小学举办以“体验科技魅力，激发航天梦想”为主题的第二届科技节。

11月6日，区科协在区科技馆开展以

"抓消防安全，保高质量发展"为主题的全国消防日主题活动。邀请江海区消防救援大队消防员柳森讲授消防安全知识。区科协开展社会主义核心价值观主题教育活动。

11月8日，区科技馆承办以"创新·体验·快乐·成长"为主题的第七届江海区青少年科技创新大赛评审活动。

11月12—13日，由江门市科协主办、区科技馆协办，委托江门市汇侨旅行社有限公司联合各大科普教育基地组织开展2022年江门科普游活动。

11月26日，江海区科技节启动仪式在江海区景贤小学举行。

12月9日，区科技馆受邀参加江海区实验幼儿园科技节启动仪式，馆长胡悠受聘为名誉园长。

江海区归国华侨联合会

【重要活动】 2022年，区侨联开展普法宣传活动，会同区司法局、区税务局等相关部门举办"法护侨益，情暖侨心"主题宣传活动，提供政策咨询、法律维权等便民服务。开展"'侨梦苑'携手海外侨团助力侨都赋能"活动，与大湾区江门五邑华人华侨联谊社团、巴西江门五邑青年联合会等6个海外侨团签订缔结友好合作关系协议书。年内配合完成江门市侨情统计工作。至2023年，江海区有旅居海外华侨华人、港澳台同胞11.36万人，有旅港外海同乡会、香港礼乐同乡会、澳门外海同乡会、澳门礼乐同乡会、香港江海同乡会等港澳台五邑籍社团5个。

【侨务服务】 2022年，区侨联建立"税+侨"合作机制，设立江门市首个"侨梦苑"税费服务专区和"侨梦苑"税务驿站，给予侨资企业在政策宣传、纳税服务、风险防控和税务救济等方面的智能办税服务。建立"银+侨"合作机制，会同区税务局和区内相关金融机构，推出"侨梦苑"专属信贷产品"侨资贷"，为侨资企业提供个性化金融服务。优化"法+侨"服务，完善江门市首个市（区）级涉侨联合纠纷诉调对接工作室，全年受理涉侨案件43件，化解涉外涉侨纠纷37起。提升"检+侨"服务水平，落实侨资企业保护协作机制，开展"送法进企业"活动，不断改进涉侨检察工作。

【队伍建设】 2022年，区侨联探索江海区华侨华人人才交流合作新模式，全年引进华侨、华人人才315名。做好江门市第八次归侨侨眷代表大会相关工作，推荐归侨侨眷代表团13名，其中常委2名、委员3名、代表8名。

江海区工商业联合会

【非公经济组织建设】 2022年，区工商联在高新区金融中心设立"江海区民营经济人士之家"。配合区委组织部和区"两新"工委抓好"两新"组织"两个覆盖"（党的组织覆盖和工作覆盖），破解非公党组织组建和发展中存在的难点问题。与非公党委成员对属下全部11个商协会和70家执委企业开展"暖企安商"行动和走访调研。2021年成立江海区第一个产业链党委智能家电（光电）产业链党委。江门“侨梦苑”党委成立，推动市委“侨都赋能”工程和区委“内外融合”行动计划深入实施。进一步强化商会的组织建设，推进商会规范化建设，指导属下江门市江海区青年企业家商会成立党支部，江海区青年企业家商会获评为广东省“四好”（政治引领好、队伍建设好、服务发展好、自律规范好）商会。至此，区工商联属下11个商会、协会共有9个成立党支部。与江门市工商联共同筹建江门—崇左非公党建交流中心和APEC江门崇左民营经济合作交流中心，实现两地非公党建工作互鉴互助和共同发展。

【重要活动】 2022年3月2日，江门市委统战部副部长、市工商联党组书记曾锦俊带领调研组到区工商联（总商会）联络处实地考察。

5月30日，由区工商联主办，区青年企业家商会承办和广东华南律师事务所协办的“以法护航助企成长”普法宣传讲座，在江海区工商联（总商会）联络处举行，广东华南律师事务所主任谭社芬以及区青年企业家商会企业家代表参加活动。

6月30日，与江门市轻骑兵交通志愿服务队在区金融中心工商联（总商会）联络处签署志愿服务共建协议书并举行揭牌仪式，标志着江门市义工联全市首个志愿服务共建基地正式建立，江门市文明办、江门市义工联和共青团江海区委、区工商联、区义工联以及蓬江、江海交警大队等单位部门的代表参加。

【参政议政】 2022年，区工商联在区政协五届二次会议上提出《关于实施大气污染防治措施，构建联防联控协同体系，推动空气质量不断改善的建议》“一号提案”并获得优秀提案一等奖。新一届区工商联（总商会）有32名执委分别入选各级人大代表和政协委员。

【法律服务】 2022年，区工商联为深化民营企业法律服务工作，打造法治化营商环境，促进民营经济健康发展，与广东华南律师事务所共同签订合作协议，聘请广东华南律师事务所担任常年法律顾问。通过派律师下企业、上门解决问题、举办主题沙龙、法治讲座和定期接待会员等形式，丰富服务内容，创新服务方式，及时解决工商联会员企业法律诉求，并用好用活区工商联（总商会）公共法律服务室，定期开展法律咨询、法律援助等服务，帮助会员企业查找和解决制度漏洞和薄弱环节，有针对性地解决企业实际诉求和困难。会同江门市照明电器行业协会提升企业质量意识、诚信意识和创新意识等方面提出意见建议；江南商会和江海区食品行业协会建议进一步加大党建引领力度，扩充完善党建阵地和会员培训平台；江海区个体私营企业协会提出可探索建立商会协会考核评比制度；江门市智能装备及机器人协会对会员企业参与全区安全应急产业建设提出建议。

【暖企惠企安企行动】 2022年，区工商联不间断开展执委会员企业走访慰问，深入公司、厂区“送政策上门”，宣传讲解最新惠企政策，倾听收集企业诉求，形成企业问题和建议清单，联系相关职能部门协调解决，共走访全区企业40家次。联合江门市政务服务数据管理局和区税务局共同举办“暖企惠企”“安商稳企”座谈会，重点宣讲推介“江门市中小微企业诉求快速响应平台”，邀请市人大代表、市政协委员，民主党派、商会、协会和企业家代表参加。联合江海区个体私营企业协会举办解读稳增长148条政策措施宣讲会，向中小微企业代表深入宣讲解读，现场解答企业疑问。在区税务局召开“安商稳企”座谈会，就“纳税信用政策解读和应用”和“2022年组合式税费支持政策”两个专题作政策宣讲。

【驻镇村帮扶工作】 2022年，区工商联组织区青年企业家商会和礼乐商会，到恩平市牛江镇开展实地对接活动，持续深化推进“三结对”（市直部门结对挂钩街镇、东部三区一市结对挂钩西部台开恩三市、结对挂钩优质资源企业）帮扶发展薄弱村工作。区工商联承担“优质资源企业结对挂钩薄弱村”工作任务，精心选派6个商协会和1家企业分别结对开平市和恩平市共6个村，从资金支持、产业发展、信息互动和人文交流等方面建立结对帮扶工作机制。做好薄弱村基本情况调查摸底，落实帮扶举措。发动商会、协会和会员企业优先选购牛江镇的濑粉、象牙大米、富硒大米、花生油等特色优质农产品，助力结对帮扶的恩平市牛江镇脱贫群众稳定增收。到结对的礼乐街道向荣村了解产业发展情况，推进脱贫攻坚与乡村振兴工作；参加2022“广东扶贫济困日”活动推进会议，参与“630”扶贫济困日活动，发动会员企业和企业家奉献爱心，支持慈善公益事业。

【粤桂协作交流】 2022年，区工商联落实与广西壮族自治区崇左市大新县工商联签订的协作框架协议，推进“万企兴万村”行动，发动会员企业加强对接合作，其中广东生和堂健康食品股份有限公司在广西的新原料生产基地建成并投产，共投资8000万元，为当地经济发展、劳动就业等作出贡献。

【普法工作】 2022年，区工商联落实“谁执法谁普法”履职评议工作任务，开展法治宣传教育活动，提升民营企业家的法治意识，防范民营企业经营法律风险。坚持“走访调研+实地普法”相结合，组织举办“暖企惠企”等政策宣讲会和座谈会，为企业纾困解难，促进企业合规经营、健康发展。属下商会、协会通过主题沙龙等形式，向会员企业普及财务、税收、金融和劳动关系等法律常识，帮助企业提高规避风险能力。加强与专业法律机构合作，打造工商联法律服务特色品牌。区总商会及属下5家商协会与律师事务所签订服务协议，为会员企业提供法律咨询、普法宣传、权益维护和纠纷调解等服务。构建法律服务民营企业新平台，在区工商联（总商会）金融中心联络处设立公共法律服务室。联合区人民检察院开展“服务和保障非公有制经济组织健康发展”主题检察开放日活动，组织商会、协会和企业代表参加检察机关服务江海区非公有制经济组织高质量发展座谈会，建立检察机关与辖区非公有制经济组织的良性互动关系。参加全区涉案企业合规第三方监督评估机制管理委员会，配合推进涉案企业合规改革试点工作。

江海区文学艺术界联合会

【机构设置】 区文联成立于2009年，为县区级文联，与区委宣传部合署办公。2022年，有编制8人，现设主席1人、专职和非驻会副主席各1人，下设机构有综合股。

【协会管理】 2022年，区文联下属文艺家协会有9个，包括作家协会、戏剧家协会、音乐家协会、美术家协会、曲艺家协会、舞蹈家协会、民间文艺家协会、摄影家协会、书法家协会。至2022年年底，共有会员522名，其中国家级会员8名、省级会员56名、市级会员270名。

【换届工作】 2022年1月21日，区文联三届二次全委会议召开，林巍当选区文联主席，黄付文、马岸宇、黄镜华当选文联委员。6月10日，区文联三届三次全委会议召开，会议补选邓红荔为区文联第三届委员会主席。

【工作会议】 2022年1月21日召开区文联三届二次全委会议，会议传达学习了第十一次全国文代会精神，选举区文联主席、更替和增补文联委员，并在江门演艺中心成立文艺家之家。6月10日，召开区文联三届三次全委会议，会议选举区文联主席、更替和增补文联委员，组织文艺家座谈并观摩纪录片《到人民中去》。12月9日，召开区文联扩大会议，会议学习贯彻中国共产党第二十次全国代表大会精神，研究《2022年江海区文联工作总结及下年计划的报告》、讨论调整第五届江海区陈少白文学艺术奖评选细则等事项。

【重要活动】 2022年5月29日，第三届江海区青少年课本剧文化节总决赛在江门演艺中心江门侨都大剧院举行。年内举办2022年江海区“喜迎二十大”主题文艺作品线上展览，参展作品共70件。

江海区残疾人联合会

【基层助残队伍建设】 2022年，区残联深化残联群团组织改革，强化基层社会治理，进一步加强和改进街道残联和村（社区）残协组织建设，基层残疾人组织服务能力和水平得到提升。进一步把公共服务事项办理延伸到村、社区，健全街道、村（社区）三级残疾人公共服务网络。加强街道、村（社区）残疾人工作者的教育和培训，加强残疾人各专门协会建设，发挥协会“代表、联系、团结、服务”的职能，密切与残疾人的联系。年内，区残联、3个街道残联、63个村（社区）残协和5个残疾人专门协会完成换届工作。

【残疾人权益保障】 2022年，区残联加强和完善残疾人权益保障工作机制，建立残疾人法律救助工作站，持续做好残疾人的信访工作，解决残疾人困难和信访反映的普遍性诉求，推动保障残疾人平等权利的法律法规和政策措施落实见效。开展全区智力、精神残疾妇女和女童专项调查，共排查智力、精神残疾妇女和女童290人，未发现有受到权益或人身侵害的情况。开展困难家庭中特殊群体排查救助专项行动，共排查疑似残疾人97人，其中27人完成残疾等级认定并领取残疾人证。

【残疾人康复服务】 2022年，区残联加强残疾人康复服务体系建设，建立健全残疾儿童筛查、诊断、治疗与康复救助衔接机制和残疾人基本康复服务机制，实施“0～6岁残疾儿童抢救性康复服务”项目，建立残疾人基本康复服务目录和精准服务机制，康复服务网络、辅助器具适配服务网络基本形成。2022年，得到各类基本康复服务826人次、其中康复救助残疾儿童108人次，16人次辅助器具适配服务，家庭医生签约服务1051人次，残疾人基本康复服务覆盖率和残疾人辅助器具适配率均达100%。

【残疾人教育服务】 2022年，区残联通过特殊学校、随班就读、送教上门和远程教育等多种形式，完善从学前教育到职业教育的学段衔接、融合发展的特殊教育体系。实施从学前教育到高中教育的残疾人15年免费教育政策，对残疾人接受高等教育给予补助。全区建成特殊教育资源室2间。全区义务教育阶段在校残疾学生129人，其中就读市、区特殊教育学校70人、随班就读55人、送教上门4人，适龄残疾儿童少年接受义务教育比例97%。提供残疾儿童学前三年免费教育补贴1名，义务教育阶段贫困残疾人家庭生活费补贴64人次，高等教育阶段残疾学生助学补贴3人次，发放南粤扶残助学工程助学金4人。

【残疾人托养服务】 2022年，区残联合理优化日间托养机构的整体布局，基本形成以“居家托养为基础、社区照料为依托，机构托养为支撑”的残疾人托养服务体系。按照广东省残联《社区康园中心服务规范》和江门市残联《江门市残疾人社区日间托养服务标准》，推进残疾人日间托养服务标准化建设和星级标准管理。开展“康园中心升级改造三年行动计划”，年内建成礼乐街道威西社区康园中心并投入使用。至此，全区建成残疾人社区康园中心6家，其中评为广东省星级服务机构5家，为重度肢体、智力和精神残疾人提供日间照料、康复功能训练、康乐文体、技能训练、辅助就业等“五位一体”的综合性服务1476人次。“点餐式”居家托养服务项目不断拓展残疾人及其家庭特殊需求服务，有效满足重度残疾人居家养护服务需求4064人次。

【残疾人就业创业服务】 2022年，区残联构建残疾人“4H”（英文4H含义帮助、希望、家庭、和谐）就业服务平台，深耕“职业评估、技能培训、就业支援、创业扶持”的残疾人就业服务体系，形成分布合理、服务有效延伸到残疾人家门口的“企业+社区+居家”三位一体的残疾人就业服务网络，帮助实现稳定就业85人，提供实用技术培训903人次，进行职业评估200人次。推动全区2家集中就业企业安置残疾人201人，分散按比例安排残疾人就业1054人，扶持发展生产及自主创业3人，就业年龄段残疾人就业率52.21%。培育启爱面包店、心灵概念餐厅、江海区残疾人农疗基地（一耕农场）等3家残疾人辅助性就业机构，共安置智力和精神残疾人就业10人。组织参加省、市残疾人创业创新大赛，全年组织培育扶残助残项目参赛

2个，在全市625个项目中脱颖而出，获优秀项目奖。

【残疾人文化体育服务】 2022年，江海区有文体广场66个、“24小时图书馆”4个、全民助残健身工程示范点3个，实现残疾人在家门口共享各类公共文化体育服务。区残联构建助残服务网络，发展助残志愿组织，推进志愿服务进机构、进家庭、进社区。残疾人竞技体育持续发力，发展羽毛球、旱地冰壶、飞镖等一批群众性残疾人运动。开展文化助残“五个一”（读一本书、看一次电影、游一次园、参观一次展览和参加一次文化活动）项目，举办多场惠民助残系列艺术演出活动。组织全区残疾人参加“星世界·2022江门”孤独症儿童绘画等活动，指导残疾人社区康园中心根据不同的学习主题，开展爱国主义教育、应急知识和残疾预防等主题活动。

【残疾人关爱帮扶】 2022年，区残联建立广泛关爱残疾人的工作机制，调动机关、企事业单位及社会组织、志愿服务组织力量，帮助残疾人自立自强。大力发展残疾人慈善事业，在政府兜底政策基础上，加大残疾人民生保障力度。结合“全国助残日”“全国残疾预防日”“国际残疾人日”等重要时间节点，链接各方资源，开展“情系残疾人慰问暖人心”“党建引领志愿助残”“关爱残疾人圆梦微心愿”“消防助残安居”“柑情深乐善好施，关爱特殊儿童成长”等系列扶残助残活动。2022年，共慰问全区残疾人及残疾人工作者1248人次，发放慰问品、慰问金47.68万元。

法　治

政法委与综治

【扫黑除恶】　2022年，区委政法委把常态化扫黑除恶作为一项重要政治任务和“一把手”工程谋划推动，落实区委、区政府工作部署，多次组织召开全区扫黑除恶斗争工作推进会，先后出台《江海区常态化扫黑除恶工作方案》《2022年江海区常态化扫黑除恶斗争工作要点》《江海区宣传贯彻〈反有组织犯罪法〉工作方案》，固化提前介入、案件会商等做法，完善区纪委监委与区委政法各单位线索双向移送、与公安机关“双专班”（纪检监察与公安机关两个专班）等工作制度和办案模式，保持依法严惩高压态势，坚持打早打小打苗头的工作方法。全区涉恶九类案件立案63宗，破案23宗，破获恶势力犯罪团伙2个。深入开展打击整治养老诈骗专项行动，建立健全情况汇总、指挥调度和信息报送工作机制，确保宣传发动、依法打击、整治规范等三个环节前后推进，全年立案侦办养老诈骗刑事案件11宗、破案11宗。

【公共安全智能化建设】　2022年，区委政法委依托国家政法智能化技术创新中心，联合中国航天科工集团第二研究院，高标准推进“两中心一基地”建设，聚焦应用场景和产业需求，构建技术创新与成果转化全链条服务体系，推动最新科技成果赋能市域社会治理，提升基层治理信息化水平。

【社会治理平台建设】　2022年，区委政法委成立江海区社会治理综合指挥中心，加挂“江门市江海区社会治安综合治理中心”牌子，推进基层社会治理综合网格工作和社会治理信息化建设，掌握社会治安风险隐患，提升研判分析和处置化解能力。全面贯彻省、市关于镇（街）村（社区）综治中心规范化建设工作指引，落实“一个原则、三个规范、一个落实”（坚持厉行节约不搞大拆大建原则，规范功能布局、人员运作、制度上墙，落实实名制实体化管理），利用公共配建用房，推进全区3个街道综治中心提档升级全覆盖，实行综治中心与信访超市一体化运作，实施“信访超市+外送服务”工作模式，通过“基层发令、部门执行”机制发令68次、部门下基层送服务321次、有效化解群众诉求事项125件。全面完成村、社区综治中心规范化建设，落实网格信息采集、巡查任务派发和上报各类基础信息，依托“粤平安”和综治视联网等系统，开展网格事件分析研判、预测预警，做到诉求服务在身边、矛盾化解在源头、问题处理在基层。

【基层网格治理】 2022年，区委政法委深入推进党建引领基层治理网格化，有效提升社会治理效能。优化整合网格，组建“智慧网格员”队伍，按照“属地管理、规模适度、多元合一”的原则，全区优化划分智慧网格190个，细分最小单元2590个。制定《江海区智慧网格员队伍建设实施办法》，建立管理考核、薪酬保障、职业晋升和星级评定等制度，配备专职网格员383名、专业网格员432名、兼职网格员2389名；统一专职网格员服装标识、落实电动巡查摩托车等单兵“一套装备”配置。推进专职网格员职业化，制订《江海区智慧网格员工作职责》《江海区智慧网格任务清单》，把日常巡逻、采集信息、报告问题、调处应急、法治宣传和系统操作列为专职网格员基本职责，推行“五必知五必访三必到”工作法。制定网格工作事项准入机制，规范职能部门入格事项的准入程序，提升网格服务管理水平，严把网格事项准入关、审批关和质量关。出台网格工作准入事项清单3批88项，推进人、地、事、组织等基本治安要素全部进“网”入“格”。

【“粤平安”平台应用】 2022年，区委政法委围绕构建“智慧网格+综治中心+信访外送+‘粤平安’云平台”工作体系，先行先试、向全市推广探索经验。依托三级综合指挥平台和网格化管理底座，出台《“粤平安”综合网格服务管理平台工作运行试行机制（试行）》，制定事项准入机制、梳理标准化事项清单，推动资源共享、数据入网，建立健全信息收集、问题发现、任务分办和协同处置工作机制，实行基层吹哨部门报到、提级办理和三级联动，实现跨部门、跨层级和跨领域一体化运作体系。全年“粤平安”综合网格系统平台实现14个功能模块落地应用，专职网格员通过平台应用上报事件19105件，办结率99.8%，特殊人群困难群体网格化服务保障信息平台试点取得成效，有效支撑“信访超市+外送服务”（由信访超市通知相应社区入户处理群众反映的问题），共上报处置化解矛盾纠纷事件9646条，办结率96%。

【平安江海建设】 2022年，区委政法委出台全区平安江海建设年度工作要点、事项督查落实工作制度、督查办理细则和信息报送工作制度等机制文件。高位部署特殊人群服务管理工作，多次组织召开江海区严重精神障碍患者救治救助工作会议，落实对辖区1638名严重精神障碍患者分类分级管理和救治救助工作，按照精神患者第二代长效针剂治疗推广方案，进一步加强部门合作。推进村、社区各类摄像头资源点的汇聚整合，为提升社会治安动态防控能力提供支撑。全区刑事治安警情3816宗，下降3.4%。

【安保工作】 2022年，区委政法委全力做好各项安保工作，圆满完成中共二十大、冬奥会、全国两会、庆祝香港回归25周年等重要活动、重要节点安保工作。深入开展社会矛盾问题八个专项治理，全面排查化解各类风险隐患，落实各项工作措施。开展工程建设领域拖欠工资问题源头治理专项行动，排查化解全区工程领域拖欠劳资纠纷问题。防范处置化解恒大御景半岛、外嫁女群体等重点案事件风险隐患，全力推动光博汇项目破产重整各项工作。

【涉法涉诉信访案件专项排查】 2022年，区委政法委开展涉法涉诉信访案件排查工作，全年全区共受理涉法涉诉信访案件106件，其中来信46件、来访53件、网络4件、视频3件。办结江门市委政法委交办的涉法涉诉信访案件2件。探索涉法涉诉信访案件依法终结机制。

【“两法衔接”】 2022年，区委政法委牵头组织召开“两法衔接”（行政执法与刑事司法衔接）联席会议，通报信息共享平台运行情况、执法信息等“两法衔接”工作情况，全区行政执法机关在信息平台录入案件53件，通过信息共享平台移送涉嫌刑事犯罪案件10件、立案10件、起诉5件。

【法学会工作】 2022年，区委政法委设立江海区法学会机关，作为纳入机构编制管理的人民团体机关。加强法学会自身建设，推进法学会会员和法治智库成员深入基层开展基层治理调查研究，探索乡村治理中自治、法治、德治有机融合的有效方式。江门市法学会印发《江门市法学会首席法律咨询专家制度工作方案》，以江海区法学会作为试点，在全区政法单位中推荐挑选5名专家组建首席法律咨询专家库，充分发挥法学会“智囊团”“思想库”“人才库”作用，聚焦党委、政府关注的重点和群众诉求反映的热点，开展有针对性的法律服务，江门中立法律服务社江海区服务站全年接待并解答群众涉及民事、刑事、行政诉讼方面的法律咨询1779人次。组织开展“以法兴企”“民法典宣讲乡村行”“百名法学家百场报告会”等宣传活动。

【政法队伍教育整顿】 2022年，区委政法委，召开全区政法系统巩固政法队伍教育整顿成果推进全面从严管党治警工作会议和江海区委政法委员全体会议，开展政治轮训200场次。经常性开展“政治体检”，定期开展肃清流毒影响专项行动，对区人民检察院进行政治督察。推动交流轮岗常态化、制度化，全年交流轮岗116人次。加强政法英模选树宣传，建立、健全《中国共产党政法工作条例》配套制度112项，推动政法队伍建设规范化、法治化。强化纪法协同，推动各类监督有机贯通，开展案件评查5场次、参与评查31人次，评查案件421件。

公　安

【社会治安】 2022年，市公安局江海分局常态化开展扫黑除恶斗争，重点打击养老诈骗、电信网络诈骗、盗窃等突出违法犯罪，深入开展“邑安2022”、夏季治安打击整治“百日行动”等专项行动，推进社会治安巡防管控“四个一”（任务一张表、指挥一张图、管控一张网、勤务一套机制）体系建设，全区刑事治安警情4191起，下降3.94%；成功侦破“0101”麻园故意伤害致死、“0913”高新区抢劫杀人等一批大案要案，刑事破案率上升6.24%。年内推出高新工业园区企业治安管理服务七项措施，进一步加强治安管控。

【扫黑除恶斗争】 2022年，市公安局江海分局按照扫黑除恶斗争常态化要求，保持高位推进，持续依法打击黑恶势力犯罪，全区共立涉恶案件66宗，破案25宗，刑拘69人，逮捕31人，破获恶势力犯罪团伙2个。

【禁毒工作】 2022年，市公安局江海分局开展线上线下禁毒宣传“六进”（进社区、进学校、进单位、进家庭、进场所、进农村）活动，开展禁毒宣传1216场次，被各类媒体采纳禁毒宣传稿件255篇；完成11所毒品预防教育示范校禁毒园地建设，江海区禁毒宣传基地、毒品预防教育基地、禁毒公园以及三个街道禁毒教育公园投入使用。全年破毒品刑事案件3宗，其中省目标案件1宗、市目标案件2宗；查处吸毒人员17人、检测吸毒人员3247例；办理违反《易制毒化学品管理条例》（国务院令第445号）行政案件2宗、抓获涉毒网上在逃人员4人。

【经济犯罪侦查】 2022年，市公安局江海分局开展经济犯罪、食药环犯罪和涉野生动物犯罪的打击与防范工作，立经济犯罪案件18宗，破案19宗，刑事拘留犯罪嫌疑人12人、逮捕6人、取保候审21人、移送起诉13人；立涉食药环假犯罪案件8宗、破案11宗，刑事拘留犯罪嫌疑人3人、逮捕（直诉）13人、取保候审11人。

【公安法治】 2022年，市公安局江海分局规范完善公安机关执法办案场所建设、管理和使用，加强办案区检查，全年发出各类检查通报6份。完善案管中心功能配置和使用管理，确保其建设和使用管理符合广东省公安厅有关规定要求。推动执法精细化管理，组织执法质量考评2次，考评案件118宗。大力提升办案民警法律素质，全部执法办案民警均通过基本级执法资格考试，局和执法办案部门负责人均通过中级执法资格考试。

【人口管理】 2022年，江海区共登记常住人口190137人，出租屋70256间；办理群众户口审批19105份、群众户口项目变更登记申请6165份，发放户口簿19875本、第二代身份证26592张、临时身份证3201张、居住证18792张。

【派出所建设】 2022年，市公安局江海分局推进公安派出所“强基工程”建设和星级派出所创建工作，外海派出所搬迁新址办公，麻园派出所完成升级改造，江南派出所硬件设施建设有序推进，高新派出所初步完成选址立项，滘头派出所和礼乐派出所被评定为五星派出所。

【警务监督】 2022年，市公安局江海分局共纪律处分民辅警22人；开展内部纪律“八个严禁”（公安部八条禁令）专项督察检查63批次、酒精检测4675人次；对各单位在值班备勤、社会面排查管控、巡逻防控、公共安全管理以及公安机关内部管理制度落实等情况开展专项督察10次；召开审计评议会12场次，审计基建工程和采购工程项目49宗。

【日常交通管理】 2022年，江海交警大队做好春运、冬奥会、“五一”、端午、高考、“七一”安保工作及中秋、国庆、重阳、中共二十大、世界杯等节日和大型活动的道路交通安全保障工作实施方案及其应急预案，对重点区域开展安全隐患排查和勤务防控。发挥江海区道安办作用，完善道安办实体化运作机制，加强部门联动，开展道路隐患排查。组织各勤务中队联合住建、公路部门和各街道办，对辖区道路安全黑点进行排查，年内共排查、整治隐患36处。开展挂牌督办整治工作，以江海区道安办名义联系外海、礼乐街道和应急、住建等相关职能部门，多次召开联席会议，推进挂牌整治街道和区级督办高风险路段路口整改工作。落实道路交通人身伤亡事故“5+N”联合调查机制，形成“一事故、一分析、一会议、一整改、一台账”的闭环管理机制。强化企业源头管理，规范车辆和驾驶人的监管，年内排查企业61间次，检查车辆逾1298辆次，出具整改通知书65份，责令停运整改运输企业1家。

【违法行为整治】 2022年，江海交警大队以“百日行动”和人、地、物、事、组织“五大要素”摸排管控行动、“清源”行动六项违章行为整治等为内容，开展专项整治“六大会战”行动；开展夏季酒驾醉驾集中整治百日行动、夏季公路易肇事易肇祸违法行为专项整治百日行动、城市工程运输车交通违法行为整治行动、重点区域交通秩序整治行动、“炸街”（加大油门发声）、飙车、禁鸣喇叭专项整治行动和涉疫运输源头隐患整治行动。严格落实包岗包段精准勤务管理机制、“五个一”（一日一研判、一日一调度、一日一报告、一事一处置、一日一清零）机制以及指挥室调度、视频巡查机制，持续开展交通秩序整治、落实创文问题整治和推动停车设施建设。

【交通宣传】 2022年，江海交警大队持续加强交通宣传教育，深入辖区大型企业、社区、学校和农村，以“122”第11个全国交通安全日系列为主题宣传，开展交通“五进”（进企业、进农村、进社区、进学校、进家庭）宣传活动，坚持处罚与现场宣传教育并举。开展创文宣传活动30次，开展摩电轻微违法“五选一”（以参加交通安全劝导、学习交通法规、观看警示片、举牌站岗、转发朋友圈集赞五选一方式替代罚款）体验式劝导教育216场次，教育劝导2539人次；结合勤务工作联合轻骑兵开展文明劝导1800人次。依托支队“两微一抖一快”（微博、微信、抖音、快手）新媒体平台发布宣传信息29条，通过企业微信群及总工会微信群转发宣传信息350条，派发宣传单2万张。全年内开展大型宣传活动10次、互联网平台直播4次、“五进”宣传498次，发送微信1200条，支队“两微一抖”采用稿件素材166次，媒体平台采用稿件素材18次，其中地市以上媒体刊发新闻稿件29次。

【深化社区交通警务】 2022年，江海区共设彩虹、银泉、江翠、桥南、仁美社区等社区工作站7个，涵盖社区26个。江海交警大队建立社区交通警务线上、线下联系沟通机制，组建社区交通警务微信工作群

7个、粤政易工作群1个，工作群成员包括社区交警、政府工作人员和群众代表。通过线上沟通协调，解决社区道路交通问题57起。建立社区交警工作站运行机制，年内接访群众150人次、走访群众74人，登记并解决问题51条。推进社区交通自治、共治力量建设，组建社区交通协管队伍10支，开展各类交通劝导活动18场次，出动协管队员154人次，教育群众690人次，有效优化社区停车秩序。深化铁骑网格化勤务社区化模式，结合辖区交通路网特征和工作管理实际，划分5个网格巡区，每个网格巡区内以社区为单元，每个单元设置一个以勤务中队民警为组长，社区志愿者和工作人员等为网格员、情报员的网格管理小组，每周召开工作例会，听取群众意见，通过微信群加强与社区居民沟通，社区网格铁骑警力实施“动态处警”，全天在网格内巡逻，整治车辆违停、各类摩电交通违法行为，加强与消防、城管和街道等职能部门联系，根据网格反馈警情，精准整治社区交通安全隐患。

检 察

【刑事检察】 2022年，区人民检察院开展轻微刑事案件拟不起诉犯罪嫌疑人实行社会服务令试点工作，组织犯罪嫌疑人98名开展社会服务3450小时，取得了一定的政治效果、社会效果和法律效果。持续强化刑事立案监督和侦查活动监督“两项监督”，运用“邑检通”平台提前介入520件案件，设立“侦查监督与协作配合办公室”，实现对公安立案和侦查活动的全方位监督。依托“两法衔接”（行政执法与刑事司法衔接）平台，建议行政机关向公安机关移送立案侦查10件11人，立案率100%。发挥“捕诉一体”优势，提高办案效率，降低“案—件比”。强化审判活动监督，量刑建议采纳率97.13%，提出抗诉2件2人。深化推进财产刑执行、判处缓刑犯罪交付执行及涉案财务管理等监督活动，发出监督意见书238份。成立全市检察机关首家驻社区矫正中心检察室，进一步推进社区矫正执法规范化建设。

【民事检察】 2022年，区人民检察院持续加强民事生效裁判监督，全年受理各类民事检察案件224件，审结227件，提请抗诉2件，办理的虚假诉讼监督案件1件获法院改判。开展违法公民代理、诉讼费专项监督、民事执行失信惩戒和限制消费措施专项监督等工作，发出检察建议40份，有效整治司法乱象。与相关部门联合出台《关于江海区加强民事支持起诉工作协调配合的若干意见（试行）》，办理支持起诉案件26件，其中支持农民工起诉17件，为确有起诉困难的特殊群体建立维权“绿色通道”。

【行政检察】 2022年，区人民检察院推进民生及住建领域等专项监督，受理行政检察案件116件，审结115件。在全市率先出台《关于建立“检察院+司法局”联合案卷评查机制的工作方案》，常态化开展行政执法案卷评查3批次，向行政机关发出检察建议88份。与相关部门联合签订《关于建立“行政检察+行政执法监督+街道行政执法”衔接工作机制的规定》，推进镇街综合行政执法改革。持续强化行政诉讼监督，发出检察建议21份均被采纳。与区人民法院签订《关于建立推进诉源治理促行政争议实质性化解的协作机制》，通过“检法联调”模式，化解行政争议案件5件，促成2件环保类行政非诉执行案件当事人和解。全年行政检察业务考核全市排名第一。

【公益诉讼检察】 2022年，区人民检察院深入开展“公益诉讼守护群众美好生活”专项行动，受理各类公益诉讼案件132件，审结17件。其中办理“国土国财”领域行政公益诉讼案件3件，督促相关部门依法追缴残疾人保障金。落实食品药品安全“四个最严”（最严谨的标准、最严格的监督、最严厉的处罚、最严肃的问题）要求，开展老年人保健品及假药“回头看”专项监督工作，办理案件36件，取得良好的社会效果。办理生态环境和资源保护领域案件34件，其中办理全区首宗支持追诉生态损害赔偿案件，有效督促涉案企业及时支付惩罚性赔偿金。公益诉讼检察工作先后被国家、省、市媒体报道并获省、市、区领导肯定，全年公益诉讼检察业务考核全市排名第一。

【未成年人保护】 2022年，区人民检察院大力打击侵害未成年人犯罪，保护未成年人健康成长，坚持“教育、感化、挽救”方针，对涉罪未成年人不捕6人、不诉12人，不捕率66.7%、不诉率22.7%，转介3人至团区委“青春护航”项目，多措并举帮助其重返社会。与区妇联、区关工委设立家庭教育指导服务站，制发督促监护令35份。以宣传《中华人民共和国家庭教育促进法》为主题拍摄的普法短剧“蓝色港湾”，获江门市家庭情景微剧创作视频征集展播活动二等奖。

【知识产权保护】 2022年，区人民检察院深入推进知识产权保护工作，优化知识产权检察办公室，发挥一体化办案机制作用，坚持打击与服务并重，对知识产权提供全方位综合性的司法保护，年内妥善办理淘宝网“欧普照明广东中山店”涉嫌销售假冒灯具案件。

【司法救助】 2022年，区人民检察院落实“应救尽救”，办理司法救助案件3件5人。探索“检察+金融”合作模式，与农业银行江海支行建立未成年人司法救助金分期发放监管机制。办理的“黄某斌司法救助案”入选最高人民检察院与退役军人事务部联合发布的全国9个司法救助协作典型案例，成为全省检察机关唯一入选案例。与广西壮族自治区梧州市藤县人民检察院举办跨省“云救助”活动，对2021年广东、广西两地检察机关联合司法救助的退役军人黄某荣进行爱心捐款救助，助其女儿从有可能变成植物人到能够行走讲话，案例入选全省救助军人军属典型案例。

【扫黑除恶】 2022年，区人民检察院落实中央、省、市、区扫黑办相关会议精神，贯彻落实《中华人民共和国反有组织犯罪法》，加强相关法律法规的学习、培训和宣传工作。组织区人民检察院和区人民法院的扫黑办全体成员参与广东省人民检察院举办的《中华人民共和国反有组织犯罪法》理解与适用网络培训。全年利用新媒体转发宣传《中华人民共和国反有组织犯罪法》相关解读4次，开展线上+线下知识竞赛、有奖问答活动6次，扫黑除恶法治宣传进校园、进社区活动5次。聚焦行业治理，推动扫黑除恶工作在信息网络、自然资源、交通运输、工程建设和金融放贷等五大重点行业领域的整治。

【普法宣传】 2022年，区人民检察院落实“谁执法谁普法”职责，常态化开展法律“六进”（进机关、进乡村、进社区、进学校、进企业、进单位）活动36场次。加强检察新媒体矩阵建设，利用“两微一端”（微博、微信及新闻客户端）、门户网站发布消息884条，全方位提升普法宣传效果。

【检务公开】 2022年，区人民检察院深化检务公开，全年发布案件程序性信息549条，为当事人及律师办结辩护与代理网上预约申请381件次。主动向区人大常委会报告工作，配合区人大、区政协开展调研，办理、落实区人大常委会审议意见3条，及时回复区政协提案1件。精心组织主题为“服务和保障非公有制经济组织健康发展”的检察开放日活动，邀请人大代表、政协委员和人民监督员参与公开听证会17次，自觉接受社会各界监督。

【“两法衔接”】 2022年，区人民检察院通过“两法衔接”平台建议行政机关向公安机关移送立案侦查10件11人，公安机关立案率100%。进一步加强知识产权全方位综合性司法保护，对行政机关通过两法衔接平台移送的知识产权案件进行梳理，确保证据收集及时、事实查证清晰和问题协调解决，提升办案效率。通过“两法衔接”平台快速反应，及时提前介入，引导公安机关收集证据。

【检法联调】 2022年，区人民检察院与区人民法院共同建立推进诉源治理促行政争议实质性化解的协作机制，联合开展诉前调解工作，推动诉源治理。机制建立以来，通过检察院、法院两家联合实质性化解行政争议的案件5件，有效地防止了矛盾激化。

【涉检涉诉信访】 2022年，区人民检察院落实信访值班值守工作，以公开听证方式化解2宗缠访的刑事立案监督案件。开展信访“回头看”自查，做好检察环节的矛盾化解和预防。全年受理信访案件87件，落实信访回复机制，信访案件七日内程序性回复率和三个月办理结果或办理进展答复率均做到“两个100%”。

【专项整治行动】 2022年，区人民检察院开展打击整治养老诈骗专项行动，督促有关部门查处违规生产销售涉老年人保健品的商户12家，移送涉养老诈骗线索4条，监督立案2件，提前介入5件，批捕1件6人，起诉1件1人。分别组织召开广东省首场老年保健品安全监管公开听证会和江海区保健品市场专项整治行动新闻发布会，推动老年人保健品市场诉源治理。办理的督促整治老年人保健品市场乱象行政公益诉讼案，入选最高人民检察院防范整治养老诈骗专项典型案例，成为全省检察机关唯一入选案例。

【涉案财物监管】 2022年，区人民检察院开展涉案财物日常监管工作，由专人负责涉案财物管理，对出、入库的赃证物实行线上线下同步登记，便于监督。严格落实有关规定，包括根据公安部《公安机关办理刑事案件程序规定》第二百八十八条规定，公、检、法部门经过沟通达成共识，涉案实物不进行移送，只移交随案移送物品清单。涉案财物暂存办案公安派出所，移交清单列明所有证物数量、特征和处理意见。刑事案件提起公诉时向法院随案移送物品清单以及国家监委《国家监察委员会移交最高人民检察院职务犯罪案件证据收集审查基本要求与案件材料移送清单》规定，监察委员会移送起诉职务犯罪案件时随案移送涉案财物并附清单，检察部门接收实物并保存在赃证物保管室。

【检察信息化建设】 2022年，区人民检察院强化技术办案，全年办理同步录音录像430件、273人，开展技术协助20件，参与江门市检察院技术检验鉴定3件，通过技术办案，协助相关业务部门履行法律监督职能。

法 院

【民商事受理】 2022年，区人民法院受理各类民事案件5835件，审结5425件，其中小额诉讼程序审结案件2716件，适用率50.3%，高于全省、全市平均水平。审结买卖、租赁、承揽和建筑等合同纠纷案件884件。加大金融债权司法保护力度，落实民间借贷利率保护上限规定，准确认定借款合同的效力及利息，打击高利放贷行为，审结金融借款、民间借贷纠纷443件，有效防控金融风险、维护交易安全。

【行政审判】 2022年，区人民法院全面集中管辖江门市行政一审案件，共受理行政案件2541件，审结行政案件2346件，分别增长40.1%、38.2%。与区人民检察院联合建立全市首个基层法检合力化解行政争议、推进诉源治理合作机制。探索行政纠纷诉源治理工作，与区人民检察院合力化解以冒名方式办理婚姻登记的行政纠纷。加强与行政机关的良性互动，化解涉公路超载运输的系列行政纠纷50件。依法妥善审理涉民生类行政案件1200件，其中黄某诉新会区社会保险基金管理局支付工伤保险金一案入选全省行政诉讼十大典型案例。严格审查行政行为合法性，推动行政机关负责人出庭应诉，出庭应诉率92%。

【案件执行】 2022年，区人民法院受理各类执行案件3086件，结案2928件。开展夏季、冬季根治欠薪专项执行行动，加强工程建设领域等重点行业欠薪案件执行力度，妥善处理一批工人欠薪案件，追回欠薪400万元。针对部分执行时间长、矛盾易激化的执行积案，主动与区委政法委、区公安分局和街道等单位部门对接，较好处理陈某初拒不履行判决一案。与公证处、银行等部门建立执行款公证提存机制，破解原有制度特殊执行案款处理难的问题。

【诉讼服务】 2022年，区人民法院借助诉讼服务网、粤公正小程序等信息化平台，全年网上立案13112件、电子送达14746件。发挥“法+侨”作用，出台保障“侨都赋能”工程行动方案，建立涉侨案件专项标识与统计工作机制，依法保障侨眷侨胞合法权益。利用智慧法院建设成果，为不便回国参加诉讼的华侨华人提供线上授权代理现场见证服务7次。强化湾区司法协作机制，运用“诉调对接+网格化”工作经验，通过网格员协助香港区域法院进行送达。

【普法宣传】 2022年，区人民法院落实“谁执法谁普法”主体责任，选派法官担任学校的法治副校长，深化青少年违法犯罪预防和帮教工作。与江门市第一实验学校共同建立全市首个“校园法官工作站”，并入选江门市2022年法治文化“十佳”特色品牌。开展司法宣传活动，其中“大榕树下的乡音普法”宣传活动被《人民法院报》、广东政法平台、江门政法公众号等媒体转载推广。全年共在“学习强国”平台和《南方日报》等媒体发布普法案例119篇次。

【便民服务】 2022年，区人民法院针对涉老人、儿童、妇女和残疾人等社会弱势群体的案件，开设绿色通道畅通诉讼服务，深化司法救助机制，满足弱势群体多元司法需求。加强与街道、社区等多方联动，力促涉残疾人的案件调解结案，争取残疾当事人在签订调解书当天即可获得赔偿款，尽快实现残疾当事人的合法权益。贯彻落实《中华人民共和国家庭教育促进法》有关规定，配合有关部门建立家庭教育工作联动机制，共发出“家庭教育指导令”2份。

【接受监督】 2022年，区人民法院自觉接受人大及其常委会监督，落实人民代表大会议决议和人大代表意见、建议。加强全过程沟通，吸纳人大代表意见，邀请人大常委会委员、人大代表和政协委员，到区人民法院开展调研视察工作、参与研讨座谈、旁听庭审和见证执行23人次，向人大代表、政协委员发送联络简报1950份。办理人大代表和政协委员交办的5件建议提案，办复率100%。配合监察机关对法院工作人员进行监督，办理检察建议105件。

【知识产权保护】 2022年5月，区人民法院被最高法院指定集中管辖江门全市范围内一审知识产权民事、行政案件，全年共审结知识产权案件2375件，结案率98.71%。加强司法与行政机关联动作用，妥善处理江门海关历年截获案值最大的摩托车涉嫌侵权案。完善知识产权纠纷多元化解决机制，聘请10名律师担任知识产权特邀调解员，参与案件调解、释法答疑等工作。与地方政府、行业协会形成合力，加大对新会陈皮、杜阮凉瓜等地理标志产品的商标保护力度。以知识产权集中管辖为契机，选派审判团队进驻广州知识产权法院江门巡回审判法庭办公，协助广州知识产权法院远程网上审查立案1877件，开展巡回审判工作5次，为500名市民提供法律咨询。

司法行政

【行政执法监督】 2022年，区司法局按照《江门市市县镇三级行政执法协调监督工作体系建设试点工作实施方案》要求，推进“检察院+司法局”联合案卷评查机制，联合区人民检察院评查执法部门27次，评查案卷322宗，纠正问题600条次。对街道开展业务培训7次；现场执法讲解培训7次；开展行政执法“两平台”（信息平台和监督网络平台）现场移动执法办案演练7次。组织开展2022年度行政执法人员综合法律知识线上培训和考试，合格率98.6%，其中街道行政执法人员通过率从77.2%上升至96.8%。

【行政复议】 2022年，区司法局制订《江门市江海区行政复议体制改革实施方案》，高标准完成行政复议中心建设，印发《江海区人民政府关于进一步优化区政府本级行政复议与应诉案件处理程序的通知》，提升全区行政复议工作规范化水平。

【行政规范性文件管理】 2022年，区司法局加强规范性文件审核审查工作，修订《江门市江海区行政规范性文件管理规定》，全年共审核政府及其组成部门规范性文件15份。以区府办名义印发《关于开展江海区行政规范性文件全面清理工作的通知》，对现行有效的行政规范性文件进行全面清理。

【司法所品牌创建】 2022年，区司法局围绕多元化解矛盾纠纷，推动司法所创品牌，全面提升司法所工作整体水平，江门市司法局发文通报表扬2022年度司法所品牌创建先进集体和先进个人，代表江海区参加全市评选的外海司法所、礼乐司法所均入选前十名，其中外海司法所获评模范司法所、礼乐司法所获评优秀司法所，江海区司法局获得优秀组织奖，外海司法所负责人获优秀个人奖。

【诉前联调司法确认】 2022年，区司法局进一步落实“诉前联调”“司法确认”工作流程以及相关工作机制。2022年，民间纠纷调解协议申请司法确认2件，强化人民调解协议书的法律效力，使调解工作实效得到强有力的保障，节约司法资源，减轻矛盾纠纷双方的诉累，实现便民利民。

【公共法律服务】 2022年，江海区基本建成现代公共法律服务体系，完成江海区公共法律服务中心升级改造，在全市率先推动公共法律服务中心升格为公益一类事业单位；创建示范性公共法律服务工作室20个，构建“覆盖城乡、便捷高效、均等普惠”的现代公共法律服务体系和“10分钟公共法律服务圈”。整合法律服务资源，在企业园区、商会和协会建立律师事务所专业服务模式。引导律师参与社会治理，持续推进“千所联千会”“律师进园区”“送法进企业”活动，为企业提供法律论证、合同审核和法律咨询服务，助推企业发展。组织村（社区）法律顾问进社区、进公园、进校园，开展法治宣传活动，全年律师为企业、村（社区）、学校、社区团体提供法律咨询500人次、企业法治体检40次，举办法治宣传活动、法治讲座80场次，为村（社区）治理提供法律意见30余条、参与人民调解80次。

【涉外涉侨法律服务】 2022年，区司法局贯彻“侨都赋能”工程，助力江门市华侨华人公共法律服务国家平台建设，推动涉侨法律服务的深圳国际仲裁院江门中心办公场地建设，对接和完成江门市华侨华人离岸公共法律服务中心，完成江门市华侨华人离岸公共法律服务中心江海联络站建设，与江门市侨联合作共建全市首家面向基层群众的侨联法律顾问委员会服务站，创新拓展海外远程视频公证服务功能，为海外侨胞提供更优质便捷的公证法律服务。2022年，为来访群众提供涉侨涉港澳台法律咨询20人次，办理涉侨法律援助案件1宗，办理涉外公证8件、涉港澳台公证15件。依托高新区（江海区）全省唯一“国字号”基层立法联系点优势，发挥“12348”法律咨询热线、广东法律服务网、“粤省事”等线上平台作用，对侨胞侨企线上提出的具体法律问题，逐一研究、协调，全年接受电话及网络咨询800人次，“12348”法律咨询电话处理工单13件。联合区委统战部、区税务局、交通银行高新支行和江门启迪之星科技企业孵化器有限公司在江海区法治广场举办“法护侨益，情暖侨心”主题宣传活动。

【法律援助】　2022年，区司法局从服务经济建设、维护社会和谐稳定的大局出发，以办实事、惠民生为宗旨，开展法律援助工作，为维护弱势群体合法权益以及营造良好法治氛围作出努力。2022年，江海区共受理和指派法律援助案件828件，其中刑事案件724件、民事案件94件（包括劳动仲裁案55件）、行政诉讼案8件，律师受当事人委托代书2件，法律咨询2000人次。

【人民调解】　2022年，区司法局坚持和发展新时代“枫桥经验”，全年排查矛盾纠纷863次，调解各类矛盾纠纷223宗，调解成功223宗，调解成功率100%。组建各类调解组织106个、人民调解员503名，实现街道、村居两级人民调解组织全覆盖。组建协会、婚姻家庭和医疗等行业性专业性调委会12个，提高人民调解公信力。健全、完善人民调解员岗前全员轮训和在职培训以及年度培训和以会代训等制度，提升调解队伍业务能力。加强基层司法所与法庭、综治中心和村（社区）“两委”协调联动，推动人民调解与行政调解、司法调解有机衔接，打造“访调对接”市级模范司法所品牌。与中山市古镇镇联合创新推出“跨市访调”“跨界联调”的工作机制，及时化解跨区域的矛盾纠纷多起。

【社区矫正】　2022年，区司法局加强“智慧社矫”基础建设，位于东宁路68号2幢104设立江海区社区矫正中心，建筑总面积550平方米，按照“智慧社矫”创建要求，设置综合管理、监督管理、教育帮扶和报到大厅等四大区域19个功能室，挂牌成立江门市首个“驻社区矫正中心检察室”。强化网格化平台融合，融合“粤平安”综合网格服务管理平台。依托江海区儿童公园，挂牌成立江海区社区矫正公益劳动基地和社区矫正学习教育基地。全年举办各类型教育活动85场次，接受教育社矫对象1113人；组织观看警示片开展“震撼教育”10次、接受教育500人次；组织公益活动83场次，944人次参与。截至12月底，江海区在册社区矫正人员195人，新增219人、期满解除矫正181人，协助法院、公安等部门开展社会调查案件78件。

【安置帮教】　2022年，区司法局加强信息化管理，精准防控，规范安置帮教工作信息管理系统信息录入，进一步加强安置帮教信息化建设，推动安置帮改工作高效、规范开展。基层司法所安排专人建立一人一档，通过网格员走访、电话和微信联络等方式，精准把控安置帮教对象行为动向和身体状况，确保底数清、情况明，严防其脱管、失控。做好刑满释放人员、解除矫正人员安置帮教衔接工作。协调民政、社工等部门、机构和单位，对弱势型人员实行重点关爱，在社会救济政策方面予以重点关注。全年全区共有安置帮教对象310名，安置率、帮教率100%。

【普法宣传】 2022年，区司法局深入学习贯彻习近平法治思想，派发《习近平法治思想学习纲要》350册。印发“八五”普法决议、规划及普法依法治理工作要点、政府常务会议学法计划、领导干部应知应会法律法规清单，组建“八五”普法讲师团。指导各单位制定普法责任清单，组织国家机关“谁执法谁普法”履职报告评议活动。组织国家机关工作人员共3817人参加在线学法考试，参考率和及格率均为100%，优秀率为99.79%。推动各单位开展“12•4”国家宪法日暨法治江海宣传周、民法典宣传月活动各100场次。印发疫情防控普法宣传资料65000份，在江门高新公众号开设疫情防控法律“每日一问”专栏。编印养老防骗宣传蓝本，开展养老防骗宣传活动37场次。推动职能部门在江海法治广场开展法治宣传活动19场次。印发“一校一品”普法品牌活动方案，评选“十佳”校园普法品牌项目。推动开展各类校园普法活动150场次。指导银泉社区成功创建省级“民主法治示范社区”。培育村（社区）“法律明白人”253人。普法和依法治理工作在全省127个县（市、区、功能区）中排名13位。威东村法治文化墙绘信息被司法部、全国普法办官方微信公众号报道推广。

军 事

人民武装

【落实战备制度】 2022年，区人武部常态化加强战备值班分队检查抽查，特别是重大节日期间加大值班值勤力度，在春节、清明、端午等特殊时节期间，组织应急分队随时做好防火防汛等应急处突准备，组织区民兵应急连到人武部备勤，做好随时抗击年度9号台风“马鞍”准备；开展形势教育和节日战备防护期教育，强化战备意识。

【民兵工作】 2022年，区人武部根据民兵政治工作一系列相关规定，统筹利用军地资源组织“世界读书日”主题读书分享会、“国防教育”系列活动等，有效落实民兵政治教育。应对国防动员使命任务，推进民兵各项工作，召开全区民兵工作协调会，分析民兵工作形势，研究确定队伍编组方向，稳步提高民兵编组质量；协调区委组织部发动辖区博士学历人才报名入队。在江门市民兵政治工作江海区现场会上，推广江海区民兵政治工作资料作为先进经验供兄弟单位参考。迎接江门军分区年度民兵工作检查考评，检查、考评江海区工作排名在全市靠前。组织干部、职工、专武干部和区民兵应急连进行开训动员活动，完成徒步行军5千米紧急演练。根据江门军分区年度军事训练计划，分别组织基干民兵分队到基地集中轮训，圆满完成年度民兵军事训练任务。组织民兵应急连和地下指挥工程抢修抢建连参加江门军分区年度民兵工作考评。江门市基干民兵比武竞赛中获得团体总分第三、摩托锯操作第一名、无人机侦察及信息报送和车辆变形伪装均获第二名。结合民兵比武针对性训练和民兵基地化轮训，组织轻武器实弹射击活动。

【国防动员建设】 2022年，区人武部开展国防动员潜力数据核查，调研企业人才潜力，组织区国动委各专业办公室参加潜力数据会审，确保在省国动委潜力数据会审前问题归零。会同区住建局对辖区人防工程进行勘察，通过对人防工程的防护等级、场地布局、机动集结和交通运输等方面分析筛选，确定军地联合地下指挥所选址。

【兵员征集】 2022年，区人武部会同区经促局、区人社局开展征兵工作的调研和发动工作，组织大学毕业生预征预储和动员单视力不合格大学毕业生视力矫正，全力做好大学毕业生兵员征集工作，圆满完成全年兵员征集任务，获评江门市2023年度“征兵工作先进单位”。

【基层建设】 2022年，区人武部指导各街道武装部和村居民兵连正规化建设并完成达标，其中礼乐街道武装部正规化建设、推进街道武装部与退役军人服务站合署办公成果，受到省军区的肯定；江南街道武装部经费合理使用，扎实开展民兵整组工作，外海街道武装部开展征兵宣传发动和征兵进校园、“九旬老兵回军营”等活动。全年发动辖区基干民兵参训和承担抢险救灾、疫情防控等急难险重任务，调用橡皮艇、冲锋舟支援清远市抗洪救灾，与专业救援队伍开展抗洪抢险联演联训。会同属地基层举办国防教育图书展、老兵宣讲等各类国防教育活动14场次。

退役军人事务

【就业技能培训】 2022年，区退役军人事务局实施退役士兵技能培训民生工程，按照“自愿报名、自选专业、免费参训”的原则，通过开展订单式、定向式和定岗式培训，加强退役士兵就业技能提升，建立形成从教育培训、实践锻炼到稳定就业、成功创业的完整链条，年内共有20名退役士兵参加江门市退役军人事务局牵头举办的短期技能培训班，其中参加无人机操作培训班16人、短视频编发培训班2人、室内装修设计培训班2人，20人均完成课程培训并取得相关职业证书。

【司法救助】 2022年，区退役军人事务局打造具有江海特色的“法律拥军”服务品牌，与江海区人民检察院建立司法救助协作关系，以实现军人军属司法救助工作常态化、规模化、规范化作为工作目标，协调沟通法院、民政、妇联、医院等部门，探索实施多元化救助模式，做到救助程序规范化、救助对象精准化和救助效果最佳化。2022年，因案致贫的退役军人黄某通过司法救助程序，为其申请20.6万元司法救助金，有关事例登上退役军人事务部和最高人民检察院政务信息网，列入2021年度退役军人事务部和最高人民检察院发布的司法救助全国九大典型案例之一。

【帮扶援助】 2022年，区退役军人事务局开展“手拉手·帮战友”退役军人党员结对帮扶活动，发动110名优秀退役军人党员、20家社会拥军单位，采取一对一、一对N（N指多个）等形式，结对帮扶123户困难退役军人家庭，因人施策，分门别类制定帮扶措施。2022年，为5名江海籍退役军人成功申请应急救助资金5万元，为困难退役军人申请江门市“住房难”救助项目2名，解决退役军人切身利益问题300个。落实常态化联系退役军人制度，区、街道、社区三级服务体系通过上门协助的方式，帮助2名符合条件的困难退役军人共计申请2万元医疗救助和应急救助金。建立健全退役军人“解三难”（解决生活困难、医疗困难和住房困难）慈善救助金机制，为19名困难退役军人发放慈善资金12万元，帮助困难退役军人解困。

【走访慰问】 2022年，区退役军人事务局建立常态化走访帮扶退役军人机制，开展退役军人“大走访”活动，全年对全区重点优抚对象、功臣模范开展走访慰问和困难帮扶援助工作，累计送出慰问品及慰问金70万元，发放重点优抚对象节日慰问金50万元。在春节、八一建军节等重大节日期间，先后走访慰问江门军分区、江门武警支队、江门海警部队、区人武部和江门大华山通讯站等驻军单位，支出慰问经费36万元。

【英烈褒扬工作】 2022年，区退役军人事务局在全区深入开展崇尚英烈、缅怀英烈和学习英烈宣传教育活动，纳入全民教育和党员干部教育体系，发动区内机关团体、中小学生和社会组织参加“奋进2022清明祭英烈”网上祭扫、930烈士公祭活动，引导群众通过网上祭扫的方式祭奠英烈，全年全区参与网上祭扫人员4.3万余人，通过宣传江海区英烈事迹，彰显尊崇英烈的社会氛围。

【双拥宣传】 2022年，区退役军人事务局在主要交通干线和重要区域、场所设立“双拥”（地方拥军优属，军队拥政爱民）宣传标语、横额；充分利用政务网、宣传栏、电子屏和微信微博等媒介滚动播放“双拥”标语；在区、街道、村（社区）服务中心（站）摆放先进典型的宣传展架，广泛宣扬本地区先进典型的事迹，在车站、医院和各街道、村（社区）公共服务场所贴挂“军人优先”的标识牌，发挥江海区国防教育公园暨双拥文化主题公园的教育作用，立体式宣传退役军人和双拥工作；编发各类信息简报，有关信息登上“学习强国”平台、各级退役军人宣传窗口、《拥军》杂志、《江门日报》以及中国网、中国报道以及网易新闻等媒体，并在江门电视台、江门广播电台展示。

【村级服务站创建】 2022年，区退役军人事务局推进退役军人服务中心（站）星级创建，发挥星级示范点的展示宣传、交流学习作用，建成礼乐街道新民村，江南街道的中沙社区、富横社区、建联社区等一批优质标杆型村级服务站。2022年，全市县、镇两级退役军人事务系统带团外出学习考察，交流村级退役军人服务站示范创建经验。服务站按照全国示范型退役军人服务站的标准建设，全区10个百人以上村级服务站完成政治文化环境的升级改造并拓展、提升服务中心（站）政治文化阵地功能，通过全市的检查验收。

【最美系列评比活动】 2022年，区退役军人事务局与区人武部、区委宣传部和区精神文明办公室联合举办2022年“最美退役军人”“最美拥军人物（集体）”“最美军嫂”先进事迹报告会暨二等功臣表彰会，王记周、孙雄、吴荣振、黄振光、陈钊鸿、张俊东、毛均民、徐周、李鸿辉、麦棠被授予“最美退役军人”称号，江海区人民法院、江门市公安局江海分局被授予“最美双拥集体”称号，林家荣、胡锦洪被授予“最美双拥人物”称号，潘辅霞、向洋被授予“最美军嫂”称号，并为二等功臣颁发“二等功臣之家”牌匾。

应急管理

安全生产监督管理

【安全生产监管】 2022年，江海区共发生生产安全事故14起，均为经营性道路交通事故，死亡10人，分别上升133.3%、25%、166.7%；受伤8人。无发生较大以上生产安全事故。未发生因强降水、森林火灾等自然灾害造成人员伤亡。开展安全生产和疫情防控检查，排查村级工业园102家次、企业（场所）2094家次，发现并整改隐患987项。排查企业（场所）9301家次，发现并整改隐患3605项。开展城镇燃气排查整治，排查企业及居民用户5027家次，发现隐患865项，整改816项。开展建筑施工、自建房和公有资产房屋安全隐患排查整治。对在册23艘渔船、18艘乡镇自用船舶开展排查，督促各船主落实安全主体责任。开展消防安全"扫雷"行动，排查场所724家，发现隐患379处，整改349项。开展工贸行业安全监管和指导服务，服务指导企业25家，发现安全隐患55处，其中涉及"粉六条"（六条粉尘涉爆企业执法检查重点事项）隐患问题21处，下发文书13份，25家"粉六条"涉爆企业达到清零目标。检查工贸行业规模以上企业118家，发现安全隐患问题680项，发出责令限期整改指令书163份、整改复查意见书162份；跟踪复查整改安全隐患问题503项。开展危险化学品行业安全治理，办结危险化学品经营许可74宗，第三类非药品易制毒化学品经营备案申请11宗。检查企业249家次，发现并整改隐患353项。开展安全生产行政执法，检查企业1231家次，发现隐患1873处，完成整改1492处，发出责令限期改正指令书323份，现场措施处理决定书19份，整改复查意见书309份。行政处罚17次，处罚金额27.5万元。印发《江门市江海区突发事件应急总体预案》以及专项预案12个，统筹部门编制各类应急预案16个，指导街道编制各类灾害事故基层应急预案12个，编制各街道村、社区"一张图"应急预案。全年备案企业62家，其中工矿贸企业29家、危化企业29家、加油站2家和化学品运输企业2家。

【安全生产月系列活动】 2022年，区应急管理局印发"安全生产月""安全生产五邑行"活动方案，召开2022年江海区"安全生产月"活动启动会议，把"安全生产月"和"安全生产五邑行"活动纳入年度安全生产责任制考核内容。在《江门日报》"江海新闻"栏目和江门电视台"江海新闻"栏目、"江门高新""江海发布”微信公众号以及“中国侨都—高新发布”微博等媒体平台对安全生产月进行宣传报道，推送《你好，安全生产月，我们重新认识一下吧！》等主题文章，对“安全生产月”含义和主题进行科普宣传。“安全生产月”活动期间，每天在区级政务微信公众号发布的推文中张贴“遵守安全生产法，当好第一责任人”字样的海报，指导各街道利用电子显示屏、宣传橱窗等载体开展宣传视频和海报展播25000条次。开展安全生产“大讲堂”“大家谈”“公开课”“微课堂”和在线访谈、基层宣讲活动21次，组织企业、机关人员观看“生命重于泰山”电视专题宣传片。深入企业宣讲安全和消防相关法律法规和安全知识328次；与23家企业责任人签订企业第一责任人安全生产承诺践诺书。在江南文化广场举办安全宣传咨询日活动。在江门一诠科技（中国）有限公司举行江海区“安全生产月”有限空间作业事故应急救援演练；组织开展燃气泄漏“双盲”演练（不提前通知相关单位、不提前预演）、消防“四快”（快速确认火情、快速组织疏散、快速调集力量、快速启动设施）拉动式演练和校园“防地震、防溺水”演练。

【安全生产执法监督】 2022年，区应急管理局开展安全生产“百日行动”“备战30天，全年保平安”等活动，强化宣传教育与执法检查。加强审批许可，完成行政审批中介服务事项动态调整，办结危险化学品经营许可74宗，第三类非药品易制毒经营备案申请11宗，生产经营单位安全生产事故应急预案备案62项。全年执法检查企业1231家次，发现一般安全隐患1873处，完成整改1873处，发出责令限期改正指令书323份，现场措施处理决定书19份，整改复查意见书309份。行政处罚安全生产违法违规行为企业、个人13宗，处罚17次，处罚金额27.5万元。通过严格落实处罚公示、执法全程记录和案审等制度，没有发生因安全生产行政处罚而行政复议和诉讼情况。严格落实“双随机、一公开”（随机抽取检查对象，随机选派执法检查人员，抽查情况及查处结果及时向社会公开）工作，新增有限空间、粉尘涉爆企业库，有针对性地开展双随机抽查工作，全年联合区卫健局、区住建局、区市场监管等部门随机检查企业44家，随机执法人员88人次，对检查情况进行及时录入和对外公示，共核查“一票否决”108人次，核查企业监督信息159家，出具无事故说明7份。

【危化品安全监管】 2022年，区应急管理局办结危险化学品经营许可74宗，第三类非药品易制毒经营备案申请11宗。深入开展街村工业园小散乱差化工企业专项整治，开展化学品登记综合服务系统和“一企一品一码”标识化管理应用工作、化学品储罐区安全风险评估整治工作，对危化生产和仓储企业、医药制造企业和化工企业落实全覆盖检查，共检查危化、医药和化工企业249家次，发现并整改隐患353项。通过组织开展一系列危险化学品专项整治行动，建立全区危险化学品安全监管长效机制。结合工作实际，落实“一企一策”管理，持续加强安全风险分级管控和隐患排查治理双重预防双重机制建设，持续开展专项隐患排查治理。根据上级工作部署，落实重大危险源企业危险化学品企业双重预防机制数字化建设，开发或改造双重预防机制信息化系统。开展联合检查督导，加强部门联合执法检查。

消防管理

【火灾形势】 2022年，江海区发生火灾171起，无人员伤亡，直接财产损失195.9331万元，火灾起数下降26%，直接财产损失下降417.3%。随着江门市安全应急产业园构建和外海街道中东片区的经济发展，大型应急产业企业、项目集中落地动工，厂企不断进驻扩容，部分出租屋已经达到高层建筑规模，增加、突出区域火灾隐患。中东片区与现有的江海区高新消防救援站距离6.6千米，到场时间超过国家标准5分钟，难以确保火灾事故灭早灭小。全区出租屋数量大、“三小”场所（小档口、小作坊、小娱乐场所）增多，存在动态火灾隐患；企业中的电路板、灯饰以及锂电池厂不少，电动自行车、锂电池以及电气线路火灾频发，火灾防范压力大，亟须建立长效管理机制，以提高各单位、部门的技防水平。

【消防治理完善】 2022年，区消防救援大队依托基层网格员开展基层消防安全管理。通过组织培训，强化网格员基层管理能力。依托网格员排查解决各类隐患1200条，处理投诉43宗。强化区级与街道协调互动，全面加强街道消防力量的统筹。江海区消防服务中心坚持定期抽查江海区高新消防救援所工作情况，在节假日、夜间开展不定时的应急拉动，定期抽查“三小”场所和出租屋消防安全情况，制定全区消防救援所、站和专职消防队伍的绩效考核办法，建立权责一致、运行规范的基层消防联动管理机制。各街道消防救援所坚持每天上报检查情况，共检查各类场所18308家次，发现隐患9460处，整改隐患9189处；清理电动自行车1500辆次，清理场所违规住人1800人次。

【重点领域风险防范】 2022年，区消防救援大队深入推进风险隐患治理，提请区政府挂牌重大隐患风险区域1个、单位2个，解决历史性重大隐患单位1家，年内重大火灾隐患单位全部销案处理。突出重点隐患整治，开展老旧商混建筑、校外培训机构、锂电池、环保设备、醇基“环保油”等新业态风险等场所消防安全检查，其中检查锂电池和环保设备76家、清理使用醇基“环保油”6家。监督、检查各类场所546家次，发现隐患193处，下发处罚决定书108份，临时查封单位2家，责令“三停”（停电、停水、停气）3家，共处罚款87.4581万元。修订村民自建出租屋消防安全整治标准，推广安装电动自行车充电设施，拆除违章易燃可燃彩钢板，推动充电桩整治、楼道消防整治和消防车道整治工作纳入老旧小区改造工程，不断提升社会面抵御火灾能力。全区共划设标线67处，清理拆除占用消防车通道207处，拆除更换可燃彩钢板33处、30万平方米，在工业园区和出租屋集中区域新增充电棚252个、充电位2768个。全区90%以上的住宅小区全部安装电动自行车充电棚，居全市覆盖率首位。

【消防宣教】 2022年，区消防救援大队依托“蔚蓝”消防公益基金，向全区小学二年级学生捐赠消防安全教育读本5200本，对150户困难长者开展居家消防安全隐患排查和安装烟感器。对各类场所开展消防知识培训211次、消防演练156次。推广使用“全民消防安全学习”云平台，平台注册44605人次，常住人口注册使用率12.39%。在龙溪湖建立省级消防科普教育基地，加强消防科普教育阵地规范化建设。

自然灾害和减灾救灾

【防震救灾】 2022年，区应急管理局加强防震救灾知识宣传教育，在“全国防灾减灾日”活动周开展全国防灾减灾日主题点亮活动，悬挂横幅65条，张贴海报30张，刊出墙报226处。通过社区、机关、学校和企业，广泛开展防震救灾知识进校园、进企业、进社区活动，利用广播、电影、电视、报刊等传统媒体和互联网、微博、微信等媒体，普及防灾救灾知识和自救互救基本技能。投入二期建设资金123万余元，建设应急广播终端（含6个户外显示屏）65个，第三期投入48万余元，建设应急广播终端（含3个户外显示屏）20个。在创建24个综合减灾示范社区的基础上，继续推动“全国综合减灾示范社区”建设工作。加强“防震减灾科普示范学校”等创建工作，在学校开设专门的宣传阵地，提供有关书籍和音像制品，组织开展地震疏散演习。年内，外海中学和礼乐中学完成江门市防震减灾科普示范学校的调查评估工作。

【临灾三防】 2022年，区应急管理局建立完善临灾转移“四个一”（每一户对接转移责任，每村居一台账转移清单，每镇街一张网转移体系，每灾一行动转移启动机制）工作机制，督促各街道紧密联系区民政、自然资源、住建和城管等职能部门，完善全区危险区域弱势群体临灾转移责任台账。对全区12座电排站、24座排涝水闸进行隐患排查，强降水预警前采取紧急防护措施，按照“雨前排查、雨中巡查、雨后核查的工作机制”，对全区3个地质灾害风险点进行检查，在10个易积水点前置抢险力量。编制、修订“三防（防旱、防汛、防台风）一张图”，着力提高指挥调度效能。组织全区各级三防指挥机构领导、成员单位负责人以及基层应急办、消防所人员，村（居）三防责任人共计133人参加专业培训。完善统一的应急物资保障体系和工作机制，及时更新和补充相关三防应急物资，全区救灾类物资库存数量2万余件，应急物资18万余件，库存金额1000万元。

【森防工作】 2022年，区应急管理局建立、完善森林防灭火工作台账，全区17个森防地域，落实区、街道、村居、护林员责任人责任，逐步建立培训强化白水带应急救援抢险队、街道专业队及村居义务扑火队伍等22支274人的应急队伍。白水带林区3个主要进山路口均采用“防火码”方式管控进林人员，全面开展森林防火巡查工作，各街道每周最少2次到各个靠近森林的村、社区实地巡查森林防火工作情况，村和社区均配有不少于1名护林员负责日常巡逻。全区消防救援大队、街道专职消防队和白水带应急救援抢险队等森林消防半专业队编成5支队伍91人在岗待命，8个近林村居一线配置高压抽水机和消防水带。外海街道专职消防队配置1台装备车辆在麻园片区战备执勤。在建的林火远程视频监控系统一、二期完成建设前端点位7个，基本覆盖整个林区，新增的探测仪3台加大了进入林区的排查力度，在林区边缘区域设置具有语音示警功能的视频监控摄像头19个。

【应急物资保障】 2022年，江海区建成2700平方米的现代应急物资储备库，配备应急物资管理软件，实现物资全智能化、精细化管理。至2022年底，库内存有各类应急物资涵盖公共卫生防疫、应急防汛、应急防灾减灾等，共160个种类、153万件。全年完成各类社会层面应急物资调拨任务197次。执行江门市政府关于食盐、冻肉的储备要求，完成下达的食盐102吨、冻肉65吨储备任务，定期对冻猪肉、食盐代储企业进行实地专项检查，严格落实政府储备冻猪肉的投放工作。

【应急培训演练】 2022年，江海区建设江海应急培训演练基地，进一步提升全区突发事件处置能力。江海应急培训演练基地揭牌暨应急救援志愿服务队伍授旗仪式年内在江门市港澳码头广场举行，江门市江海区益心应急救援队、江门市非凡应急救援服务队等11支队伍代表授旗。江海应急培训演练基地建立以后，组织开展多场景、全灾种的培训、训练和演练活动，不断提升全区综合应急救援能力和应急救援志愿服务队伍参与处置突发事件的实战能力，打造江海区应急产业园区、应急管理学院、应急科普体验中心、大湾区应急物资储备中心、国家重点实验室“五位一体”应急产业发展的格局。

【应急宣传】 2022年，区应急管理局建立全员参与的普法宣传队，发动律师、行业企业代表、行业协会参加普法工作，深入企业、社区开展志愿普法活动，制作法治微视频13个，发放法治书刊1000份，印发法治宣传资料2万多份。持续推进安全应急宣传进企业、进农村、进社区、进学校、进家庭的“五进”活动，结合“5·12”防灾减灾日、安全生产月等活动主题，组织开展安全生产宣传日、安全生产“五进”宣传活动，参与“安康杯”竞赛、“谁执法谁普法”评议和“应急马拉松”线上活动。2022年，江海区应急管理局两个执法案例作为优秀案例被广东省和江门市应急部门宣传报道并在2022年江门市江海区国家机关“谁执法谁普法”履职报告评议活动中获优秀等次。

农 业

综 述

【农业发展概况】 2022年，江海区农林牧渔总产值13.5亿元，增长7.9%。农作物总播种面积48979亩，以种植蔬菜、粮食、甘蔗为主，渔业养殖面积1.42万亩，水产品产量29157吨，以南美白对虾、笋壳鱼、淡水河豚、桂花鱼、四大家鱼和锦鲤等品种为主；花卉苗木面积3208亩，水果面积3096亩。区内形成以水产、蔬菜、花卉和水果为主的高质高效农业生产结构，其中巨峰葡萄、向东桃花为传统特色农业。推进农业产业化发展，礼乐腊味、外海面、龟苓膏和预制菜等加工农产品深受消费者欢迎。通过举办葡萄节、桃花销售节和中国农民丰收节，发展都市农业、生态农业、精品农业和旅游农业新业态。

【农业产业基础建设】 2022年，江海区完成全区2022年水产养殖池塘升级改造任务，改造项目位于礼乐街道英北村区家围和敬和村沙腰围的广东月光宝盒农业科技有限公司的养殖池塘，面积共500亩。9月，改造项目竣工，整个项目实现水产养殖尾水100%处理，全部达标排放。

【农产品稳产保供】 2022年，江门市下达江海区粮食生产任务1236亩、产量426吨。年内江海区完成播种面积1879亩，预计产量571吨，超额完成江门市下达的粮食播种面积任务。加快葡萄和蔬菜产业发展，完成蔬菜种植面积32742亩，产量54274吨；水果种植面积3577亩，产量7089吨。强化产销衔接，加强“菜篮子”产品稳产和保障供应。

【科技兴农】 2022年，区农水局构建现代农业科技创新推广体系，深入开展送科技下乡活动，促进科技服务到户、技术培训到人，不断提高新品种新技术的推广应用率。重点实施高素质农民培育项目，培育新型农业经营主体45人。组织开展科技讲座、农民实用技术等各类培训6期，培训220人次。

【农产品质量安全监管】 2022年，区农水局为提升农产品质量安全监管水平，巩固江海区国家农产品质量安全县创建成果，进一步落实属地管理责任，健全农产品质量安全监管制度，加强检测体系建设，全区48家农产品生产企业入驻广东省农产品质量安全溯源公共服务平台。落实日常监督检查，农产品质量安全例行监测、监督抽查指标稳步向好，全年完成抽检975批次，合格率99.7%。

【农业行业管理】 2022年，区农水局落实农药风险防范责任，依法做好农药经营许可、行政执法和使用指导等工作。定期组织专项检查组对辖区内的农药经营单位进行安全生产检查，督促农药经营单位按照有关规定，建立采购、销售台账，配备通风、消防和预防中毒等设施。指导农户安全合理使用农药，严格按照农药标签标注的说明使用农药，严格落实农药使用安全间隔期制度，严禁超范围使用常规农药和国家明令禁止使用的农药。全区现有持证内陆渔船23艘、涉渔乡镇自用船18艘，年内落实全部渔船完成AIS（信息系统领域学术专业组织）和GPS（全球定位系统）定位系统的安装，并落实专人负责监测渔船动态轨迹，做到一船一台账，加强渔船网格化管理制度。组织实施江新肉类联合加工有限公司驻场检疫，全年度屠宰环节病害猪无害化处理361头，未发现病害肉流入市场。

【农业综合执法】 2022年，区农水局以保证农业生产安全、农产品质量安全为工作目标，以生猪屠宰、农业投入品销售使用、渔业船舶监管为重点，全年坚持“着力治本、标本兼治、打防结合、综合治理”和属地管理原则，进一步加强农产品生产源头治理和日常监督，发挥农业综合执法职能作用。

【江海区水产现代产业园建设】 2022年，区农水局基于江门市江海区水产现代产业园具有种业优势突出、联农带农有效、产品附加值高、出口销售渠道广、生产水平高和绿色农业发展全面的特色，在原有市级产业园的基础上，升级打造为省级产业园，主要包括由广东月光宝盒农业科技有限公司开发的高密度养殖系统，相当于20亩土塘产能，投入生产的40个高密度养殖池形成年产脆肉罗非鱼280万公斤、产值5250万元的大型水产养殖基地，带动鱼苗原材料养殖168万公斤；利用现有技术及规模优势建成高密度养殖池300个，整合养殖、冷链加工和物流仓储的水产行业产业链，打造成为亿元产值的现代产业水产养殖园区。

【农业政策性保险】 2022年，江海区完成政策性农业保险64.79万元，其中国家级补助保费2.36万元、市级补助保费22.69万元、区级补助保费22.69万元、农民自负保费17.05万元，为全区农业生产发展提供保障。

【农业信息化】 2022年，区农水局推进全区农业发展的农业信息化、发展现代农业，包括初步构建数字农业发展框架，鼓励农业生产者把数字技术与种植业、养殖业、农产品加工业等方面深度融合，发动葡萄种植大户安装温度湿度传感器和智能定时开工；水产养殖大户安装塘管家等智能设备，推进智能精准掌握动植物生长、调控环境温湿度、监测土壤肥力和病虫害状况等。完善流通领域数字化体系，发展农村电子商务，建立和完善区、街、村三级农村电商网络体系，对接江门市名特优新农产品线上平台。加强与邮政、顺丰等物流公司的合作，完善配套物流体系，强化农产品物流配送。推广使用农产品质量安全监管数字化平台，其中使用广东省农产品质量安全溯源管理平台，覆盖区、街、村三级的“智慧监管”网络体系，实现农产品质量巡查数据信息化；开展农产品质量安全追溯，实现农产品质量安全二维码追溯平台信息对接和动态管理。实施信息进村入户工程，村级益农信息社覆盖率100%，方便农村经营户信息查询和发布。

【农村集体资产交易】 2022年，区农水局持续做好农村集体资产清产核资，登记造册，理顺产权关系，核实集体资产总计54.75亿元。规范农村集体“三资”管理，健全完善交易制度，修订完善《江门市江海区农村集体资产交易管理办法》《江海区规范农村“三资”管理工作有关单位职责分工》。推进农村集体资产网上交易，逐步实现全流程信息化管理，规范资产资源交易行为。年内江海区农村集体资产新增交易822宗，交易金额6.82亿元；线上平台交易469宗，交易金额5.78亿元。

【农作物重大病虫疫情防控】 2022年，区农水局继续执行《江海区红火蚁防控三年行动方案（2021—2023）》，全面开展红火蚁防控工作。实行网格化管理，由每个村、社区至少人员2名组成村、社区级防控队伍，确保一旦发现疫病情况，及时上报，及时处理，形成“植物疫病阻断网”。年内举办红火蚁防控工作现场培训活动，77人参加。2022年，江海区红火蚁防控面积3000亩次，有效监测和防治蚁巢3960个。

【农业品牌发展】 2022年，区农水局实施农产品品牌强农行动，争取农产品补助项目政策，支持发展农产品储藏保鲜、产地初加工，其中广东月光宝盒农业科技有限公司成功申报农产品产地冷藏保鲜设施建设补助项目，提高农产品增加值。落实《江门市农业品牌培育奖励办法》，加快“三品一标”（无公害农产品、绿色食品、有机农产品，农产品地理标志产品）农产品培育和认证，推进农业标准化，年内新增“粤字号”农业品牌1个、良好农业规范认证4个、粤港澳大湾区“菜篮子”生产基地1家。加大农业品牌宣传推介力度，参加江门市2022年“中国农民丰收节”等庆祝活动及其他农产品推介活动，提升全区农业特色品牌效应。

【水利基础设施建设】 2022年，区农水局推进江门市西江潭江流域跨界重点支流综合治理一期项目（江海项目区）、江海区彩虹河（龙溪湖至连海路段）清淤疏浚工程、江海区礼乐街道礼西围新建水闸工程、江海区数字水利项目一期、江门市江海区乡村绿廊—马鬃沙段项目一期等工程建设，全年完成水利建设投资计划25040万元。结合防洪排涝需求及片区控制性详细规划，开展江门市西江潭江流域跨界重点支流综合治理工程二期项目和江门市江海区礼东街道礼东围水系连通工程等项目的前期工作，推进龙溪路人工河、一行路人工河按照计划要求开挖工程，为应急产业园片区建设打下基础。

【河长制工作】 2022年，江海区入选水利部第五批节水型社会建设达标县（区），在万里碧道建设中成效明显，获得广东省激励资金1000万元，乡村绿廊碧道跻身全省“十大最生态碧道”，城央绿廊碧道外滩湿地公园段入选广东省级露营亲水地图，礼乐河获评江门市“幸福河湖”称号。江海区在2021年度江门市全面推行河长制湖长制工作考核中被评为优秀等次。水利部2022年第56期河长制湖长制工作简报印发《广东省江门市江海区实施河湖管护“三重奏”，开启侨乡治水管水“新模式”》，向全国推广江海区推进河湖长制工作的创新做法和经验成效。2022年，江海区11个市级水质考核断面均达标，全面消除劣Ⅴ类水体，水质考核综合得分排名全市第一。全年三级河湖长共巡河14379人次，巡河发现问题1817个并全部处理；收到公众投诉4件，办结4件，办结率100%，群众投诉处理满意度100%。完成对麻园河的健康评价工作，完成对麻园河、流沙河等32条河道共79.49千米河湖管理范围划定长度任务，完成对礼乐中心河、礼东主灌河等32条河道63千米的河湖管理范围划定长度任务，划界成果上报广东河湖划界成果审查系统，并向社会公布。出台实施《江门市江海区出海水道洗砂洗泥问题整改工作方案》《关于开展妨碍河道行洪突出问题排查整治工作的动员令》《江门市江海区开展妨碍河道行洪突出问题排查整治工作方案》，年内暂未发现辖区存在严重阻水的违法违规行为。

【乡村振兴示范带建设】 2022年，江海“桃源诗意”乡村振兴示范带坚持规划先行、规划衔接和规划融合，示范带规划建设总里程22千米，投资规模10.1亿元。示范带规划建设累计投资9.5亿元，建成16千米，贯穿辖区三个街道20个村、社区，串联起沿线的省级新农村连片示范村、礼东主漕河“羽林春秋”落羽杉群、都市农业生态公园、龙溪古村落和桃花特色产业等元素，以及江门船厂遗址—下沙公园—釜山公园—滘北横坑村（彩虹村）—龙溪古村落—西江外滩—金瓯路—落羽杉林带示范带，打造成现代化农业生产的田园廊道和都市复合型人文历史休闲廊道。

【美丽乡村建设】 2022年，区农水局持续推进全区农村人居环境美化提升，按照出台的《江门市江海区农村人居环境整治提升五年行动方案（2021—2025）》《江海区“十四五”期间农村厕所革命工作方案》《江海区农村村内道路建设工作方案》要求，建立全区农村人居环境长效管护机制。开展分片督导农村“厕所革命”，摸排整改“回头看”工作，对发现的20户问题厕所分类施策并完成整改。配合全区城乡环卫一体化改革，农村黑臭水体100%得以整治。

【碧道建设】 至2022年，江海区累计建成碧道5段共44.4千米，完成投资24.34亿元，其中实施江门市碧道建设工程节点工程的油湾公园项目投资1.5亿元竣工并向社会开放。全区主要河道碧道基本建成，成为江海区水生态环境一张亮丽名片。

【江海区都市农业生态公园建设】 江海区都市农业生态园位于会港大道以南，礼乐河以西，于2020年动工建设，2021年对外开放。2022年，通过农地经营权集约化运作的新型农业产业模式，生态园核心启动区建设800亩，赋予赏荷游玩、学农体验和休闲垂钓等园林功能。其中“荷香园”种植荷花300亩为荷花主题园区，完成400亩连片土地的招商经营，打造成为江海区水产现代产业园，建设陆基养殖池300个，实现智慧高密度养殖及“稻鱼共生”模式，并同步发展预制菜产业，以及引进知名餐饮品牌经营浅水湾饮食等配套项目。

【乡村农房管控】 2022年，区农水局持续推进全区乡村农房管控、乡村风貌提升和宅基地管理工作，完善和规范农村宅基地审批管理。2022年，江海区完成农村宅基地审批57宗，占地面积7.63亩。以外海街道为试点，持续探索开展农村宅基地规范管理市级示范试点建设工作。

【扶贫工作】 2022年，区农水局出台《2022年江门市江海区防止返贫监测帮扶集中排查工作方案》，精准识别认定监测对象，江海区现有防止返贫监测对象4户13人，原监测对象3户8人经过帮扶消除风险，风险消除率38%。对全区脱贫户127户415人落实“四不摘”（摘帽不摘政策、不摘责任、不摘帮扶、不摘监管）要求，实施“三保障”（义务教育、基本医疗和住房安全有保障）政策。全区脱贫户和监测对象子女入学率、基本医疗、重大疾病和住房安全保障100%。推进脱贫人口稳岗就业，落实一人一册就业跟踪，江海区有劳动能力的脱贫人员就业率达到99%。制定《江海区关于探索建立农村中小型基础设施建设项目吸纳贫困劳动力就业机制的意见（试行）》，开发以工代赈项目和环卫保洁、农村中小型基础设施建设等岗位用于安置脱贫劳动力上岗就业。继续扶持江海区都市农业生态公园产业扶贫基地、礼乐街道扶贫工作坊项目，支持脱贫户开展农业生产、脱贫人员实现家门口就业。继续实施资产收益项目，全年共产生收益分红15.1万元，平均收益率8%以上，收益分红分配向防止返贫监测对象倾斜。

【粤桂协作】 2022年，江海区和广西壮族自治区崇左市大新县开展交流调研对接4次，获得广东省财政帮扶资金5395万元，增长5.9%。双方互派挂职干部、专业技术人才65人，新增落地投资和增资扩产企业12个，到位投资额2.66亿元，共建产业园区4个，其中农业产业园2个，援建帮扶车间数10家，带动就近就业657人，累计采购和协助销售大新县农副产品2580万元，协助农村劳动力就业务工6910人，其中赴粤就业4138人。年内新增5家企业与5个脱贫村结对，共有3个镇街结对、4个村村结对、11个村企结对、6个社会组织与村结对，5个学校结对4个学校，2家医院结对2家医院，深度脱贫村结对率71%，签订协议并落实“以购代捐”“以买代帮”“就业帮扶”“资金捐赠”等帮扶措施。开展“民营企业招聘月”“春风行动”“粤桂劳务协作专场招聘会”“点对点”劳务输出等专题活动，创新设立“劳务就业网格员”和粤桂培训基地，全年开展中式（广式）面点、美容、汽车修理、箱包皮具、电商直播和青梅种植等“订单式”岗前技能培训10期1500人次。

工　业

综　述

【主要经济指标完成情况】　2022年，江海区412家规模以上工业企业实现总产值646.38亿元，下降4.3%，规模以上工业增加值累计完成154.43亿元；工业投资完成74.09亿元，增长20.7%，排名全市第三，技改投资完成54.65亿元，增长15.8%，全市排名第三；社零消费品零售总额完成66.88亿元，增长5.6%，全市排名第一；外贸进出口完成301.7亿元，连续两年实现超过300亿元，总量排名保持全市前三；实际利用外资6.76亿元，总量全市排名第三。

【主要产业概况】　2022年，江海区拥有安全产业类规模以上企业50家，涵盖抢险救援装备、现场保障产品、生命救护产品和安全应急服务等领域。全年安全应急产业产值180.15亿元，增长18.38%。新一代电子信息产业发展集中在电子关键元器件、印刷电路板、汽车电子等电子材料、电子元器件和电子产品制造的上、中游，与前沿新材料产业的电子化工材料，及智能家电产业相互交织发展，新一代电子信息产业产值271.87亿元，下降2.1%。前沿新材料产业主要包括新能源电池和石化新材料产业链，前沿新材料产业产值205.64亿元，增长4.7%。高端装备制造业主要集中在产业链上游和中游，产值115.78亿元，下降0.1%。智能家电是战略性产业中传统特色产业之一，产值140.3亿元，下降5.2%。生物医药与健康产业链集中在产业链的中游，主要生产化学制剂和医疗仪器设备及器械，产值23.38亿元，增长6.1%。

【优质企业梯度培育】　2022年，江海区新增国家专精特新“小巨人”企业2家；省级专精特新中小企业、省创新型中小企业分别新增83家、129家，总量均为全市第一；新增规模以上工业企业67家，主要分布于三大新兴产业链（新一代电子信息、前沿新材料和高端装备制造）。成功申报广东省2022年创新型中小企业129家，占全市527家的24.45%，数量居全市第一。建立工业企业“小升规”（小微企业规范升级为规模企业）重点企业培育库，累计升规工业企业65家。

【企业增资扩产】　2022年，区经促局通过新增用地、自有用地、租赁厂房和技术改造等方式实施增资扩产，推动亿元以上的增资扩产项目37个，总投资151.85亿元，其中新增供地项目7个，用地288亩，投资额55.6亿元，占比36.62%；企业利用自有用地及租用厂房增资扩产项目22个，占比33.4%，投资额50.03亿元，占比33%，盘活闲置厂房用地530亩；企业通过设备升级改造项目3个，投资完成5亿元，增长26.4%。

【绿色工业】　2022年，区经促局为提升工业绿色发展水平，促进重点行业实施清洁生产，会同区生态环境分局推动5家企业通过清洁生产审核，推动“双超双有”（产业和排放超过国家污染物排放标准或污染物排放总量超过国家或地方核定的控制指标；使用有毒、有害原料生产或在生产中排放有毒、有害物质）及重点行业开展绿色清洁生产改造。为加快高污染、高排放行业企业淘汰退出，完成关停、搬迁任务，保留监管企业79家。不定期对关停、搬迁企业进行实地核查。

基地平台建设

【安全应急产业示范基地建设】　2022年，江门高新技术产业开发区通过工信部等部委评审，获评“国家安全应急产业（综合类）示范基地”创建单位，逐步完善安全应急产业园“产业总部+孵化基地”“产业加速园”“产业基地”三大功能区。全区安全应急产业年产值160亿元，增长15%。年内举办2022首届应急管理与未来城市峰会暨中国产业互联网（江门）峰会、江门安全应急产业（北京）孵化器揭牌仪式暨新时代中国式应急管理体系和能力现代化建设论坛等活动。总面积2700平方米的江海区应急物资储备中心投入使用，安全应急产业园34条主次干道全面铺开。

【省级技术中心建设】　2022年，区经促局推进省级企业技术中心建设，推动企业建立和完善技术创新体系，鼓励企业建设产业创新平台建设。2022年，江海区省级企业技术中心15家，总量排名全市第二，其中广东恒健制药有限公司“抗感染类药物的关键技术研发及产业化”项目申报2023年省级促进经济高质量发展专项资金，支持省级企业技术中心开展创新能力建设项目入库。

商贸业

综 述

【落实惠企政策】 2022年，区经促局持续推动稳经济政策，年内入库省级技改资金项目、江门市制造业企业设备购置补贴项目的申报企业数和通过企业数量，均排名全市第一。协助企业开展工业园区高质量发展（产业共建）奖补、新春暖企普通工业用电补贴、专精特新中小微企业贷款贴息、中央财政小微企业融资担保降费奖补、小升规奖补、中小企业“政银保”保费补贴、“倍增计划”奖励等奖励政策。支持企业争取实际利用外资省级奖励，助推江门摩尔科技有限公司获得外资奖励603.84万元；指导华生电机（江门）有限公司申报在广东设立的2022年实际外资金额3000万美元及以上的增资项目奖励。

【优化营商环境】 2022年，区经促局出台江海特色的扶持政策，涵盖科技创新、人才引育、专精特新、增资扩产和工业技改等方面内容，其中科技创新方面出台《江门高新区（江海区）推动科技创新办法》、人才方面出台《关于支持江海区“5+2”重点产业、重点项目引育紧缺适用人才的意见》、专精特新方面出台《江门高新区（江海区）支持专精特新中小企业高质量发展办法》、增资扩产方面出台《江门高新区（江海区）促进制造业企业增资扩产办法》、安全应急方面出台《江门高新区（江海区）安全应急产业扶持办法》、招商引资方面出台《江门高新区（江海区）招商引资扶持方法》。相关政策的出台增强项目落户的吸引力，提升企业投资的信心。

【招商工作】 2022年，区经促局引进亿元以上产业项目43个，增长13.16%；总投资额223.2亿元，增长26.54%，超额完成江门市下达的招商引资亿元项目数42个和投资额220亿元的目标任务，实现项目个数和投资额双增长。首次引进超50亿元的航天华南（安全应急）特色产业基地项目。引进10亿元以上项目8个，引入项目平均投资强度每亩1020万元，年创税每亩56万元，平均容积率3.4，所有指标均为江门市最高。招优引强重点招商，其中专精特新企业投资项目7个、上市企业投资的项目6个，个数均为全市最多。引入项目中的安全应急产业项目36个，其中新兴产业和支柱产业项目33个。在全市率先成立江海区投资促进中心，在北京、深圳、东莞等市设立招商工作办事处6个，不断完善招商工作体系。2022年，引进的43个项目中，动工投产项目34个，占比80.95%，其中通过江门市招商引资工作联席会议评审项目13个、交地并动工建设7个，交地率和动工率均达53.84%，动工率全市第一。

商贸工作

【大湾区经济合作】 2022年，区经促局聚焦粤港澳大湾区招大引强、强链补链延链和专精特新企业开展精准招商，完善招商工作机制并壮大招商力量，全面提升招商引资的工作水平。2022年，引进亿元以上产业项目43个，增长13.16%；投资额223.2亿元，增长26.54%，其中90%是来自大湾区的产业项目。

【跨境电子商务区建设】 2022年，区经促局组织区内符合条件的外贸重点企业参与“江门市‘关地企’直通车会议暨抢抓RCEP（区域全面经济伙伴关系协定）发展机遇促进进口座谈会”“RCEP原产地规则与享惠通关实务”专题宣讲活动，发动企业参加境内外展会，及时引导企业参加第133届中国进出口商品交易会、“粤贸全球”等境内外展会，推动中国（江门）跨境电子商务综合试验区建设，发动企业参与在江海区粤湾云谷举办的“链动”全球贸易助力品牌出海2022江门跨境对接交流会，筹备“江门电商大学堂”的人才节活动，鼓励区内企业借助展会等国际贸易合作平台，拓展跨境电子商务业务。

【高新区公共码头建设】 2022年，区经促局推动江门高新港务发展有限公司申报进境原木指定监管场地资质并由高新港提请海关进行验收。推进高新港危货资质申报工作，经区政府提请市委、市政府协调江门市交通运输局加快推进高新港危货资质的办理，形成《江门港总体规划修编（2021—2035）（第三次征求意见稿）》。

【暖企工作】 2022年，区经促局印发《江门高新区（江海区）开展亿元以上工业企业暖企工作方案》《江门高新区（江海区）工业30强企业服务专班工作方案》，落实挂钩企业制度，加大暖企走访力度，摸查亿元以上企业相关生产情况及困难，为企业收集并解决诉求。全年走访企业调研1000家次，协调解决企业主要涉及用工、用电和用地等诉求200条。利用江海区中小微企业诉求快速响应平台，区内企业在平台提出诉求800宗，办结测评满意率99%。

【扩内需促消费】 2022年，区经促局根据国家、省、市出台的促进汽车消费政策，制定专属汽车补贴《2022年江海区鼓励标准乘用汽车消费活动方案》，对在辖区内限额以上汽车零售企业购买标准乘用车的消费者给予补贴，总补贴额100万元，惠及群众721人次，挖掘汽车消费潜力1.05亿元。举办“潮好玩江海购”2022江海夏季消费欢乐节，累计成交商品房278套，销售面积2.65万平方米，成交金额2.49亿元；累计成交汽车400辆，成交金额6700万元。

经济监督管理

发展规划和体制改革

【主要经济指标】 2022年，江海区地区生产总值实现302.10亿元，增长2.4%；规模以上工业增加值实现154.43亿元，下降1.2%；固定资产投资实现185.73亿元，增长5.6%，排名全市第一；社会消费品零售总额实现66.88亿元，增长5.6%；一般公共预算收入实现14.28亿元，下降9.3%；进出口总额实现301.70亿元，下降3.1%。

【谋划大湾区发展】 2022年，江海区推进江门大型产业集聚区东组团先行启动区建设，全力打造“总部+基地”“研发+生产”深度分工合作示范区。推进江门“侨梦苑”核心区高质量发展，助力推进“侨都赋能”工程，构筑“侨创圆梦”众创空间，江门“侨梦苑”华侨华人创新创业集聚区获评广东省第二批粤澳青年创新创业基地。年内接待海外侨领、高层次人才、港澳地区青年社团交流考察团34批1212人次。

【国家级平台融合发展】 2022年，江海区出台《江门高新区（江海区）支持专精特新中小企业高质量发展办法》《关于江门高新区（江海区）加快集聚博士和博士后创新创业相关补贴申请指南》《江门“侨梦苑”核心区高质量发展若干政策措施》等系列配套政策，“1+6+N”方案体系以及工作机制逐步形成，以珠三角（江门）国家自主创新示范区、国家创新型特色园区、全国小微企业创业创新示范城市核心区、中国（江门）侨梦苑创新产业集聚区、全国博士后创新（江门）示范中心核心区和国家知识产权试点园区等六大国家级平台，形成合力，推动国家高新区持续争先进位，江门高新区全国综合评价排名上升至53位。

【重点建设项目计划编制】 2022年，江海区安排省、市重点项目93项，总投资额928.27亿元，年度计划投资167.36亿元，年度投资额增长18.81%。其中省重点项目12项，总投资额231.90亿元，年度计划投资28.59亿元，年度投资额增长27%。安排区重点项目141项，总投资1021.61亿元，年度投资177.82亿元，年度投资额增长4.17%。

【推动重点项目工作】 2022年，江海区开展“工业项目建设提速年”行动，组织实施2022年季度重大项目集中动工活动，推动总投资608亿元的29个项目动工、投产。强化重点项目管理机制，出台《高新区（江海区）重大工程建设项目总指挥部组建方案》《江海区重大项目并联审批工作专班组建方案》《江海区重点项目调度督查机制》，组建全区重大工程建设总指挥部、并联审批工作专班，以制度为基础，统筹做好全区重点项目谋划、建设等工作。建立分期分层督查机制，形成“一周一通报”“一月一评比”“一年一考核”的督查机制，主动调度和掌握重点项目工作进度。

【社会信用体系建设】 2022年，区发改局加强信用信息规范管理，建立健全“日核查、月通报、季评估”数据治理机制，持续做好江海区信用信息目录更新；强化信用数据监控，做好“双公示”（行政许可、行政处罚等信用信息作出决定后上网公示的制度）错误数据修正工作和信用承诺补报工作。发挥社会信用联合奖惩应用系统在行政审批业务流程中的作用，推动“信用报告应用”在政府采购等领域的应用，全年共有2家企业因拖欠农民工工资被列入失信联合惩戒对象名单。优化提升信用网站功能，对“信用中国（江门高新江海）”网站进行升级改造，提升“双公示”和信用承诺的数据展示，推广“信易贷”平台，为中小企业融资提供信用信息支撑，全年为23家企业提供信贷资金支持4.77亿元。综合运用线上线下资源，开展信用宣传教育进社区、进企业、进学校、进商场超市工作。

【优化营商环境】 2022年，区发改局落实《广东省优化营商环境条例》，对照国际评价指标，制定工作方案，推进全区营商环境评价工作。深化行政审批制度改革，优化项目审批环节和审批时序，全年办理固定资产投资项目立项366个，计划投资449亿元，其中审批项目122个，备案项目244个。持续统筹各投资项目审批业务单位深化项目审批“承诺制”“容缺制”，全年173个项目相关审批业务采用承诺制，任务目标完成率119.3%。

【政府投资项目管理】 2022年，区发改局印发《江门高新区（江海区）2022—2025年政府投资项目计划》，突出以推动高质量发展为主题，围绕省、市、区发展规划定位，结合地方政府专项债券、中央预算内投资、政策性金融工具等政策申报要求，谋划储备一批完善产业园区配套、补齐民生短板的政府投资项目，形成“谋划一批、储备一批、建设一批”的良性循环机制。

【固定资产投资】 2022年，区发改局制订全区全年固定资产投资计划、各领域和各街道固定资产投资计划以及街道固定资产投资考核细则，并逐月开展街道任务计划分解工作、各领域项目投资完成情况摸排工作以及新开工项目入库入统工作。撰写江门市和江海区经济分析会相关材料，为固定资产投资指标平稳增长出谋划策。全年全区固定资产投资完成185.73亿元，增速5.6%，全市排名第一。其中工业投资完成74.09亿元，增长20.7%；基础设施投资完成65.58亿元，增长86.7%。

【年度政府投资计划编制】 2022年，区发改局统筹各行业主管部门强化项目谋划储备工作，编制全区2022年政府投资项目计划，推动政府投资项目三年滚动实施。强化项目前期工作督办机制，会港大道以北、云沁路以南、江睦路以西、南山路以东片区的应急产业园区路网基础设施项目全面动工，高新区第一小学、江南街道社区卫生服务中心重建等补民生短板项目稳步推进。

【地方政府专项债】 2022年，区发改局统筹谋划申报提前批、补充批专项债项目，全区审核通过项目全市排名第四，获批发行专项债额度23.2亿元，为全区政府投资项目提供有力资金要素保障。协调业主单位，做好省、市信息报送和系统调度工作，建立和完善专项债项目督办机制，定期通报项目进展和协调解决项目卡点难点，年内批次专项债资金均按上级要求100%支出，为争取后续专项债资金额度打下基础。

【政策资金申报】 2022年，区发改局发动申报政策性金融工具贷款，全区2个国企投资项目成功申报并获批农发行贷款1.66亿元作为启动资本金。动员项目单位申报江门市重大项目前期经费和各领域中央预算内投资，发动有需求的区内企业申报中长期贷款，18家企业被推送到政策性银行对接清单。

【优化项目立项审批】 2022年，区发改局统筹加快项目立项审批备案工作，全年全区办理固定资产投资项目立项326个，计划投资371.4亿元，其中审批项目78个、备案项目248个。继续统筹各投资项目审批业务单位深化项目审批“承诺制”“容缺制”，全年173个项目相关审批业务采用承诺制，任务目标完成率119.3%。

【轨道交通谋划管理】 2022年，区发改局落实全市统一工作部署，做好深茂铁路江门市江海段专项债资本金支出、红线调整协商、征地拆迁协调、资金申请划拨和违法用地处理等工作。围绕全区发展规划，推动珠西枢纽、广佛江珠城轨等线位前期选址工作。沟通协调中国铁路广州局集团有限公司客运部申请增加江门东站班次。

【供电安全应对】 2022年，区发改局有针对性地开展安全隐患大排查大整治，督促指导电力设施产权单位落实整改责任。加强汛期对城乡电力设施安全隐患治理，提高公共区域供用电设施安全运行的稳定性。组织广东电网有限责任公司江门江海供电局、中电（江门）综合能源有限公司等有关单位开展江海区2022年防风防汛暨城市大面积停电综合应急演练，确保全区能源供应安全稳定，提高面对突发事件的应对能力和水平。开展大面积停电事件应急处理工作培训，建立政府和企业与社会组织间分工明确、责任到位、常备不懈的应急管理体系。

【推进能源项目建设】 2022年，区发改局牵头推进江海区公共建筑分布式光伏项目，光伏项目实施公开招标，年内5月开标，涵盖区内公共机构、医院、学校等公共建筑，建成后为全区增加光伏容量4兆瓦。2022年，新增光伏项目99个，累计新增容量114.53兆瓦，预计年发电量2.2亿千瓦时，占全区全社会用电量的5.6%，实现新供地产业项目光伏发电全覆盖。推进成品油零售体系“十四五”发展规划布点调整和土地出让工作。通过招拍挂方式出让高新区5号地块规划为加油站点。推动充电设施建设，新增备案充电桩188支，全年建成投运161支。

【电网工程项目建设】 2022年，区发改局推进智慧电网建设，制定项目建设节点控制表，年内110千伏仲元（连海）变电站、110千伏胜利（红星）变电站、220千伏高新（岱建）输变电站相继投产，有序推进110千伏网架完善工程，推动江海区成为江门市首个探索可调节负荷聚合响应调控替代有序用电区域，全年46家企业签订聚合响应平台，66家企业完成非侵入式电力监控设备安装。

【能源领域安全管理】 2022年，区发改局开展江海区能源领域安全管理工作，对全区天然气企业和电力设备开展安全生产大排查大整治，形成天然气和电力安全隐患整改清单台账。2022年，共排查出天然气、电力安全隐患点89处并完成整改。加强对辖区成品油经营企业的监督管理和巡查监管，对辖区24个加油站点开展安全生产检查和安全生产督导工作，进一步加强对全区成品油经营企业的监督管理，规范企业经营行为。全年对辖区内7家成品油经营企业开展“双随机、一公开”检查；结合“2022年秋冬季大气污染防治百日攻坚”“二十大期间消防安全夜查行动”“节假日安全生产检查”等专项工作安排，组织检查194人次，检查成品油经营企业86家次。

【节能管理】 2022年，区发改局加快构建碳达峰“1+N”政策体系，完成《江海区碳达峰实施方案》编制；完善《江海区碳排放碳达峰研究分析报告》。做好节能管理工作，严格监控辖区内信义环保特种玻璃江门有限公司、江门市广悦电化有限公司两个存量“两高”（高耗能、高排放）项目企业的能耗情况，全年完成辖区内30家重点用能单位节能监察工作。全年单位GDP（地区生产总值）能耗强度下降4.4%，能源利用效率不断提升。开展2022年节约型机关创建工作，组织全区25家公共机构单位完成工作考评。

【民生保障】 2022年，区发改局强化价格监管工作，严格落实上级各项收费减免政策，着力解决群众关心的价格热点问题，加强对教育、医疗和物业服务等部门的收费监管，做好民生商品保供稳价工作。每日开展“菜篮子”价格监测，每月定期对辖区各大市场、超市、药店等进行价格巡查；办理新建商品住房价格备案322宗；办理公、检、法机关价格认定173宗，涉案金额106万余元；做好新能源汽车推广应用专项资金补贴发放和申领工作，全年发放2021年汽车推广应用专项补贴资金49.59万元，申报2022年新能源汽车推广应用专项补贴资金4.03万元。

国有资产管理

【落实稳住经济措施】 2022年，区国资局督促区属企业落实疫情减免租金政策，为受疫情影响较大的275户民营企业、个体工商户减免租金765.04万元。指导区属融资担保公司坚守政策性融资担保定位，为210户小微企业和“三农”（农业、农村、农民）主体提供融资担保2.79亿元，解决融资难、融资贵的问题。

【国有资产监管】 2022年，区国资局建立健全区属企业财务决算报告、全面预算、审计监督和内部审计管理办法，加强企业财务监审和债务风险管控力度，强化资金内控关键环节、重点领域的监督力度，指导企业做好风险防控，着重从债务监管、全面预算监管、财务报表、决策监管和审计监督等方面推进工作。加强对区属重点企业日常监管，实施债务风险动态监测和预警，督促企业从严控制企业杠杆率，优化资本负债结构，完善风险防控机制，有效防范债务风险。落实国库、国资、国土三联动协同机制，制定发展江海区资产营运平台工作方案。

【地方政府专项债】 2022年，区国资局通过“江门国家高新区智慧产业园区配套设施建设项目”“江海区社会智慧治理技术创新中心配套设施建设项目”成功申报并获批地方政府专项债资金4.55亿元，有效缓解江海区建设资金压力。

自然资源管理

【土地收储】 2022年，江海区计划收储土地1144.6亩，实际收储20宗1149亩。其中二级市场收购土地2宗，分别为高新区4号地30.44亩，涉及收储资金5800万元；江海区外海街道沙津横子沙围地块10.95亩，涉及收储资金3285万元。依法收回土地18宗，面积1107.34亩。

【土地供应】 2022年，江海区共有可招商工业用地316亩，其中取得批文未供257亩，包括安全应急产业园首期27号地112亩、麦克韦尔三期145亩和历史存量整合59亩。118亩工业地通过省级预审和江门市自然资源委员会预审；291亩工业用地完成用地报批市级预审。

【违法用地查处】 2022年，区自然资源局通过卫片下发图斑共394个，经核查判定分拆成图斑545个、违法图斑37个。通过区、街相关部门联动和综合治理，有效推动违法用地整治，完成违法用地面积整改66.1亩。

【林业管理】 2022年，区自然资源局办理林业行政许可2宗，其中直接为林业生产服务项目使用林地审批1宗、核发产地检疫合格证1个，检疫木材728.7立方米，委托专业防治公司对林区重点区域防治薇甘菊1000亩。根据2021年与阳光农业相互保险公司江门中心支公司签订的《江门市江海区2021—2023年政策性森林保险协议》，投入保费16543.93元，把江海区及礼乐街道在新会区古兜林场的13274.1亩生态公益林和江海区128.99亩商品林全部纳入森林保险范畴。2022年国家级生态公益林效益补偿资金11.2万元，省级以上生态公益林效益补偿资金17.52万元，年内发放到各相关权利人账户，保障公益林管护全覆盖。

【野生动植物保护】 2022年，区自然资源局联合相关部门和街道开展打击野生动物非法贸易联合巡查执法行动，对区内15处农贸市场、水产市场、餐饮场所等重点区域开展集中巡查检查，未发现非法经营野生动物行为。联合区公安分局救护野生动物5只，分别是国家二级保护动物画眉鸟1只、国家二级保护动物刺猬1只、国家二级保护动物猫头鹰1只、国家二级保护动物蟒蛇1条、国家二级保护动物鹩哥1只，并根据动物习性指导属地街道在区内适宜自然环境作放生处理，其中蟒蛇移送广东省野生动物救护中心。

【“三旧”改造】 2022年，区自然资源局完成改造任务350亩，上报新增实施改造项目1个（江海区老旧小区整体改造一期项目）652.67亩，完成率123.15%；完成改造项目3个（江海区下沙水上人家公园项目，江南街道仁美社区微改造工程，江南街道桥南、江翠、中沙三个老旧社区微改造工程）489.11亩，完成率139.75%。年内出台实施《江门高新区（江海区）工业类用地升级改造的实施意见》《江门市江海区村级工业园升级改造实施意见》，为全区工业用地升级改造项目打下基础。

【耕地和基本农田保护】 2022年，区自然资源局按照永久基本农田、生态保护红线、城镇开发边界的优先次序统筹划定，划定耕地保有量1.71万亩、永久基本农田0.75万亩、生态保护红线0.1506万亩、城镇开发边界10.8512万亩，江海区“三区三线”（城镇空间、农业空间、生态空间三类空间对应区域以及对应划定的城镇开发边界、永久基本农田、生态保护红线三条控制线）划定方案业经自然资源部批复同意启用。

【地质灾害点治理】 2022年，区自然资源局投入350万元地质灾害防治专项资金，完成外海街道东南村松仔山工程治理，核销地质灾害隐患点2处，完成广东省地质灾害防治三年行动下达江海区的任务。开展江南街道江南文化广场北侧和滘北格林春天环山路地质灾害点工程治理，有效消除地质灾害隐患。

市场监督管理

【食品安全工作】 2022年，区市场监管局，全面加强风险隐患排查，持续开展“湿粉统一查”“食品小作坊提质行动”“农村假冒伪劣食品治理行动”等专项检查。检查食品生产经营单位4243户，检查覆盖率100%。全区现有省级放心肉菜示范超市1家、放心消费承诺市场1家、放心消费承诺商城1家，市级四星级文明诚信农贸市场1家，创建食品领域放心消费“双承诺单位”133家。食品抽检和食用农产品快速检测纳入区民生实事项目，完成“每千人6批次”食品抽检任务，抽检食品1436批次，在全区20家农贸市场、大型超市开展食用农产品监督快检33076批次。养老机构食堂、学校食堂100%完成“互联网+明厨亮灶”升级改造，491家餐饮单位和单位食堂实现“互联网+明厨亮灶”，在全市范围内建成第一批餐饮服务“互联网+明厨亮灶”示范商圈。

【特殊食品和化妆品安全监管】 2022年，区市场监管局开展特殊食品安全“守、查、保”专项行动，持续开展保健食品专项清理整治，组织保健食品“一监到底”网络直播执法活动，通过采取“双随机”抽检、日常监督检查、专项联合执法检查，检查保健食品经营主体243家次，随机抽取检查51个品牌113种保健食品，检查发现问题13个，并跟踪、督促保健食品经营主体完成整改。实现全区生产的特殊食品品种覆盖率100%，生产环节持续填报率100%，经营环节持续填报率90%以上。组织特殊食品生产经营者注册国家局开发的“特殊食品抽查考核管理系统”，跟踪督促生产经营者参与线上学习培训和考核。对5家涉嫌特殊食品虚假夸大宣传的经营单位开展专项行动，对5家涉嫌特殊食品虚假夸大宣传经营主体进行立案查处。

【药品安全监管】 2022年，区市场监管局深入开展中药饮片、医疗机构制剂室、非法渠道购销药品和药品流通风险隐患大排查等专项整治行动。实现对全区169家药品零售企业检查覆盖率100%，对85家医院、诊所检查覆盖率100%。全年检查药店311家次、医疗机构109家次，发出监督意见书323份。坚持问题导向，以基本药物、集采中选药品、抽检不合格药品为重点，监督抽检药品40批次，其中1批次不合格，依法完成处置。落实广东省药品监管局《广东省经营乙类非处方药综合改革试点工作实施方案》要求，为经营乙类非处方药的连锁便利店办理药品经营许可4家并加强事中事后监管。

【医疗器械安全监管】 2022年，区市场监管局开展医疗器械风险隐患大排查大治理，督促企业开展自查，重点包括医用口罩、新冠病毒检测试剂等疫情防控用医疗器械。严厉打击利用体验、会销等营销方式进行超范围经营、无证经营和经营无证医疗器械等行为。全年检查医疗器械零售企业176家次、医疗器械使用单位92家次、医疗器械批发企业23家次、医疗器械生产企业11家次，责令整改72家次，立案查处案件9宗，罚没金额0.2万元，实现从生产、流通到使用的全链条监管。

【疫苗质量安全监管】 2022年，区市场监管局持续加强疫苗流通监管，对全区5个疫苗接种点进行全覆盖检查，各疫苗接种点冷链设施齐全、运行正常，疫苗配送和储存全程有温控记录。接种疫苗方面严格按照预防接种规范的相关要求执行。疫苗来源渠道合法正规，通过扫码出入库和扫码接种，与国家免疫规划信息系统、国家疫苗追溯协同平台对接，实现从购进到接种的全程追溯。全年全区未发生疫苗质量安全事故。

【特种设备安全监督】 2022年，区市场监管局开展特种设备超期未检专项整治、电梯质量安全提升行动、“黑气瓶”整治巩固提升行动和未办理使用登记特种设备专项排查整治工作，联合广东省特种设备检测研究院江门检测院和江门市特种设备协会在江海区君汇熙庭小区篮球场开展2022年质量月电梯安全宣传周电梯安全进社区活动，派发有关特种设备使用安全知识的宣传资料，播放警示短片，并对群众提出的问题进行现场解答。

【工业产品质量安全监管】 2022年，区市场监管局开展产品质量提升行动和室内照明灯具行业质量提升研讨，对室内照明灯具行业开展质量状况调查和质量诊断分析，并联系江门市质量计量监督检测所、江门国家高新区光电行业协会进行座谈指导。联合广东省缺陷产品管理中心工作人员到5家企业开展技术帮扶服务，指导8家企业完成生产者调查分析报告和召回情况报告。对139宗产品质量问题线索开展核查处理。开展产品质量问题交办案件线索核查，现场核查企业176家次，发现问题和隐患27个并督促企业完成整改。开展年度工业产品生产许可证获证企业专项监督检查，对全区4家获证企业开展全覆盖监督检查。

【"双随机、一公开"监管】 2022年，区市场监管局开展全区"双随机、一公开"跨部门抽查工作，逐年加大"双随机、一公开"抽查比例，每年均超过全区企业总数5%，完成"两个全覆盖"的工作目标。跨部门联合抽查次数从上年总抽查次数30%升至40%。抽查领域定向方面，选取监管风险及社会关注度较高的安全监管评测、危险品道路运输、消防产品专项检查、登记事项及企业即时信息抽查等重点领域。抽查任务生成方面，明确定向抽取检查对象和负有相应抽查事项的检查人员，达到"进一次门、查多项事"的要求。全年全区区直部门依托"双随机、一公开"系统抽查检查对象785户，其中市场监管"双随机、一公开"系统下达抽查任务21个，抽查检查对象397户。

【市场监管执法】 2022年，区市场监管局共办结案件196宗，罚没金额合计84.10万元，移交区农水局1宗、司法机关11宗。其中反不正当竞争案件4宗、广告类案件9宗（其中移送司法机关4宗）、化妆品类案件17宗、检验检测类案件1宗、商标侵权3宗（其中移送司法机关1宗）、食品类案件111宗（其中移送司法机关4宗）、市场准入类案件4宗、特种设备类案件1宗、药品类案件12宗（其中移送司法机关2宗）、医疗器械类案件9宗、质量安全类案件36宗。对一年内三次违反食品安全法的单位，责令停产停业，共责令停产停业1起。李某生产、销售假药案列入广东省8宗联合督办案件，为全省首宗已判决案件，在广东省2022年药品安全专项整治工作推进会上江海区作为江门市唯一代表作经验推介。

【知识产权工作】 2022年，江海区共有国家知识产权优势企业4家，省、市知识产权示范优势企业74家；有效注册商标12883件，专利授权量4328件，其中发明专利授权186件、实用新型专利2947件、外观设计专利1195件。全年江海区有效发明专利1251件，PCT（专利合作条约）专利申请33件。高价值发明专利拥有量582件，每万人口高价值发明专利量15.53件，数量排名全市第一，为全国平均水平的1.65倍。

【农贸市场综合治理】 2022年，区市场监管局按照《江海区农贸市场综合治理行动工作实施方案（2020-2022）》要求，成立由市场监管部门、市场管理方、城管、交警、公安、社区和挂点社区的区直单位组成的"网格七人组"，加强对农贸市场内环境卫生管理、占道经营和食品安全的监管，开展专项整治。召开农贸市场创文整改提升约谈会，要求全区15家农贸市场开办（管理）方签订农贸市场创文整改提升工作责任书，对不符合创文标准要求的4个市场开办（管理）方发出责令整改通知书。利用农贸市场“邑餐食安”APP，督促农贸市场经营者落实主体责任，自查自检。在全区16个农贸市场（批发市场）加装摄像头，远程实时监督市场内经营行为，发现问题立即通知市场开办（管理）者整改。农贸市场监管由现场突击式检查向常态长效转变，通过“线上线下”双线结合的监管模式，实现农贸市场动态监管。

【燃气安全排查整治】 2022年，区市场监管局开展城镇燃气安全排查整治工作，以液化石油气充装单位清理核查为重点，配合相关部门对使用燃气的餐饮经营场所进行全面摸排，开展家用燃气器具强制性产品认证专项检查工作；全面排查整治燃气工程安全风险和重大隐患；全面排查整治燃气压力容器、燃气工业管道安全风险和重大隐患，按照《中华人民共和国特种设备安全法》以及国家质监检验检疫总局《特种设备使用管理规则》等法律、规范要求加强管理，查处使用超期未检特种设备的违法行为；开展执法检查，严厉打击充装非自有钢瓶、翻新钢瓶、超期未检钢瓶、检验不合格或已判废未去功能化钢瓶等违法行为；主要检查、整治液化石油气充装站2家次和燃气具销售企业3家。

【应急救援演练】 2022年，区市场监管局加强特种设备安全监管，强化特种设备应急救援的针对性、及时性和有效性以及管理人员处理突发事件的应变能力，组织气瓶充装单位江门市联悦工业气体有限公司开展特种设备应急救援演练，以提高人们避免事故，防止事故和抵抗事故的本事，为同类事故救援提供经验。安全生产月期间，派员到中电（江门）综合能源有限公司指导企业开展特种设备应急演练，增强管理人员应对锅炉事故救援的信心和应急意识。

【全程网上办】 2022年，区市场监管局深化市场主体登记制度改革，推广全程网上办服务，提高商事登记线上办理率。2022年，通过网上途径办理业务6714宗，网办率36.58%。推广微信“智能办”，拓宽智能化办理范围，在PC端（网络连接计算机端口）、移动端等办理渠道推广智能化审批服务，依托企业开办“一网通办”平台和粤商通移动端，推动在线填报、审批、发证等全程电子化管理，实现企业开办、变更和注销登记全流程网上办。

【放心消费承诺单位创建】 2022年，区市场监管局培育“广东省放心消费承诺商城”（江海广场）1家（内含放心消费承诺单位149户）、“广东省放心消费承诺市场”（江南农贸市场）1家（内含放心消费承诺单位64户）、“广东省线下无理由退货承诺店”7家、“广东省放心消费承诺单位”30家。至此，全区共创建“广东省放心消费承诺单位”322家、“广东省线下无理由退货店”12家。

【经营异常名录管理】 2022年，江海区列入经营异常名录企业716户次；移出异常名录企业141户次；标记经营异常状态个体工商户11482户；累计移出经营异常状态个体工商户3139户，其中改正违法行为依申请取消经营异常状态个体工商户1612户，办理注销手续移出经营异常状态个体工商户1527户。

【消费者权益保护】 2022年，江海区成立江门市首家消费纠纷诉调对接工作室，区市场监管局与江门市消委会、江海区人民法院、江海区消委会共同签订共同建立消费纠纷诉调对接工作机制的合作协议，调解涉老、涉疫集体旅游纠纷案1宗，成为江门市诉调对接工作机制建立后首宗应用案例，被评为广东省消费维权典型案例。围绕2022年消费维权主题“共促消费公平”组织系列宣传活动，在各消费投诉站、消费教育基地开展宣传活动，在广东省放心消费承诺商城（江海广场）向商户和群众派发“共促消费公平”宣传活动资料。全年受理投诉、举报和咨询事项4064件，其中投诉2691件、举报1034件、咨询339件，事项处理率和办结率均达100%，为消费者挽回经济损失294.96万元。

【私营企业和个体工商户概况】 2022年，区市场监管局新登记市场主体5581户，减少29.21%，其中个体工商户3768户，减少36.15%，企业1810户，减少8.54%。2022年期末登记各类市场主体43819户，减少1.16%，其中个体工商户31300户，减少3.17%，企业12497户，增长4.25%。全年新登记设立企业1810户，其中从事数量较多的行业为批发和零售业、制造业、科学研究、技术服务和地质勘查业；办理注销企业616户。新登记开业个体工商户3768户，其中从事数量较多的行业为批发和零售业、住宿和餐饮业、居民服务和其他服务业；办理注销个体工商户4822户。

统计

【经济指标监测和预警分析】 2022年，区统计局围绕创新驱动、工业兴区、园区增效、内外融合和人才强区五大行动计划，加强经济高质量发展的统计监测。建立直面区主要领导的统计直报制度，确保区委、区政府掌握第一手统计数据。完成构建全区经济数据监测分析及项目全生命周期监控平台，供区主要领导、有关单位和街道实时查阅，以快速感知全区经济脉搏。依托大统计工作格局，针对主要经济指标，以定期向有关单位发函提醒与专题调度研判会议相结合的模式，明确责任和细化分工。

【统计名录库和项目入库】 2022年，区统计局完善沟通协作机制，密切沟通对接各街道、各职能单位，协调督促已达规企业升规入统（达到规模限额统计标准的企业，纳入统计联网直报范围）和具备入库条件的投资项目及时入统，加强全区统计名录库和项目入库工作。2022年度“小升规”企业（鼓励小微企业规范升级为规模以上企业）共87家，其中工业51家、批发业26家、零售业2家、餐饮业3家、服务业5家。全年累计新增投资项目入库132个。

【统计规范化建设】 2022年，区统计局深化统计管理体制改革，督促各街道、各单位营造依法统计的良好氛围，进一步健全和完善防范统计造假弄虚作假机制，落实专业股室统计数据质量监管责任，各专业加强数据质量管理，建立数据质量审核情况台账，组织对70家企业开展数据核查。推进全区基层统计“七个一”（加强统计调查、完善统计报表、推广统计技术、改进统计报告、加强数据处理、加强统计监督、改善统计信息发布）规范化建设，加强对各街道统计数据生产流程、统计资料管理规范化指导，督促街道落实人、财、物等统计工作保障。以上门现场业务指导、集中培训和线上授课等方式，点面结合开展业务培训，全年共开展培训10次，参训人员700人次，全面提升企业统计人员依法统计意识和执行统计制度的准确统计能力。

【双随机执法检查】 2022年，区统计局分批开展年度执法检查，把数据存疑的40家企业作为数据核查、执法检查的重点对象，及时开展统计执法检查。加大随机执法检查力度，共对30家企业开展网络检查。

【住户调查】 2022年，区统计局开展住户调查常规工作和大样本轮换，即每隔5年进行一次住户调查样本的新老交替工作。2022年，江海区城镇居民人均可支配收入51460元，名义增长3.9%，实际增长1.7%，收入绝对值排名全市第二，增速与经济增长基本同步。做好大样本轮换工作，首月数据显示，新旧样本衔接率70.1%，全市排名第三。

【劳动力调查】 2022年，区统计局对全区调查点样本户数人数各项指标的基础台账进行细化分类，定期回访跟踪。为提高居民的配合度，精心制作相关宣传视频，宣传视频被国家统计局广东调查总队采用并发布于广东调查与你同行公众号在全省推广。

【筹备第五次全国经济普查】 第五次全国经济普查定于2023年开展，2022年，区统计局进行筹备工作。在外海街道永康社区完成试点工作并总结出试点经验，通过提前收集部门数据，及早掌握全区普查单位及其经济活动情况，以便快捷对各阶段普查数据进行匹配度比对，建立、健全全区普查数据质量控制体系和岗位责任制，全面掌握江海区经济“家底”，确保普查数据全面反映全区高质量发展成果。

【第七次全国人口普查后期工作】 2022年，区统计局委托广州市世纪战略经济管理研究院开展对全区人口普查数据的专题研究分析，做好第七次全国人口普查数据开发工作，并撰写《江门市江海区人口变动对经济发展的影响研究》《江门市江海区人口受教育现状及趋势研究》等专题研究分析报告。

财　政

【财政收支管理】 2022年，江海区一般公共预算收入完成142820万元，可比增长1.6%。其中税收收入97915万元，可比增幅-10.1%；非税收入44905万元，增长55%，占一般公共预算收入比重31.4%。一般公共预算支出完成241898万元，增长4.7%。压减支出及清理盘活存量资金，全力兜牢“三保”（保基本民生、保工资、保运转）底线。共盘活存量资金2478万元，压减2022年预算支出19198万元，冻结2022年预算项目资金指标52874万元，统筹资金全力保障上级政策落实和疫情防控、“三保”需求。落实直达资金政策，全年收到直达资金22717万元，支出总额22702万元，确保疫情防控、企业纾困和保障基本民生等补助资金落实，支出进度99.94%。完成全区政府性基金收入109394万元，其中国有土地使用权出让收入完成93306万元。募集地方政府新增专项债券资金23.2亿元，比增1.58倍。

【民生保障】 2022年，江海区一般公共预算支出完成241898万元，其中民生支出17亿元，占一般公共预算支出71%，重点用于保障教育、文化、医疗卫生、党建、人才、社会保障和就业等各项民生支出。全区“三保”支出97798.1万元，支出进度96.4%，排名全市第二。安排教育支出46752万元，落实教育支出“两个只增不减”（一般公共预算教育支出只增不减，增幅要达到一定比例；按在校学生人数平均的一般公共预算教育支出只增不减），加快推动教育基础设施新建、扩建工程和教育信息化提升工程。投入1200万元，购买民办学校学位，保障随迁子女平等接受义务教育。安排专项资金1.5亿元，推进江门市中心医院江海分院新院区建设。安排资金3.1亿元，深入实施健康江海行动，持续提高基本公共卫生服务经费人均财政补助标准，对辖区内符合条件的女生免费接种HPV疫苗。安排资金3.4亿元，加大各项社会保险资金投入，保障全征地和被征地农民权益，落实困难人员生活补贴提标。安排资金2651万元，保障文化馆、博物馆、图书馆、青少年活动中心和龙溪湖阅读中心等场所建设运营。落实村、社区基层组织以及“两新”组织党建经费，全年区本级安排基层党建经费预算1714万元。

【重点项目保障统筹】 2022年，区财政局为巩固拓展脱贫攻坚成果同乡村振兴有效衔接，落实每年在土地出让总收入中的5%～10%用于乡村振兴，投入衔接推进乡村振兴专项资金951万元，其中拨付中央耕地地力补贴84.6万元、中央实际种粮农民一次性补贴资金3.6万元、购买政策性农房保险、甘蔗、水稻和淡水水产等保险32.6万元。加大乡村振兴财政投入力度，统筹区级资金35027万元投入乡村振兴项目。全年扶贫专项支出321万元，上缴江门市扶贫基金630万元。投入17.5亿元，建设和完善区域交通路网、城市公园和万里碧道等；投入1.4亿元，建设“四好”（建好、管好、护好、运营好）农村路、农村人居环境、农村重点易涝区、都市农业生态公园和乡村绿廊—礼乐河西岸（礼乐街道北头咀至会港大道）等农村基础设施项目。支付环卫经费8120.1万元、水环境整治及污水处理经费1.8亿元。支付老旧小区改造、保障性租赁住房等建设资金9958.7万元。在继续实施减税降费阶段性措施的政策下，拨付各级企业扶持资金26583.7万元。为落实区委、区政府重点发展安全应急产业集群部署，利用专项债资金撬动区域发展，投入经费9亿元。

【加强财政监管】 2022年，区财政局加强政府采购监督管理，促进规范采购，将政府采购促进中小企业发展政策执行情况纳入部门整体支出绩效评价范围。推进云平台实施应用，进一步扩大采购规模。通过云平台项目电子交易系统，开展首个政府采购项目的线上开标和评审工作，实现项目采购交易全流程电子化。出台《江海区行政事业性国有资产管理办法》，规范行政事业单位国有资产配置管理，开展江海区行政事业性资产管理专项整治自查自纠工作和公路资产专项清查工作。根据广东省政府有关促进服务业领域困难行业恢复发展若干政策和促进工业经济平稳增长行动方案的精神，对符合条件的承租户按照有关标准减免租金149.1万元。2022年起，公务用车租赁、定点维修、定点加油和定点保险服务供应商，由各单位按照规定自行采购。开展年度会计监督检查、预决算公开检查、内部审计和全区“三公”（因公出境、公务接待、公务用车的支出）经费自查工作。安排“三公”经费预算896万元，同比减少10.1万元，下降1.1%。全区预算单位均须通过“数字财政”公共财政综合管理平台进行会计核算，实行财务核算信息集中监管，年内使用“数字财政”核算域建立账套、进行会计核算的单位114个。

【疫情防控资金保障】 2022年，区财政局安排疫情防控资金预算17666.87万元，支出15337.73万元，主要用于购买防疫物资设备等。

【中央直达资金机制】 2022年，区财政局依托直达资金动态监控系统，为开展疫情防控、纾解企业困难和保障基本民生提供重要支撑。年内全区直达资金预算数22733.3万元，支出22718.8万元，进度99.9%。其中直达资金22716.8万元，支出合计22702.3万元，进度99.9%；参照直达资金16.5万元，支出16.5万元，进度100%，支出率位列全市第二。

【地方政府专项债募集】 2022年，区财政局募集三批次地方政府新增专项债券23.2亿元，其中第一批9.2亿元、第二批12.5亿元、第三批1.5亿元，共发行项目包12个、子项目122个，主要投向产业园区配套设施建设、老旧小区改造、农村人居环境综合治理和医院升级改造等，全年地方政府专项债券资金按照支出节点要求支出完毕。

【特种专业技术用车管理】 2022年，江海区特种专业技术用车编制55辆，实有特种专业技术用车48辆，其中新增配备特种专业技术用车1辆，为白水带风景名胜区管理处洒水车，车身价38.2万元。江海区特种专业技术用车实行严格按照用车编制的增加原则、审批程序及审批权限、车辆配备标准，定点保险、定点维修和定点加油管理制度，每月按时在广东省公务用车管理平台录入相关车辆运行费用信息。

【土地出让收支管理】 2022年，区财政局根据财政部《国有土地使用权出让收支管理办法》以及相关文件精神，加强与上级财政和相关职能部门的沟通，及时更新土地台账，督促土地出让收入入库、更库和补助，及时足额计提国有土地收益基金、农业土地开发资金、农田水利建设资金和教育资金。结合土地收入情况，加快土地出让收入安排支出进度，配合职能部门开展土地收储、出让和资金拨付等工作。各项基金按照规定用途安排，专款专用，主要用于城市公用事业、土地开发和基础设施等方面。

【涉农资金管理】 2022年，区财政局建立涉农资金统筹整合长效机制，完善涉农资金管理有关配套制度，规范涉农资金使用，做好广东省涉农储备项目遴选、上报工作，以“集中力量办大事”和“三突出、一确保”（突出重点项目、突出硬任务、突出成熟度和确保当年形成实际支出）为原则，按照广东省涉农资金统筹整合领导小组办公室2021年直接下达各市（区）使用资金的3倍、再增加10%控制数的要求，突出涉农大事、要事，开展项目遴选、上报工作，核实上报广东省涉农资金统筹整合项目11个、申报金额5244万元。全年收到省、市涉农统筹整合转移支付资金1209万元，其中广东省涉农资金820万元、江门市涉农资金389万元，用于推动全区农村人居环境整治、农业产业发展和农业农村基础设施建设等工作。

【预算绩效管理】 2022年，区财政局贯彻落实全面实施预算绩效管理的要求，推进预算绩效管理工作，加快建成全方位、全过程和全覆盖的预算绩效管理体系。落实全区全面实施预算绩效管理工作方案，推动绩效管理覆盖所有财政资金，推进全面实施预算绩效管理各项措施落地见效，把预算绩效管理考评结果纳入区直机关经济社会高质量发展考核范围，通过考核强化绩效的管理，调动各单位参与绩效管理积极性。开展事前、事中和事后绩效管理工作，对39个项目开展事前预算绩效评审，对9个项目进行绩效事中监控，对20个项目开展事后绩效自评。

【债务风险防范】 2022年，江海区政府债务限额58.6亿元，其中一般债6.8亿元、专项债51.8亿元；当年新增专项债23.2亿元；2022年期末政府债务余额57.1亿元，其中一般债5.3亿元、专项债51.8亿元。政府债务余额控制在核定的债务限额内。区财政局通过加强债务风险防控，做好债务风险评估监测工作，防范政府财政金融风险，年内联合区审计局开展隐性债务“清零”扫尾工作。

【财务体制改革】 2022年，江海区预算单位均须在“数字财政”公共财政综合管理平台进行会计核算，实行财务核算信息集中监管。预算单位所有资金包括财政性资金及本单位自有资金的会计核算业务全部纳入系统核算和管理。全区预算单位使用“数字财政”核算域建立账套并进行会计核算。通过明确任务清单、强化财政统筹和健全管理机制，加快构建全区统筹的财政管理格局。通过修订全区财政性资金支出审批权限规定，调整完善区、街财政管理体制，进一步厘清权责，规范财政管理。

税务

【组织税费收入】 2022年，区税务局挖潜增收10亿元，流转税、所得税、财产税和行为税四大主体税种入库占比83%，其中谦信公司境外股权交易在本地实现入库1.82亿元。全区组织税费收入102.66亿元，可比增长19.39%，增收16.67亿元。实现国内税收收入50.43亿元，可比下降9.65%，增速排名全市第二；其中省级收入10.28亿元，可比下降12.25%；市县级收入17.38亿元，可比下降10.27%；区级税收收入11.93亿元，下降10.05%。资金收入45.24亿元，增长86.67%，增收21亿元。完成土地增值税清算项目审核9户，入库税款5691.72万元。

【强化退税减税】 2022年，区税务局坚持退税减税、组织收入和风险防控“三统筹”，为稳定宏观经济大盘提供支撑。顺利完成大规模增值税留抵退税、制造业中小微企业缓税、“六税两费”（资源税、城市维护建设税、房产税、城镇土地使用税、印花税、耕地占用税和教育费附加、地方教育费附加）减征等各阶段重点工作，为稳住宏观经济大盘提供有力支撑。全年累计为587户次纳税人办理增值税留抵退税10.88亿元，为辖区符合条件企业办理缓缴税款4.65亿元，有序开展“六税两费”减免政策减免退工作，办理“六税两费”退库597万元。为682户纳税人享受“研发费用加计扣除”等优惠政策，加计扣除额14.12亿元。

【以税资政】 2022年，区税务局深挖税收大数据“金山银库”，做好经济税源分析和政策效应分析，从税收角度为重点建设项目税收精细化管理、优化升级产业结构、促进区域经济高质量发展提供税收分析支持，向上级和地方党政部门报送专题分析报告、案例93篇，其中优美科长信新材料有限公司退税案例被《中国税务报》采用、江门市公共汽车有限公司退税案例被广东省税务局退税减税工作简报采用，税收分析和专题报告获党政领导批示6次。

【智慧税务建设】 2022年，区税务局紧扣税收现代化服务中国式现代化要求，构筑“非接触式”税费服务新生态。1个月内竣工落成全市首个一站式新型智能纳税服务厅，5个月内实现23个门前办理窗口向“零窗口”的突破性转变，“非接触式”办税率达到99%，排名全市第一。全面构建高效智能的税费服务体系，通过搭建纳税服务运营中心，为全线上、非接触和无人化业务办理提供系统支撑，有效分流纳税服务厅90%以上的办税群体，纳税服务厅满意率100%。

【税费服务】 2022年，区税务局开展“一把手走流程”工作，结合“便民办税春风行动”，实施体验流程6项，形成细化10项惠企利民智慧成果。2天完成7万余条养老保险费率暂缓调整退费数据确认，把49项社保缴费业务延伸至4个办理点，辐射3个街道10万缴费人，并成立江海区社会保险费征缴争议调解中心。实现全区社保业务“就近办、自助办、一次办、马上办”，打造“纾民困”“稳增长”纳税服务周活动，惠及小微企业和涉税中介服务机构200户次。服务助力“金种子”企业上市，制定大企业“一企一策”专属服务手册。提升出口退税质效，无疑点出口企业出口退税平均办理时限压缩至2.11个工作日。创新建立“税务+侨都”服务合作机制，设立江门市首个“侨梦苑”税费服务专区，推出江门市首个“侨梦苑”专属信贷产品“侨资贷”，为1187户企业完成信用贷款20.34亿元。联合广州市“侨梦苑”核心区增城区税务局推出“税力助侨”10条措施，与广州市增城区税务局“联动结对”，在广州市和江门园区建立“侨梦苑”核心区首个税务驿站，打造“1+N+1”网格化服务模式。

【税务宣传】 2022年，区税务局创新税收文艺创作形式，以喜闻乐见的方式扩大受众群体，年内，创作歌曲“智税前行”在广东税务视频号展播，微电影“爱·传承”获江门市家庭情景微剧创作比赛三等奖，小视频“江海税务来上分”入选《中国税务报》月度好作品，共12个新媒体作品获得采用。开辟税收宣传新阵地，引入“政协委员之家”，发挥政协委员联系团结群众的桥梁纽带作用，打造政、税、企交流平台，不断增强“税宣声音”。

【税收征管改革】 2022年，区税务局以推动发票电子化改革试点为突破口，盯紧改革任务落实，先后召开6次深化税收征管改革专题研讨会，从服务、执法、监管、共治等4个方面归纳概括难点堵点11条，提炼出工作思路17条和创新举措5条，为深化税收征管改革凝聚“基层智慧”。作为全省7个试点单位之一，组织107名业务骨干开展压力测试，300人次开展全电票知识培训，圆满完成电票平台1.5版上线试点任务，全电票100%铺开。上线“金税三期”社保征管信息费标准版系统，统筹4个税险联办点，完成全区清缴医保费托收单2.5亿元。

【提升执法监管效能】 2022年，区税务局全面落实权责清单并对外统一公示，落实涉税“首违不罚”清单制度，定期对执法全过程记录情况开展自查，规范台账管理和音像资料的归档管理。全年为434户次纳税人适用“首违不罚”清单制度，为4178户次守信纳税人落实和提供“告知承诺制”税收证明事项的便捷办理。选派5名业务骨干兼任江海基层立法联系点联络员和信息员，畅通社情民意反映渠道。建立风险任务统一管理、分级分类应对工作机制，组建“联保联防”风险应对团队，明确6大类风险防范内容，全面建立以涉税数据流为基础的智慧税务分析模式，全年开展风险应对入库税款9778.22亿元。对误享优惠、异地建筑业预缴不足、境外关联交易销售价格异常等行为开展专项排查，追征入库税费及滞纳金总额1.83亿元。全年清缴欠税纳税人3002户，清缴税额1.25亿元。

【网格化管理】 2022年，区税务局把拓展共治格局融入基层治理网格化作为构建税收共治格局的着力点，与区直有关部门协调沟通，实现3项业务列入江海区第3批网格工作准入事项清单，5名税务专业网格员入格，15名中共党员代表成为结对村、社区的兼职网格员，初步实现将基层税收治理融入网格化管理。

审计

【审计成果】 2022年，区审计局完成审计项目14个，提交审计情况报告12篇，涉及问题金额5177.08万元，发现问题173个，提出意见及建议48条，移交有效问题线索4条，督促被审单位建立和完善相关管理制度6项。

【重大政策跟踪审计】 2022年，区审计局围绕促进民营经济及中小微企业发展、中央直达资金管理和基层治理等政策落实情况实施跟踪审计，加大对政策落实、项目建设和资金管理使用等情况的审计力度，共审查单位、部门16个，抽查村、社区9个，揭示个别直达资金管理不规范、基层治理政策运行效果未达预期和资金使用不规范等问题。

【政府重大投资项目审计】 2022年，区审计局对下沙公园、“四好农村路”等受众面广的重大工程建设项目，开展跟踪审计，揭示工程投资项目普遍存在的工程前期程序不规范、工程资料验收审核把关不严，预、结算工作未及时完成等问题及其原因，提出解决问题的对策和建议。

【财政预算执行审计】 2022年，区审计局对全区39个区级一级预算单位预算执行和其他财政收支情况进行全覆盖审计监督，重点审查财政暂存暂付性挂账事项、存量资金清理盘活和公务用车使用等情况。加强社会保险基金预算执行情况的审计监督，揭示社保部门未及时资助困难群众参保、使用机关养老金垫付年金未清理等问题。

【经济责任审计】 2022年，区审计局完成江海区住房和城乡建设局、江海区经济促进局主要负责人任期经济责任审计项目，查出不规范金额733.1万元，揭示相关决策职责范围不明晰、培训费支出不合规等问题。

【民生审计】 2022年，区审计局开展江海区人民医院2020年度财务收支情况审计，揭示医院存在内部控制制度执行不到位、资产物资管理存在漏洞和工程管理不规范等突出问题。开展2020—2021年度江海区基础教育投入情况审计调查，审计调查学校84所。开展城镇老旧小区改造情况专项审计调查，以审计实效推动城镇老旧小区改造政策措施全面落实。

【大数据审计分析】 2022年，区审计局在基层治理政策落实和资金管理使用情况审计项目中，审计人员结合Python（计算机编程语言之一）、数据库等数据分析技术，实现对电子设备、信息化平台中大规模审计数据的快速深度分析和挖掘，共处理辅助数据11340条，协助查找出“粤平安”综合网格管理服务应用平台存在使用账号不规范、上报事件未能及时处置等管理不规范问题，提高审计工作质量和效率。

【审计整改监督】 2022年，区审计局完善审计整改监督管理制度，压实整改责任，明确整改时限，实地检查整改效果；进一步加强审计查核突出问题的整改，举一反三推动全区同类问题的自查自纠；把审计发现问题整改情况纳入所属单位、部门绩效考核，作为巡察工作的重点参考资料，推动审计问题的整改落实。

城乡建设

基础建设

【建筑业发展】 2022年，江海区建筑业总产值9.09亿元，增速22.73%。江海区建筑业产值前三名分别为江门市城基建业有限公司，总产值1.38亿元；广东协鸿建设工程有限公司，总产值1.11亿元；广东领豪建设科技有限公司，总产值0.7亿元。

【重点项目建设】 2022年，新建及续建的政府投资项目中，区住建局牵头项目45项，总投资81.8亿元，其中建安合同价47.2亿元。通过进一步完善主城区新建或改扩建道路的建设，打通城市断头路，完善内部交通路网治理城市拥堵，同步加快搭建规划路网，及时配套重点项目、园区建设，完善城市基础设施，大力新建和改扩建市政道路，以改善提升区内城市交通水平。

【城乡建设提质改造】 2022年，江海区下沙公园二期、下沙人行天桥完成工程建设并投入使用。河滨公园江门大桥至北街大桥段力争2023年春节前开放使用。提升城市景观，实施城市公园提质改造，升级打造“绿化美化亮化”精品公园景观，推进“拆围透绿”、还“绿”于民的城市提质工作，提升城市人居环境，不断深化公园城市、森林城市建设，构建生态绿色城市底板，完善市政基础设施、民生设施，城市景观提升、生态环境提升和城市管理服务水平。

【平安工地建设】 2022年，区住建局开展建筑工地安全生产检查以及危大工程等专项检查535项次，发出安全整改通知书291份，排查安全隐患1895条，下发责令停工整改书58份；检查运输企业765家次，发现问题778项，发出责令整改通知书7份，完成整改778项；检查在建的代建项目工地40个，发现问题隐患21条，约谈项目管理人员13人；开展码头安全生产督查82家次；开展房地产开发企业、物业管理小区消防安全检查211家次。

【工程建设项目承诺制】 2022年，区住建局深化行政审批事项以及招投标评定分离改革，提高行政效率，推进工程建设项目审批管理平台与相关系统平台的互联互通，实行统一受理、并联审批、实时流转、跟踪督办和信息共享等功能。全年在工建系统流转事项406个，其中工程施工许可审批事项116个、消防验收41个、消防备案52个，竣工备案197个。

【旧楼加建电梯工作】 2022年，为进一步推动全区既有住宅增设电梯工作，提升居民生活品质，区住建局会同相关单位、部门在外海街道银泉社区开展既有住宅增设电梯工作宣贯，详细解释相关政策，对居民代表关心的资金筹集、公共物权等问题解答。到江海花园增设电梯现场调研，动员符合条件的住宅报装，让惠民政策惠及广大市民。全区累计43座既有建筑取得加装电梯规划许可证，全年按照有关规定发放既有住宅增设电梯财政补助40万元。

【自建房安全隐患排查整治】 2022年，区住建局开展自建房安全专项整治工作，采取“市级统筹、县（市、区）级组织、镇（街）实施”的工作模式，由各街道具体组织排查工作；聚焦重点区域、重点场所、重点问题，特别是三层以上的经营性自建房；建立健全“一栋一策”“一房一档”排查台账，强化属地责任、部门监管责任和产权人、使用者的主体责任。全年完成自建房37586栋排查工作任务，其中经营性自建房5580栋，其他自建房32006栋；初步判定存在安全隐患的经营性自建房26栋，已采取整治措施。

【建筑节能管理】 2022年，区住建局大力发展绿色建筑和装配式建筑，成立江海区装配式建筑及绿色建筑发展工作专班，出台《江海区贯彻落实江门市发展装配式建筑与绿色建筑创建行动工作方案》，全面推进新建民用建筑按照绿色建筑标准进行建设，到2025年装配式建筑面积推广面积将达到38%；结合全区实际，划定江海区科创新城为重点推进区域，提高星级绿色建筑等级要求，装配式建筑面积比例要求为同类型建筑项目的1.2倍。强化新建建筑节能监管，新建建筑在工程设计、施工图审查、施工管理和竣工验收等环节落实建筑节能强制性标准，把建筑节能审查作为施工图设计文件审查的重要内容，实施建筑节能信息公示并引入社会监督机制，全区施工图设计阶段和竣工验收阶段节能强制性标准比例达到100%。

【老旧小区改造】 2022年，江海区老旧小区整体改造实施范围主要包括江南街道的新南里小区、兴南小区、东海花园；礼乐街道的墟镇社区、乐陶苑、果园村和中华大道沿线两侧楼房，涉及小区17个、建筑520栋，居民8704户，改造范围面积40.21万平方米，主要工作为三线（电力线、通信线、广播电视线）整治、老旧楼房外立面翻新、公园翻新、小区道路翻新、雨污水管分流改造、停车位翻新及新建、楼道消防设备整治、小区门口翻新、廊架新建及翻新、楼道翻新等。

【农村路网优化】 2022年，区住建局进一步优化、完善全区农村公路路网，强化农村公路安全设施服务保障能力，提升道路交通安全保障水平，逐步消除农村公路急弯陡坡、临水临崖、平交路口等事故多发路段交通安全隐患，会同江海交警大队对江海区农村公路（县道、乡道、村道）临水临崖、急弯陡坡等路侧险要路段、2018年以来发生过亡人交通事故的平交路口和其他存在较大交通安全隐患的路段开展排查并完成整改工作。

【道路建设】 2022年，区住建局推进政府投资项目工程，进一步完善主城区新建或改扩建道路的建设，一行路（连海路—龙溪路）、连海路（金瓯路—新港路）改扩建工程、沿江路（江门大桥至北街大桥）新建工程等14个工程完成工程建设并投入使用；南山路（新港路—一行路），南山路（一行路—会港大道），一行路（南山路—龙溪路），会港大道（礼睦路—南山路）等28个项目动工建设。

【公交线路设施优化】 2022年，江海区常规公交线路共40条，年内优化调整常规公交线路6条、加密班次线路4条。新建候车亭2个、充电站1座共3支充电桩。根据厂企、学校、市民出行需要，开行定制公交线路93条，其中厂企定制35条，日均服务厂企16个、1200人次；校园定制58条，服务学校18所、1200人次。

【主次干道改造】 2022年，区住建局配合全市交通大会战，加快中江高速公路扩建、五邑路扩建、会港大道等道路建设。中江高速公路项目交地341.3亩，完成率100%；总拆迁面积8.11万平方米，余下民房两间未拆；完成路基工程64.97%，桥梁桩基77.67%。会港大道项目需要征地412.6亩全部完成交地，全线水田需占补190.53亩交付使用；30个110千伏电塔迁改全部完成。进一步推进项目按进度施工，协调解决沿线路口开设、排水等事项，做好日常扬尘、交通安全巡查，督促项目落实扬尘污染防治和道路交通安全隐患整改等。

【住房保障工作】 2022年，区住建局推进保障性租赁住房筹集工作，选定江门高新区智能智造港配套公寓项目、江门高新创智城配套公寓项目、宿舍A装修工程作为2022年江海区保障性租赁住房项目，对江门市住建局下发的项目认定书申报认定套数472套，超额完成任务。江海区银信资产管理有限公司的宿舍A装修工程、江门高新区总部科技园有限公司的江门高新创智城配套公寓项目和江门市合智科技发展有限公司的江门高新区智能智造港配套公寓项目投入使用并完成项目补助资金全额拨付。

【房地产市场管理】 2022年，区住建局规范房地产市场秩序，加强房地产市场监管，守好市场准入关。做好房地产开发企业的预售监管，严格实行预售资金监管制度，保障购房人的合法权益。年内江海区商品房网签销售面积75.54万平方米、12421套，分别增长0.3%和7.47%；其中住宅网签销售面积49.02万平方米、4736套，分别下降7.65%和6.92%。商品住宅网签销售均价每平方米9396.35元，下降12.07%。累计新批预售项目36个，批准预售建筑面积32.02万平方米、3463套，其中批准预售住宅建筑面积30.15万平方米、3072套；批准预售商业建筑面积1.87万平方米、391套。全年全区住宅网签销售面积4.59万平方米、452套，分别增长54.75%和57.49%。

【物业管理】 2022年，区住建局加强对物业服务企业的工作指导，全年完成物业区域备案4宗、物业合同备案5宗、物业承接查验备案5宗及业主委员会备案2宗。对84个物业管理小区开展疫情防控、消防、防汛等各项检查，要求各物业服务企业加强小区内的电动自行车充电等消防安全管理，集中安装固定的、有消防安全保障的充电设备。全区51个物业小区建立集中充电点，共有充电棚87个，可提供充电车位数1591个。

【建筑工程质量监管】 2022年，区住建局强化工程质量监督，建筑工程质量稳步提升，全年排查质量隐患102条，发出质量安全隐患整改通知书29份，抽查在建项目建筑材料64组。对于日常抽检中复检仍不合格的建材要求施工企业退材处理。

【施工安全监管】 2022年，江海区在建项目63个，建筑面积477万平方米。为加强建筑施工安全的管理力度，区住建局每季度组织开展安全生产专项检查。全年检查在建工地535项次，排查安全隐患1895条，发出安全整改通知书291份，下发责令停工整改书58份。与在建房屋和市政项目施工承包单位责任人签订建筑施工安全管理目标责任书，落实建筑施工安全生产管理责任，加强对建筑施工安全监督管理，遏制较大及以上施工安全事故的发生。

城市管理

【水环境治理】 2022年，区城管局继续推进黑臭水体治理长效管理，麻园河、龙溪河、礼乐中心河持续开展水质监测及管理维护工作，采购第三方机构对运维效果进行全方位考核，确保河道保障措施落实到位，水质稳定达标，防范水体返黑返臭。年内接受省级城市黑臭水体检查3次均顺利通过，未发现重大环保隐患。坚持运维管理监督，加强巡查河道，发现河道保洁、市政设施损坏和绿化清杂不及时等问题311项，督促管理单位完成问题整改288项。

【完善污水管网建设】 2022年，区城管局依托污水处理厂“一厂一策”方案全面开展污水提质增效工作考评，落实污水收集补短板工作。继续推进五邑路污水管网工程、高新区（江海区）污水管网二期项目建设，年内全区新建污水管网12.6千米，完成率102%。开展全区老旧污水管网排查及修复和全区市政排水系统整治等提质增效工程，完成雨污合流管网及污水管网排查检测157.88千米，修复问题管网5千米，完成率100%。加强农村生活污水处理设施运维管理工作，专人采用维护运行，保障礼乐街道向东村和丰盛村5座分散式生活污水处理设施出水水质达标，落实外海街道南山、中东村和礼乐街道乌纱、新丰等村居污水收集查漏补缺工作。全区污水集中收集率74.8%，建成区生活污水处理率98.5%，污水处理厂平均进水BOD（生化需氧量）浓度为每升79.32毫克。

【防汛管理】 2022年，区城管局开展汛期应急安全管理工作，做好台风、暴雨等灾害天气值班值守工作，累计响应应急工作13次，其中防汛Ⅳ级响应5次、防风Ⅳ级响应5次、防风Ⅲ级响应2次、防风Ⅱ级响应1次。加强下水道清理工作，对全区易涝点、积水点进行定期清疏，清疏下水管道、运身渠道19505米。加强下水道设施巡查，对区内主、次干道路沙井进行定期排查，补装四防装置51个、加装防坠网369个。开展内涝积水点整改工作，对全辖区1个内涝点、10个积水点实施建档管理，实施江海区市政防洪排涝专项项目、高新区44号地片区排洪渠整治工程、高新区（江海区）清兰路龙溪段泵池新建工程完成1个内涝点、3个积水点治理工作。全年清疏排水管网65.48千米，清理雨水口2500个，保障排水设施正常运转。全区共有排水管线795.85千米，其包括雨水管渠402.05千米和方形雨水口20163个以及市政排涝泵池6座，实行定期清疏和检修。全区唯一的内涝点（南山路与清澜路交叉口）得以全面消除内涝现象。

【市政设施管理】 2022年，区城管局根据年度市政设施养护绩效考核要求，按计划开展市政道路、下水道和路灯等市政公用设施维修升级项目38项，完成维修道路、人行道6469平方米，修复、新建盲道、侧石1342米、挡车柱143根；更换和新建沙井盖116个，完善沙井防坠网431套，完成管网清淤22千米，维修路灯和灯饰300盏，检修地下线33处，维修、改造控制箱21处。实施江海区桥梁维修改造项目、江海区照明升级改造工程、五邑路北侧辅道市政设施整治工程、礼东大桥维修加固工程等项目，推进江海区市政防洪排涝专项工程、江海区清兰路龙溪段泵池新建工程，不断完善区内市政基础设施。

【城市园林绿化管理】 2022年，区城管局加强区内城市绿地管养工作，包括植物日常管理和养护、绿地升级改造和整治、绿地安全生产工作等。年内接管江海云道、下沙公园一期、文昌沙公园、龙溪湖公园、景观轴绿地、产业新城园林绿化和新建道路绿化带26条，接管绿地面积53.38公顷、行道树6000多棵。共修剪灌木464085平方米，补种、改种绿地13434平方米，对132个路口14092平方米的绿化进行整改提升。对全区城市绿地外来入侵物种现状进行普查。在东海路、陈少白广场、金瓯路、胜利南路、礼乐路等地点开展红火蚁排查和施药消杀工作，并持续开展薇甘菊防治。完成2021年建成区绿地统计工作，全区城区城市绿地总面积2057.93公顷，建成区绿地率42.30%，建成区绿化覆盖率44.26%，公园绿地面积达到575.33公顷，人均公园绿地面积达每人22.9平方米。

【花卉布置】 2022年，区城管局根据全区花卉布置方案，完成春节和国庆节日气氛营造工作，重点覆盖轻轨站前路、江南文化广场、陈少白广场、房产大厦前分流岛和江翠口袋公园等关键节点。做好日常时花养护管理，全年种植时花7.2万盆，节日摆花约3.5万盆，改种788.1平方米，总投入150万元。

【燃气隐患整治】 2022年，区城管局围绕燃气安全和疫情防控，组织开展城镇燃气安全排查整治，吸取天津、上海、山东、吉林长春发生的燃气爆炸事故的教训，落实安全检查和隐患排查，推动完成天然气管道探测，规范气库供应站正规化建设，统一气库供应站的消防管理工作，包括入户安检台账、直排热水器销号台账、钢瓶出入站登记台账、餐饮行业安装可燃气体报警装置及防疫测体温登记台账，打击非法和违规经营，依法严惩破坏燃气管道行为，并组织燃气应急演练。

【燃气安全整治】 2022年，区城管局结合城镇燃气安全排查整治方案，开展联合安全检查和隐患排查工作，检查气库供应站102站次，餐饮企业196家，液化石油气火锅店77家，工业企业瓶组站25家，机关饭堂、学校（幼儿园）、医院、养老院63所，居民户78家，排查直排热水器1566个，排查燃气管道1695.2千米，对现有燃气管道安全检测17千米，核查54.72千米，发现隐患1920处，除了居民户27家直排热水器未整改以外，全部完成整改。推进燃气管道敷设10千米和老旧小区改造管道敷设覆盖3000户，按时完成1273家餐饮行业安装可燃气体报警装置任务。

【环卫工作】 2022年，江海区保洁面积1400万平方米，27个社区和36个行政村全域全覆盖，日产日清生活垃圾460吨，无害化处理率100%，主次干道机械化清扫率100%。区城管局实行“区+街道+村居+第三方”多位一体监管，考评常态化，实现公平、公正、公开；智慧环卫赋能推动数字化、信息化和实时化，市民对环境卫生满意度98%。稳步推进生活垃圾分类工作，率先在全市实现生活垃圾分类城乡全覆盖，垃圾分类源头减量率43.51%，资源化利用占比68.87%，生活垃圾无害化处理率100%，其中校园“1+5+N”成效显著，向市民推送《小天鹅与智能垃圾桶》绘本。

【户外广告整治】 2022年，区城管局完善大型户外广告审批手续，加强化户外广告日常管理，督促街道整治、修复各类广告并统筹清拆各类违法广告56个，面积1000平方米。开展户外公益广告和大型LED广告意识形态排查。

【大气污染防治】 2022年，区城管局协调市、区街道相关职能部门，对五邑路、富民子站周边路段扩大洒水范围、增加洒水和雾炮作业频次，出动洒水车和雾炮39596车次，累计洒水里程322413千米，消耗水量366968吨。

【城市管理综合执法】 2022年，区城管局严格落实环保攻坚战、违法建设综合治理、占道经营整治和打击养老诈骗专项整治等工作，立案办理城市管理领域行政处罚58宗，其中街道办理31宗。稳步推进全区城市管理行政执法事权向街道下移，通过组织执法培训、制订执法手册、“传帮带”活动、实地带领执法和案件督导，提升街道城市管理综合执法效能。

【数字化城管】 2022年，区城管局受理各类城市管理事件20259宗，较好完成案件办结，实现城市管理案件网上快速流转办理，群众合理诉求得到及时有效解决。其中受理来电来访案件869件，办结率99.65%；受理12345政府热线案件743件，办结率100%；录入和受理群众信访诉求矛盾纠纷化解综合服务应用平台案件约285件，办结率100%；受理数字城管平台案件19390件，办结率99.97%。数字化城管指挥中心做到快速响应企业诉求，1小时内响应、24小时内提供解决方案，接收企业诉求33宗均已全部解决。

供电管理

【供电保障】 2022年，江海供电局适度超前开展电网规划建设，加快重点工程项目的建设投产，以满足工业园区负荷增长。持续优化电力营商环境，不断提高供电可靠率，为招商暖企提供有温度的供电服务。圆满完成北京冬奥会、冬残奥会、中共二十大会议特级保供电和高考、中考和江海区人大、政协两会等13次保供电任务。优化电力保供方案和预案，协同区农水局完成17座电排站和水闸的配电设施的隐患排查治理，做好防疫重点场所的供电保障。

【重点项目建设】 2022年，江海区主网基建项目投资3.11亿元，220千伏岱建（高新）变电站、江门110千伏红星（胜利）变电站建成投产，加上去年投产2个110千伏变电站，优化了主网网架结构，有效解决了江海核心城区和工业发展重要区域的电力供应问题。全年配网基建项目投资9613万元，完成7个解决低电压和用电受限台区的建设投产工作和5个自动化项目的施工，提高供电可靠性，满足江海区用户对高质量电力供应的需求。全程跟进2022年江海区重点推进项目全过程，包括可研、初设，立项，施工，验收和投产，做到前期备案、中期跟踪和后期统计全流程服务，保障项目早用电、用好电，为江海“工业立区、制造强区”“园区再造”提供一流用电营商环境，确保项目投产。迁改项目投资5586万元，配合江海区住房和城乡建设局、江海区政府投资工程建设管理中心和外海街道实施16项线路迁改项目。

【稳住经济服务】 2022年，江海供电局落实国务院33项稳经济措施和省、市、区具体措施，完成投资0.57亿元的储备库项目44项，满足全区重大项目用电需求，解决辖区存量馈线重载、配变重载、台区低电压和馈线不可转供问题。优化用电营商环境，落实政府扶企政策，支持小微企业用电。对受疫情影响出现生产经营困难的电压等级不满1千伏的小微企业和个体工商户用电，实行阶段性“欠费不停供”，减免用户电费违约金。实施电力市场化需求侧响应，配合江海区发改局，鼓励和引导高载能工业负荷用户参与需求侧响应，形成“主要企业集中宣讲一企业调研协同推进一重点用户重点沟通”的高效机制。

生态环境

综　述

【河流水质达标攻坚行动】 2022年，市生态环境局江海分局全面加强对全区工业污染源头的巡查与监管，规范工业企业污染物达标排放。完善水质断面监测网络，定期开展22个河长制断面、入河排污口监测，及时发现水环境污染问题，查找污染源头，倒逼落实主体责任。深化农村黑臭水体整治。定期对已完成农村黑臭水体整治工作的礼乐街道英南村禾家排涌水质进行监测，监测结果均优于农村黑臭水体监测指标阈值，基本消除黑臭。开展农村生活污水治理核查整改，完成辖区内所有自然村管网的排查工作，汇总形成问题清单，督促相关单位完成管网查缺补漏及其整改工作。加强与全区河长办、黑臭办等部门对接沟通，开展联合巡查和污染溯源。加强街道流域环保巡查指导，督促街道落实日常巡查工作，推进涉水问题整改。2022年，江海区累计巡查河流92条，巡河长度1300千米，发现问题66个。全年地表水总体水质状况保持稳定，列入考核的地表水断面的上浅口、石洲水闸、番薯冲桥、大洋沙水质达标率100%。

【大气污染联防联控】 2022年，市生态环境局江海分局深入推进大气污染防治，全面落实《江海区2022年强化大气污染防治工作方案》《江海区2022年空气质量达标攻坚行动方案》《2022年秋冬季大气污染防治百日攻坚工作方案》，推动各项任务举措落实。开展VOCs（挥发性有机化合物）企业综合施治，完成VOCs重点企业深度治理改造19家、淘汰低效治理设施企业7家和低VOCs含量产品替代工程企业3家；持续优化VOCs重点企业绩效分级。全区3家B级企业升到A级，22家C级企业达到B级或以上。深入开展工业炉窑和锅炉污染综合治理，实施工业炉窑分级管控，6家工业炉窑企业评定均达B级及以上，超额完成56台燃气锅炉低氮改造任务，改造后均达到大气污染物特别排放限值要求。加强移动源污染治理，强化在用车辆监管，集中力量开展柴油车专项治理和非法成品油治理。加强扬尘污染防控，针对PM10（环境空气中空气动力学当量直径小于或等于10微米的颗粒物）浓度高的问题，不断加大工地扬尘治理、五邑路扬尘治理、道路冲洗保洁等工作力度。强化污染天气应急应对，加大巡查力度，落实重点企业限产限排、错峰生产以及禁止露天焚烧等。

【土壤污染防治】 2022年，市生态环境局江海分局深入推进土壤污染防治，按照国家、省、市统一工作要求，配合开展园区地下水环境状况调查评估和“双源”（典型地下水型饮用水水源和重点污染源）地下水污染风险源和地下水环境状况调查工作，完成方案完善、点位核实和钻孔采样等相关工作。定期开展地下水国家考核点位水质监测、监测井维护和管理等，考核点位水质稳定，尚未出现污染超标情况。强化污染源头风险防控，加强涉重金属行业污染防治，定期排查和更新涉镉等重金属重点行业污染源整治清单。加强土壤污染重点监管单位监督管理，督促完成地下储罐备案管理、隐患排查及其自行监测等工作。加强建设用地风险管控，强化建设用地污染地块储备、供应等环节的监管，保障土地开发利用符合土壤环境质量要求。全年累计开展土壤环境质量调查评估地块29个，移出清单名录24个，调查中的地块5个未出现污染地块被开发利用的情况。

【环评审批服务管理】 2022年，市生态环境局江海分局持续推进环评简政放权、放管结合、优化服务“放管服”改革，优化环评审批流程，推行环评审批正面清单制度，对符合条件的建设项目予以豁免管理，对以告知承诺制形式审批的项目不作实质性审查，原则上公示期满即出批复。压缩环评审批时间，按照《江门市生态环境局建设项目环境影响评价文件技术评估管理办法（试行）》《江门市生态环境局江海分局组织委托评估环境影响评价文件的建设项目名录》，免除部分项目技术评估流程，进一步提高审批效率。全年办理建设项目环评审批140项。落实《江门市生态环境分区管控方案》要求，项目审批以“三线一单”（生态保护红线、环境质量底线、资源利用上线和生态环境准入清单）为准绳，优化产业布局，为重点企业的选址提供指引。推进“互联网+政务服务”的环评审批模式，通过函审方式，对江门崇达电路技术有限公司酸性蚀刻液回收建设项目、励福（江门）环保科技股份有限公司改扩建项目和江门市长优实业有限公司仓库改建项目等项目开展环评审查。与区发改、经促等部门对接，掌握地区产业规划和重大项目信息，开辟环评审批“绿色通道”，在立项、选址阶段提前介入服务，保障重大产业项目落地建设。

【环境执法监管】 2022年，市生态环境局江海分局强化环境执法监管，结合“双随机、一公开”监管模式，开展工业污染源大气污染防治专项检查行动、秋冬季大气污染防治百日攻坚行动、涉铝灰渣企业专项执法行动、危险废物专项整治等系列专项执法行动，全年检查企业2500家次，立案查处环境违法案件22宗。建立轻微违法不予行政处罚和公开道歉承诺守法从轻处罚制度，对符合轻微违法情况的不予行政处罚25宗，对在《江门日报》上刊登公开道歉承诺守法改正违法行为的2家企业处罚金额的50%。加强排污许可证质量审核，对2021年审核发现存在排污证质量问题的90家企业按照要求完成整改；对2022年需抽查审核并核发排污许可证企业148家，发现存在问题企业58家并完成整改。督促持证排污单位完成年度执行报告301家，完成率100%。完成2021年度执行报告内容规范性审核107家，发现问题88家并完成整改。

【生态环境保护督察】 2022年，市生态环境局江海分局推进第二轮中央生态环境保护督察整改工作，召开督察反馈问题整改工作推进会议，明确整改任务整改措施、时间节点和责任分工，建立整改进展情况定期调度工作机制，对各项整改任务和中央督察组交办的信访案件实行清单化调度管理，组织开展中央督察组交办信访案件办理情况的核查核实。对照全市整改问题清单，整改任务中无涉及江海区单列问题17项，全省共性问题涉及江海区9项，完成2项。

【环保宣传教育】 2022年，市生态环境局江海分局开展“送法规、送技术”服务企业专题活动，全年开展环保专题宣讲活动5场次，参会企业共153家。通过开展环保法规、政策和治理技术等普惠性宣传服务，提升企业守法意识。建立常态化执法帮扶企业机制，邀请专家、第三方专业机构对企业环境问题进行“体检式”现场帮扶，指导企业提高环境管理水平，年内在《江门日报》的“江海新闻”版刊登环保相关新闻14篇次，在江门电视台、江门电台播放环保相关新闻8次，在江门高新江海和江门生态环境等微信公众号发布环保信息84篇次。以“六五”环境日、全国低碳日等纪念日为节点，组织开展环保知识线上有奖问答活动和“落实‘双碳’行动，共建美丽家园”主题宣传活动等。

【环境信访】 2022年，市生态环境局江海分局开展全区生态环境领域“信访积案化解月”活动，落实领导包案化解信访事项工作，推进解决生态环境突出信访问题，推进涉环保项目“邻避”（指当地居民或项目驻地单位因担心有关影响环境、健康从而产生反对的行为）问题的防范化解工作，会同区公安、经促等单位部门建立全区涉环保项目“邻避”问题专项治理工作部门间联席会议制度，统筹推进全区涉环保项目“邻避”问题防范化解工作，落实涉环保项目“邻避”风险隐患排查“零报告”制度，实行重大敏感节点一日一研判、一日一调度、一事一处理和一日一报告机制，确保环境社会风险隐患实时“清零”。2022年，共接处各类平台环境信访投诉1919宗，投诉信访事项按期办结率100%，全年全区未出现群体上访情况和逾期回复情况。

科学技术

综述

【高新企业培育和认定】　2022年，江海区有国家高新技术企业672家，科技型小微企业1239家，在库科技型中小企业数591家。

【新增各类机构及取得奖项】　2022年，江海区新增省级工程技术研究中心2家、市级工程技术研究中心5家、市级重点实验室3家、获市级科技特派员工作站1家；在2022年市级科技奖评选中，全区企业获得一等奖1项、二等奖11项。

【高层次人才引育】　2022年，江海区设立博士后科研平台19家、省博士工作站8家，拥有国家级人才4名。凭借“人才强市新四十条”政策红利，吸引江门市高层次人才创业团队落地江海区创办企业8个，其中一级高层次人才创业团队2个、二级高层次人才创业团队6个。全年推动40家企业引进外国高端人才69人。

【产学研合作】　2022年，江海区与西安交通大学、中国科学院大学等高校建立产学研合作机制，推动企业与高校、科研院所协同开展技术创新和产品研发，共同构建供需双方合作关系，统筹推进技术供需精准对接。收集江海区企业的技术需求，促进创新链和产业链深度融合，推进科技成果转化，帮助企业解决研发、生产等过程中的技术瓶颈，提升企业自主创新能力和核心竞争力。

【工业企业研究开发机构】　2022年，江海区新增省级工程技术研究中心2家、市级工程技术研究中心5家、市级重点实验室3家、获市级科技特派员工作站1家。至此，全区共有省级工程技术研究中心76家、市级工程技术研究中心265家。通过开展省、市级科技创新平台的动态评估工作，加强工程技术研究中心的管理。

【科技项目申报】　2022年，区科技局发动组织企业申报省市级科技业务，有认定为2022年广东省工程技术研究中心企业2家，参评省级科企业技奖7家；认定为2022年江门市工程技术研究中心的企业5家、认定为2022年江门市重点实验室的企业3家、认定为2022年江门市科技特派员工作站的企业1家。组织企业申报市级技术交易补助3家均获立项补助。获得市级医疗卫生领域科技项目立项1个、市级基础研究计划项目立项4个。在2022年江门市科技奖评选中，全区企业获得一等奖1项、二等奖11项。9家企业进入创新创业大赛全市决赛，数量全市第一；2家企业入围中国创新创业大赛全国总决赛，其中得实打印机（江门）有限公司获得比赛优秀奖。

【科技成果转化】 2022年，区科技局引导优质企业与高校、科研院所之间联合开展技术攻关，转化输出优质技术成果。推动高新技术企业建设重点实验室，加大研发投入，开展新材料、新能源等新兴领域科研项目。2022年，江海区登记技术合同交易金额3.6亿元。

【出台规范性文件】 2022年，5月23日，江海区印发《江门高新区（江海区）推动科技创新办法》；11月18日，印发《江门高新区（江海区）关于支持市域社会治理产业发展办法》。

科技支撑体系建设

【科技金融结合示范区建设】 2022年，江海区有科技支行8家，总量位居全市第一。推动江门市优巨新材料有限公司申报IPO（首次公开募股）并获受理，励福（江门）环保科技股份有限公司转入新三板创新层，成为新三板进层改革以来全市首批进层企业。指导江门市浩远电子科技有限公司、江门生和堂健康食品有限公司等“金种子”企业，申报技术交易补助、农业科技攻关等科技项目，享受政策红利。

【应急管理科技创新体系建设】 2022年，江海区加快形成江门高新区“五维一体”（应急预案、应急指挥、应急救援、应急保障和应急信息一体化）安全应急产业发展布局，加快推动江海智慧安全应急联合实验室建设，建设专家库，开展联合实验室智库专家储备库建设工作；开展安全应急产业的关键技术研发、科研成果转化、企业培育和人才培养。江海区经中国科学技术协会科普部认定为“2021—2025年度第二批全国科普示范县（市、区）”。

【入统企业数据库建设】 2022年，区科技局建立入统企业数据库，录入三年入统企业的火炬统计数据，对每个企业填报的数据进行比对分析，通过研究入统企业数据加强对全区企业发展情况的分类分析，提升精细化管理水平。

【全链条孵化育成体系】 2022年，网商时代江门孵化器经科技部备案为国家级科技企业孵化器，投资20亿元，加快推进江门网驿智造科技港工程建设。全区拥有市级以上孵化育成载体19家，其中国家级4家、省级3家。在江门市获得省级运营评价A级载体的3家中，江海区占2家。

【科技载体建设】 2022年，江海区有市级工程中心265家、省级工程技术研究中心76家。省、市级新型研发机构12家，实现产值5亿元以上工业企业研发机构100%全覆盖，规模以上工业企业设立研发机构64%。共有市级以上孵化器9家、众创空间10家，其中国家级4家、省级3家。在孵企业350家，建成双创载体面积80万平方米。加速推进“两中心一基地”建设，在创智城科创中心建设孵化器1万平方米，企业和机构进驻26家；依托智能制造港工业厂房5.3万平方米，导入航天技术特色产业链，加快创建省级科技企业加速器；申报国家重点研发计划项目并获专项资金1578万元。

教 育

综 述

【中小学校情况】 2022年，江海区有全日制中小学校33所，其中公办学校27所（含小学19所、初级中学5所、完全中学2所、特殊教育学校1所），民办学校6所（九年一贯制5所、完全中学1所）。小学招生4948人，在校生29008人，毕业生3946人；初中招生3777人，在校生10358人，毕业生2806人；高中招生1360人，在校生3653人，毕业生1060人。小学学龄儿童入学率100%，初中适龄少年入学率100%，初中升学率100%，九年义务教育巩固率96.64%，高中升学率99.62%，高中阶段入学毛入学率108.04%。

【学前教育】 2022年，江海区有幼儿园50所，其中公办和普惠性幼儿园40所，在园幼儿10751人。公办幼儿园在园幼儿人数占54.39%，公办和普惠性民办幼儿园在园幼儿人数占81.97%。

【学校建设】 2022年，完成礼贤小学、中路小学改建，新增义务教育小学优质学位1380个。江海区开展实验小学和江南小学改扩建提质升级工程建设，建成后新增校舍建筑面积11600平方米，增加学位1500个。稳步推进江门高新第一小学和滘头片区学校一期前期工作，新增教学用地62.5亩，建成后新增校舍建筑面积60000平方米，增加学位4000个。江门市第十一中学校舍抗震加固工程、中路小学配电和教室改造工程等12所学校升级改造工程如期完成。

【中考高考】 2022年，江海区获江门市高中阶段教育质量管理一等奖，高考本科入围554人，本科上线率49.2%。全区日语、俄语等小语种特色办学初具规模并获江门市义务教育阶段协同教育质量提升奖，为全市各市区唯一获得此奖项的区。全年考上江门一中84人，考上培英高中150人，推荐或考入江门一中10人；全区中考平均分502.73分，全区中考达到全市普通高中录取最低分数线比率65.84%。

【学校信息化建设】 2022年，江海区基于教育城域网部署互联网网络安全防护系统，为全区中小学校提供威胁分析可视、预警、溯源、处置、远程安全运维和安全可视化等服务，全方位一体化保障校园网络安全；建设智慧阅读空间，依托先进技术和装备，具备以触摸屏为交互界面的智慧阅读屏、以互动沉浸于有声阅读功能的朗读亭等，景贤小学、中路小学等12所学校完成建设。整合和建设优质数字化教学资源，江海区教师发展中心全面对接江门市教育局教师管理平台，实现教师培训、协同教研、教师数据管理和教学资源共享一体化。开展各类培训活动，提升教师信息化素养，组织开展国家课程数字教材应用、教育数字化转型背景下创新教学、信息技术应用能力提升工程2.0、新媒体新技术教育教学应用和骨干教师信息化教育教学能力提升等专题培训，提升教师信息化技能和素养。

【学校思政一体化建设】 2022年，区委教育工作领导小组定期部署推进思政课建设专项工作，完善党政领导干部为师生讲思政课的常态化机制，区直各单位各部门各负其责、各司其职，全力支持思政课建设。逐步建立思政课教师教研共同体，广泛开展网络教研、远程教研和跨区域教研活动，与华南师范大学、五邑大学、广东科学技术职业学院等高校合作共建思政课实验学校和教师研修基地。创新举办江海区“金扣子”精品思政课展评活动和校园法治“金扣子”教育活动，整合公、检、法、司四方资源，组成68人的法治副校长队伍。景贤初中、景贤小学、天鹅湾小学、新民小学被评为“江门市思政教育示范校”。组织道德与法治教育科研线上线下活动，邀请思政课专家开展小学思政主题讲座，培训教师6582人次；核心教研组在全省各地和区内开展道德与法治学术讲座7场次，参加教师2万人次。思政课教师参与省、市、区各级课题13项，出版论文和编著7项，获专利2项，核心教研组获个人奖33项。

【名师工作室建设】 2022年，江海区构建名师工作室平台，完成全区14个名师工作室挂牌活动，其中包括钟燕青省级名师工作室、刘惠玲名校长工作室等2个名师工作室。加强校本研修，组织学校形成一校一案、一科一策和一师一题的校本研修新模式。完善名师工作室评价制度，创新管理机制，有序开展工作室教学研讨活动50次，培养名师、名校长10人。

【学前发展试验区】 2022年，江海区深入推进学前教育“5080”（公办园在园学生比例50%、公办幼儿园和普惠性民办幼儿园在园学生比例占比80%）攻坚行动方案和学前教育建设工程，其中华发小区配套设置幼儿园移交区教育局以后，投入资金500万元，进行装修及配置设施设备，打造成为优质公办幼儿园即江海区实验幼儿园，幼儿园办园规模12个班，提供公办学位360个。根据全区幼小衔接项目实施方案，有序推进幼小衔接的课题研究，组织联合教研，撰写《江海区幼小衔接课程实施指引》《江海区幼小衔接优秀教育教学工作实践案例集》《江海区幼小衔接论文集》《江海区幼小衔接家庭教育指导手册》《江海区幼小衔接工作制度汇编》等教学教研文章。试点园（校）建立幼儿园与小学协同合作机制，初步形成“家园校”共育机制。

【县管校聘管理改革】 2022年，区教育局开展教师交流工作，深化全区县管校聘管理改革成果。按照计划要求，2022～2023学年度从符合条件的1192人中安排教师116人在区内交流轮岗，其中轮岗交流45人、互派交流43人、结对交流28人，交流率11.2%。

【“双减”系列教督行动】 2022年，区教育局继续对“双减”工作进行专题研究部署，完善督导机构建设，设置主任督学职务，区政府教育督导委员会增量扩容，新增区委组织部、区委统战部等成员单位10个。组织责任督学到校开展“六项”（手机、睡眠、读物、作业、体质、考试）管理，各中小学月均接受督导一次。出台《江门市江海区教育督导结果运用的规定》，把督导结果与资源配置、干部考核、工资绩效和奖惩问责衔接挂钩；出台《江海区公办中小学校办学质量评价实施方案》，加强学校办学质量督导。由区教师发展中心组织成立150人涵盖各学段各学科核心教研组，深入推进课程改革。在江门市春季开学新闻发布会上，江海区作为代表重点介绍落实“双减”政策以来的经验做法。

【公益普惠课后服务】 2022年，区教育局持续优化课后托管服务质量，依法、依规落实课后服务经费保障工作，适时动态提高财政补助标准，纳入区财政保障范围。通过公开招标，确定课后兴趣类拓展课程服务提供商，负责建设信息化管理平台，统一对课后兴趣类拓展课程进行管理、收费和监管。

【教研教学活动】 2022年，区教育局围绕高中考和“双减”政策开展全方位调研活动，通过推门听课、座谈研讨和专项调研等办法，不断更新调研方式，及时反馈调研情况，落实整改措施。组织区内教师参加江门市不同学段12个学科教学能力比赛。参加江门市基础教育实验“精品课”比赛，8个课例评定为市级“基础精品课”。成功申报市级以上教学教科研基地4个，其中省级2个、市级2个；成功申报市级以上教学科研课题16个，其中省级9个、市级7个。完成课题结题14项，其中省级5项、市级9项；完成区级课题结题122个。组织学校参加江门市春秋两季“邑起共读”评比活动，区教育局两次获得“优秀组织奖”。承办并组织老师参加“南方名师大讲堂”“五邑名师大讲堂”等省、市级培训活动。

【师资队伍建设】 2022年，江海区引入双一流大学（世界一流大学建设高校、世界一流学科建设高校）和高水平师范院校等毕业的优秀教师12名，其中研究生学历占比40%；国内双一流院校毕业生占比20%。引进、培养副高级及以上职称人才76名，其中正高级教师1名，高层次人才比例13%。全区公办中小学教师学历全部达标，其中小学本科率88%、初中本科率98%、高中研究生率21.2%。全区公办中小学现有研究生学历教师246名，其中全日制研究生学历教师212名，占比12%，居江门市各市区榜首。

【校园安全管理】 2022年，区教育局全面建立家访制和校长首问制，持续加强交通、溺水等安全教育，继续保持校园内零死亡率。朗晴小学获得广东省交通安全文明示范学校称号。及时处置江门市第十一中学、滘头小学地质灾害和外海幼儿园危房隐患。高标准做好疫情防控工作。

【招生工作】 2022年，区教育局严格落实《中华人民共和国义务教育法》《中华人民共和国未成年人保护法》等法律法规，通过实地调研，制订招生工作方案，开展网上新生报名、现场核查、补报名、甄别资料和合理安排学位等一系列工作，确保符合条件的进城务工人员随迁子女入读公办学校。全区一年级招生5151人，其中区外户籍适龄儿童2442人。做好转学插班工作，引导符合条件的插班生家长进行网上转学申请，全年插班转入公办学校1085人。

【学籍管理】 2022年，区教育局按照《广东省教育厅关于中小学生学籍管理的实施细则（试行）》要求，定期组织全区中小学校学籍管理员开展培训活动。按照细则规定的时间节点，督导各中小学开展学籍管理工作，新生入学之日起1个月内，为新生采集录入学籍信息、建立学籍档案和申请学籍号等；学校收到学生需连续停课3个月以上的休学申请，在10个工作日内给予明确答复等。严格执行“籍随人走”，不得“同城借读”等有关规定，规范转学程序，杜绝“空挂学籍”等现象。

【校外培训托管机构治理】 2022年，区教育局增设校外教育培训监管股，负责校外教育培训综合治理，查处校外培训违法违规行为等工作。结合“双随机、一公开”日常督查制度，依法开展校外培训机构专项常态化督导检查，先后开展校外培训机构专项治理联合执法6批次。构建校外培训监管协同机制，完善隐形变异执法联动机制，加强寒假前后校外培训联合治理，联合各单位、各部门开展检查行动10次，开展常态化执法检查24批次，抽查校外培训机构、托管机构110家次，发出整改通知67份。

文 化

综 述

【公共文化服务】 2022年，江海区持续发挥公共场馆免费开放服务效能，区文化馆每天开放时间不少于8小时，每周免费开放58.5小时，累计开放场次100场以上，服务5200人次。举办2022江海区新春网络联欢晚会、“八坊龙舟别样美”“强国复兴有我”等活动，推动文化志愿服务团队开展各类基层文化志愿服务120余场，开展农村电影公益放映432场，举办图书馆文化沙龙活动15场、全民阅读推广活动48场。

【文化场所建设】 2022年，区文化馆在第五次全国文化馆评估定级中再次被评为“国家一级馆”。年内，成立江海区文艺家之家。推进省行政村（社区）综合性文化服务中心示范点推荐工作，选择礼乐街道英南村、威东村和外海街道麻三村为推荐点。根据《广东省行政村（社区）综合性文化服务中心达标建设工作方案》要求，实现全区各行政村（社区）综合性文化服务中心达标率达到60%。

【文化产业发展】 2022年，江海区组织发动区内文化产业企业参与2022年广东省文旅产业纾困政策线上培训，投入资金80万元用于补助惠民演出场次采购和合作共建“粤书吧”的运行经费。完成对江门演艺中心有限公司和江门市天天生活科技有限公司申报的暖企文旅贷款贴息初审工作。

【文化市场监督】 2022年，江海区开展“扫黄打非”市级示范点创建活动，推进在江海区礼乐街道丰盛村打造市级扫黄打非示范点。开展“扫黄打非·绿书签2022”进校园宣传周活动，举办“扫黄打非”主题班会800场次。开展“护苗”行动及校园周边少儿出版物市场专项整治行动。查办“扫黄打非”案件5宗，查处无证经营出版物企业2家，销售非法出版物摊档2个，收缴非法出版物195份。查处销售侵权盗版案件1宗，收缴侵权盗版出版物6份。清理有害信息330条。

【非遗保护】 2022年，江海区开展江海非遗贺新春线上展览、非遗绘画创作等活动，推荐3个区级非遗项目“狮舞(江海佛装狮艺)”“麻二佛家拳”“刘氏铜木镶嵌传统制作技艺”入选第九批江门市级非物质文化遗产代表性项目名录。陈丽娟(外海面手工制作技艺)等8名传承人申报为第七批江门市市级非物质文化遗产项目代表性传承人。发掘培育“李氏猪脚姜制作技艺”和“钟氏陈皮白茶制作技艺”两个项目入选江海区第六批非物质文化遗产代表性项目名录。截至2022年12月底，全区共有非遗项目17项，其中省级非遗项目1项，市级非遗项目8项，区级非遗项目8项；非遗项目代表性传承人38名，其中省级代表性传承人1名，市级代表性传承人10名，区级代表性传承人27名。

【打造文艺精品】 2022年，江海区打造江海区原创“侨都记忆”系列文艺精品广播剧《归来》，于4月在广东广播电视台播出。组织节目参加2022江门市群众艺术花会（少儿艺术），其中《龙腾江海》、书法作品《欧阳修诗词节选》荣获金奖；音乐作品《快乐鱼·吉祥鱼》、戏剧作品《不能说的秘密》、书法作品《孟子告天下》《崔子玉座右铭》《曹操诗二首》荣获银奖；戏剧作品《闪光的翅膀》，书法作品《画禅随笔》《节录三字经》，美术作品《爱环境，爱健康》《暮归》荣获铜奖。同时，江海区文化馆获“优秀组织奖”。

【文化系列活动】 2022年，江海区举办第三届江海区青少年课本剧文化节，打造戏剧精品。举办“喜迎二十大”主题文艺作品线上展览。举办2022江海区新春网络联欢晚会、“八坊龙舟别样美”“强国复兴有我”等活动。举办图书馆文化沙龙活动15场、全民阅读推广活动48场，组织文化志愿服务团队开展各类基层文化志愿服务120余场，开展农村电影公益放映432场。

【文旅工作】 2022年，江南街道富横社区获评广东省文化和旅游特色村；江南街道富横社区、礼乐街道向东村获评江门市乡村旅游示范村；长廊生态园获评广东省级休闲农业与乡村旅游示范点。春节期间，在江南街道下沙口袋公园开展举办江海区虎年新春金龙贺岁龙狮活动、“519中国旅游日”等旅游惠民活动。

【旅游推广】 2022年，江海区开展文旅促销纾困活动，组织长廊生态园，江海碧桂园凤凰酒店、山水时尚酒店和江海智选假日酒店参与“乐游五邑”系列活动。启用“江海旅游”抖音账号，广泛宣传辖区内衣食住行等文旅优质资源，年内整合江海、新会、恩平三地乡村旅游资源，发布推广2条乡村旅游生态线路。年内完成“美丽江海全域旅游”PPT、2022全域旅游手册、旅游推广文案等文旅推广准备。推动西江外滩乡村生态旅游碧道实现“四道贯通(慢行道、跑步道、骑行道、绿化道)”，沿线打造滨水休闲带、外海观澜驿站、外海桥下公园等3个景观节点。在儿童公园“沙”主题区域旁草地打造特色文旅创意集市。在江南街道横坑村口草坪增加彩虹元素主题场景建设。

【各项体育活动】 2022年，江海区举办“庆元旦”社会体育指导员技能展示活动，完成三级社会体育（篮球、武术等）指导员人才队伍300人培训工作。区委宣传部会同区文明办、区教育局、区总工会、区团委、区妇联、区科协举办开展“全民轻健身”30场大讲堂活动。结合“8·8全民健身日”在社区（村居）的文体广场或体育公园开展轻健身技能指导及讲座、线上技能展示，举办江海区“体育彩票杯”社区运动会—外海街道男子篮球联赛、礼乐街道LBA篮球联赛、跆拳道大满贯赛、业余乒乓球运动员人才选拔赛和健身气功邀请赛。江海区组团代表江门市体育代表团参加广东省第十六届运动会（群众体育组）网球、乒乓球、健身气功和龙狮的比赛。

【竞技体育赛事】　2022年，江海区代表江门市组队参加广东省第七届少数民族传统体育运动会板鞋项目比赛。参加2022年江门市青少年锦标赛足球、乒乓球、跆拳道、速度轮滑、田径、武术、羽毛球和网球等八个项目比赛。区委宣传部会同团区委、区科协、区教育局举办第六届全国青少年无人机大赛江门市专项选拔赛暨江门市首届青少年无人机安全应急技能大赛。

【体育设施建设】　2022年，江海区建成西江健身6.8千米碧道，实现西江外滩健身碧道“四道贯通”，沿线打造滨水休闲带、外海观澜驿站、外海桥下公园等3个景观节点。根据《江海区全民健身实施计划（2021—2025年）》目标，结合民生实事和区政府重点工作要求，新建龙溪湖体育公园，建设市民足球场3个、儿童篮球场6个和灯光篮球场14个；新增体育健身设施器材100件。结合省行政村（社区）综合文化服务中心达标建设工作要求，配置23张乒乓球台安装至未达标的各行政村（社区），完成全覆盖指标任务。推进“十分钟健身圈”建设，2022年实现人均体育面积3.33平方米，居全市前列，江海区获得国家体育总局颁发的“全民运动健身模范区”光荣称号。

档案·地方志

【档案工作】　2022年，区档案局对区直8个单位开展2022年度档案行政执法检查。结合实际，编制《“十四五”江海区档案事业发展规划》。开展以“喜迎二十大，档案颂辉煌”为主题的“国际档案日”系列宣传活动。区档案馆全年接收档案12383卷、25584件、数字化数据光盘20张，接收2个单位全宗卷资料。截至2022年底，馆藏纸质档案17.24万卷、25.94万件。完成2017—2020年度文书档案数字化，共计13550件、77.42万页。馆藏累计完成档案数字化8.5万卷、24.74万件、537.93万页。把区内23件红色档案资源集中于江门市档案馆备份，其中照片档案19件、声像档案3件、文书档案1件。年内江海区档案馆接入全国档案查询利用服务平台。全年个人、单位和部门档案查阅利用245人次，利用档案316卷、227件，复印提供档案4132张。

【地方志工作】　2022年，区地方志办完成编写地方志综合年鉴，实现一年一鉴、公开出版的要求。根据地方志资料年报征集方案，收集全区年度地方志资料年报，包括概况、大事记、专题、人物、文献和图片6个方面内容。推进自然村落历史人文普查《全粤村情·江海卷》出版、印刷工作，完成《广东年鉴》《江门年鉴》《粤港澳大湾区城市群年鉴》的江海区条目供稿工作。参与编写《广东乡村经典菜肴》文稿，选取外海街道的烧肉焖竹笋和江南街道的金奖风沙鸡两个特色菜肴，推介江海美食。为广东省人民政府地方志办公室与羊城晚报报业集团合作创办的“方志广东”微信公众号“志说广东”栏目推送江海特色文化，撰写《广东省非物质文化遗产：礼乐龙舟》文稿；为“粤故事”推荐江海区名人，撰写《爱国爱乡的民主革命先驱陈少白》文稿。持续更新江海区政务信息网的地情栏目“高新之窗”内容，年内发表撰文35篇。

卫生健康

综 述

【医疗卫生机构概况】 2022年，江海区共有各级各类医疗机构106间，其中综合医院2家、中西医结合医院1家、社区卫生服务机构6家；门诊部12家，诊所、医务室等85家。各级、各类医疗卫生机构卫生技术人员1268人，其中执业（助理）医师423人、注册护士621人、药师86人，平均每千人口卫技人员数3.48人（以2020年的第七次全国人口普查数据36.47万人计算）。住院编制床位525张；实际开放床位525张，平均实际开放床位每千人口床位1.44张（以2020年的第七次全国人口普查数据36.47万人计算）。

【全年新冠疫情防控】 2022年，区卫健局按照平战结合原则划分网格地图，健全“属地处置、区域协作、高效联动”的工作机制，流调队伍每班次不少于6人24小时轮班，开展全要素应急处置实战演练40场次。年内修订《江门市江海区本地新冠肺炎疫情应急处置工作方案（第二版）》，制定《江海区疫情防控工作清单》《应急处置流程图》，组建机动队伍30人，应急队伍人员800人。定期或不定期举办培训会。年内，江海区卫生健康系统快速处置病例。加快江海区人民医院发热门诊改扩建工程建设，发热门诊占地面积350平方米，建筑面积1000平方米，共三层，含成人、儿童、特殊诊区，预检分诊区，候诊区、诊室、留观室、抢救室、药房、护士站、治疗室、检验室及CT室等辅助功能用房，为全区最大的发热门诊诊疗场所。

【中医药文化传承】 2022年，区卫健局以江海区陈伯坛实验学校为中医药文化进校园工作的试点学校，挖掘陈伯坛名家名医故事，打造中医药进校园“五个一”（一套操、一节课、一故事、一片地、一场室），推广“八段锦”健身功法和养生操，增设中医药科普课、劳动课，推动江海区中医药传承创新发展。年内组织分配10名定向培养中医学生到各街道社区服务中心就职；组织动员基层医疗机构医师参加中医药知识与技能培训；区中西医结合医院年内完成12名医师的临床实践教学。配合江门市卫生健康局开展中医馆、中医阁的遴选工作，发挥中医药特色优势，进一步提升基层中医药服务能力。

【重点人群公共卫生服务】 2022年，江海区完成国家免疫规划疫苗接种2.6万剂次。区卫健局投入74万元，实施适龄女生HPV疫苗免费接种项目，为1572名适龄女生免费接种第一针HPV疫苗，完成年度目标的145.56%。投入107万元推进出生缺陷综合防控项目，构建涵盖孕前、孕期和新生儿各阶段的出生缺陷防治体系。持续开展“两癌”筛查项目，完成宫颈癌免费筛查2374例、乳腺癌免费筛查2375例。出台《江门市江海区免费婚前孕前保健工作实施方案》，增加江门市五邑中医院、江门市人民医院为免费婚前孕前健康检查定点服务机构。管理全区严重精神障碍患者1602人。出台《江海区精神分裂症患者使用第二代长效针剂治疗工作实施方案》，指定辖区内三个社区卫生服务中心为长效针治疗机构，完成长效针注射138人，完成率140.82%。

【医疗卫生人才建设】 2022年，区卫健局通过实施公开招聘、以医联体建设总院专家带教、开展全科医生规范化培训以及大力推进卫生技术人员职称评审改革等多举措，促进全区医疗卫生人才引育。全年全区新招医务人员75人，考取专业技术职称59人。至2022年12月底，全区医疗卫生机构在职677人，其中在编278人、编外399人。按职称分正高4人、副高35人、中级170人、初级及以下468人；按学历分研究生4名、本科270人、大专308人、中专及以下95人。

【老年人健康服务】 2022年，继礼乐街道威东村获评全国示范性老年友好型社区后，江南街道仁美社区成功创建全国示范性老年友好型社区。江门市社会福利院(江门江海福利医院)入选第二批广东省级医养结合示范机构名单。区卫健局持续开展“银龄安康行动”，投入34.99万元为全区60岁以上户籍老年人购买意外伤害保险，覆盖率100%。推进老年友善医疗机构创建，全区7家医疗机构通过老年友善医疗机构区级评估，5家医疗机构通过老年友善医疗机构市级评估。大力开展打击整治养老诈骗专项行动，对全区106家医疗机构和4家养老机构开展行业整治，发动辖区所有医疗机构参与打击整治养老诈骗宣传教育活动，举办老年人防诈骗知识宣传讲座，提高群众知晓率。

【医疗卫生行业监管】 2022年，区卫健局持续完善医疗卫生综合监管机制，落实街道卫生健康监督执法职责，开展“以案促管”和“双随机、一公开”监督检查，全年检查定点场所57间次、医疗卫生机构790间次、各类公共场所767间次、学校托幼机构176间次、二次供水单位56间次和餐饮具集中消毒服务单位4间次，查处案件34宗，罚没金额119160元。其中，对未落实预检分诊的18家医疗机构作出当场处罚，对未落实整改的13家医疗机构责令关停处理。

【人口长期均衡发展】 2022年，区卫健局依法实施三孩生育政策，简化生育登记要求，取消社会抚养费等制约措施，推行出生医学证明、户口登记等“出生一件事”一站联办。制定《江海区全员人口数据清理清查工作实施方案》，组织各街道、村居清理清查全员人口数据库，完善全员人口信息。成功申请2022年广东省计生协会“暖心家园”项目，争取省级专项经费5万元，为计生特殊家庭提供精神、生活、健康和养老全方位服务。

【职业健康管理】 2022年，区卫健局在重点行业领域开展职业病危害专项治理，落实新建、改建、扩建建设项目职业卫生“三同时”（与主体工程同时设计、同时施工、同时投入生产和使用）工作。全年完成建设项目职业病危害预评价项目5个、职业病防护设施设计专篇5个、职业病危害控制效果评价3个；落实职业病危害现状评价报告13个；新建、改建和扩建放射诊疗场所项目职业病危害控制效果评价2个，均已完成竣工验收。加强职业健康日常监督检查，全年检查企业105家次，涉及化工、建材、金属加工、家电制造、电子、箱包皮具和印刷等行业，发出监督意见文书70份，累计发现问题及隐患380项，其中责令当场整改100项、限期改正280项。

【卫生健康宣传】 2022年，区卫健局以“江门高新”微信公众号、江海区卫生健康局政务信息网站及属下各医疗单位微信公众号、宣传栏等为主要阵地开展防疫科普知识等宣传，全区卫生系统在各级媒体平台发布防疫宣传报道1810篇次，其中国家级12篇、省级13篇、市级192篇、区级1381篇。围绕“守护健康　救在身边”“让爱走进校园，让癌远离花蕾”的“健康素养大讲堂”直播活动，开展职业病防治、应急救护培训和宫颈癌防治等健康知识科普宣传，参与直播活动9.4万人次。

社会民生

劳动和社会保障

【人才服务】　2022年，区人社局落实江海区关于支持江海区“5+2”重点产业、重点项目引育紧缺适用人才的“人才七条”意见，进一步吸引全区重点产业发展所需的紧缺人才。协助发动企业200家，举办宣讲会8场次，现场开展政策宣讲和政策答疑。出台加快集聚博士和博士后创新创业相关补贴申请指南，推动博士、博士后科研平台建设，进一步做好全区博士、博士后综合管理服务工作。年内，获批设立广东省博士工作站企业2家，新增引进博士和博士后20名、硕士57名、高级职称专业技术人才110名、高技能人才502名、高层次人才162人。

【青年人才创业基地建设】　2022年，区人社局通过市、区共建模式，打造珠西先进产业优秀人才创业创新园，重点引进博士、博士后、港澳青年和海外归国人员等高层次、高技能人才创业创新项目，为创业者提供全链条式创业、孵化、成长服务体系，全年新增入驻项目26个，带动就业创业176人。

【职业技能培训与竞赛】　2022年，区人社局发动企业开展新型学徒制培训，完成培训备案企业3家，参训职工培训211人。推广“园区技校”项目，开展“园区技校”园区技能提升服务行动培训，参加培训1180人，“园区技校”线上培训7250人。

【技能人才评价】　2022年，区人社局全面推动区内企业建立技能等级制度，做好备案企业技能等级评价指导工作，取得技能等级证书企业职工3065人，其中新增高级工以上1370人、技师以上103人。新增特级技师1人，为江门市首例特级技师。

【人力资源招聘会】　2022年，区人社局举办各类招聘会，发挥区人力资源市场作用，指导区职介中心启动“南粤春暖”行动，举办粤菜师傅、广东技工、南粤家政三项工程和毕业生等公益性招聘会18场次，发布招聘岗位1.3万个。

【粤菜师傅培训】　2022年，区人社局发动各类群体参加“粤菜师傅”公益技能培训班，提供各项技能培训，全年全区开展粤菜师傅培训279人，新增评定三星级粤菜师傅2人、四星级粤菜师傅1人。

【工匠人才培育】　2022年，区人社局开展“侨都工匠”评选，进一步弘扬工匠精神，经江门市“侨都工匠”评审委员会综合评审，全区获得“侨都十大工匠”称号1人，获得“侨都百优工匠”称号23人。同时在2018年《“高新工匠”培育实施方案》的基础上，出台《“高新工匠”培育实施办法》。

【家政培训】 2022年，区人社局开展家政技能培训，参与家政技能培训519人次，带动就业创业1044人次。江海区万众职业培训学校获评江门市“南粤家政”培训基地、广东江门幼儿师范高等专科学校获评江门市“南粤家政”培训示范基地、江门市晨悦家政服务有限公司获评江门市家政服务龙头企业。推动家政进村、社区，开展家政进村、社区活动3场次。

【就业创业优惠政策】 2022年，区人社局落实省、市“促进就业九条”政策，发放各项就业创业补贴997.14万元，惠及企业646家次、3769人次。落实创业担保贷款政策，贷款申请对象包括返乡创业农民、高校毕业生以及小微企业等，共发放创业担保贷款7笔、贷款金额1290万元。

【就业创业服务】 2022年，区人社局做好前台求职业务，每月为重点群体推荐工作。通过用工平台向1007名未就业人员推荐岗位信息4755条。做好企业用工调查和监测，实时了解企业用工情况。每月常规性开展企业用工调查，及时为企业登记发布招工信息。每月对20家企业进行失业动态监测，对45家企业进行用工监测。加强与6个劳务协作地对接工作，每月定期收集企业招聘信息，报送企业岗位需求信息。全年累计报送364家企业岗位需求信息，提供招聘岗位6419个。收集企业用工需求并通过“江门高新”微信公众号发布招聘岗位信息5563条。为困难毕业生、残疾毕业生和对前期排查的未就业高校毕业生建立工作台账，持续跟进，做好就业服务。线上举办2022年江海区高校毕业生、脱贫人员、残疾人专场网络招聘会，提供岗位440个，求职660人次。

【劳资纠纷处置】 2022年，区人社局加强企业规模性裁员监测，及早发现异常情况和潜在风险，掌握企业规模性裁员风险的苗头性、倾向性问题，规范企业裁员行为，指导企业依法解除劳动合同、支付经济补偿金，妥善处理企业规模性裁员中遇到的劳动关系问题，防范发生规模性失业引发的群体性事件。全年全区劳动人事争议仲裁案件立案1168宗，结案率99.12%，处理金额5314万元。成立江海区劳动人事争议调解中心并投入使用，通过提供“咨询、协商、调解、置换”等“一站式”全过程全方位的便民举措，形成多元化矛盾调处实体化机制，全年调解率82.22%。对标金牌调解组织的评审标准开展各项创建工作，指导江门市照明电器行业工会联合会劳动争议调解委员会创建市级金牌调解组织。2022年9月，江海区劳动人事争议调解中心、江门市照明电器行业工会联合会劳动争议调解委员会获“江门市金牌劳动人事争议调解组织”称号。

【劳动保障监察执法】 2022年，区人社局开展企业日常巡查342次，开展保障农民工工资支付条例专项行动、人力资源市场秩序专项整治行动和抽查执法活动，集中整治拖欠农民工工资问题等，受理办理劳资纠纷举报投诉4288单，劳动保障监察立案33宗，向公安机关移送涉嫌“拒不支付劳动报酬罪”案件5宗，为3779名劳动者追回工资等待遇4160.2万元。

【维权宣传】 2022年，区人社局利用各类招聘会、“12333”全国统一咨询日等开展各类主题宣传活动，设立法律法规咨询台，制作法律展板，发放宣传材料，讲解政策、法规，面向群众宣传相关的劳动保障法律、法规，实地检查用人单位460家，开展多项劳动保障监察执法活动，维护劳动者的合法权益。

社会保险

【养老保险】 2022年，江海区参加企业职工养老保险14.52万人，基金收入274986万元，支出268961万元。江海区城乡居民参加社会养老保险4.14万人，基金收入3530万元，支出2772万元。

【失业保险】 2022年，江海区参加失业保险12.41万人，基金收入10683万元，支出14497万元。

【工伤保险】 2022年，江海区参加工伤保险13.1万人，基金收入6974元，支出6252万元。

【社保基金监管】 2022年，区人社局在全区范围内开展社会保险基金管理提升年行动，督导社保基金管理问题整改，常态化落实社会保险基金管理风险排查防控机制与订单式检查制度，通过线上核查参保情况和实地检查、约谈参保人等方式，核查疑点数据153条，查阅档案200份，约谈参保人31人，进一步完善系统信息，有效防止多领、错领养老待遇现象的发生。全力推动智慧监督，利用广东省社会保险基金监管软件系统，处理预警信息1346条。运用第三方监督模式，对城乡居民基本养老保险展开现场监督检查，查出违规多领待遇34人，追回社会保险基金6714元。

【社保制度改革】 2022年，区人社局巩固和完善企业职工基本养老保险省级统筹、工伤保险基金省级统筹，做好企业职工基本养老保险全国统筹工作。2022年7月1日起，实现失业保险基金省级统筹。继续落实机关事业单位养老保险制度改革，落实缴费基数调整工作。

【社保关系转移】 2022年，区人社局根据《关于企业职工养老保险关系省内不再转移业务信息的通知》规定，2021年4月1日后，企业职工养老保险关系省内（深圳除外）转移接续不再转移业务信息，按照工作规范，做好转移接续业务的衔接和缴费信息归并工作，确保待遇按时足额发放。2022年，完成省内养老保险关系合并和归集226宗；跨省职工养老保险转移实现全流程网办，办理参保人的社保关系转入200人次、转出844人次。办理失业保险转移转入99人次、转出85人次。

医疗保障

【基本医疗保险】 2022年，江海区职工基本医疗保险最低缴费基数3822元，最高19110元。单位缴费比例6%（含生育保险0.5%），个人缴费比例2%。城乡居民基本医疗保险个人缴费标准376元，人均财政补助610元。年末，参保276862人，其中参加职工基本医疗保险200918人，参加城乡居民基本医疗保险75944人。在一级及以下、二级、三级定点医疗机构和非定点医疗机构，职工基本医疗保险起付标准分别为500、600、900和1500元，报销比例分别为93%、90%、83%和64%，封顶线56万元。年度自付费用在5000元以上纳入大病保险，封顶线24万元。城乡居民基本医疗保险报销比例分别为85%、80%、65%和40%，封顶线30万元。自付费用在1万元以上纳入大病保险，封顶线24万元。特定病种门诊补助待遇，职工基本医疗保险分四类55种，一类住院费用结算方式由基金按照规定支付，不设起付标准，二、三和四类按照季度限额，分别为10200、3600和840元；城乡居民基本医疗保险分四类57种，一类住院费用结算方式由基金按照规定支付，不设起付标准，二、三和四类按照季度限额，分别为7500、720和540元。

【职工医保退休人员一次性缴费】 市医保局江海分局有序开展“职工医保退休人员一次性缴费”工作，着力确保广大参保人对政策实施应知尽知、应享尽享。2022年，江海区职工医保退休人员一次性缴费政策适用人员共15882人，成功缴费11921人，缴费总金额2.48亿元。为1344名符合条件的退役军人办理了军龄视同医保缴费年限工作（含参战涉核财政负担重点人员91人），开具一次性缴费托收单446份；为“代扣江海区合同制退休工医保专户”人员开具一次性缴费托收单166份。

【乡村振兴医疗保障】 2022年，市医保局江海分局对特困供养人员、低保对象和返贫致贫人口等困难人群，构建“资助参保+三重救助”(包括基本医疗保险、大病保险和医疗救助三重医保政策)的医疗保障，提高住院、门诊特定病种和普通门诊的待遇水平。全年度资助困难居民参保1369人，做到“应参尽参、应保尽保”。推行主动救助“暖心”服务，加强与民政、乡村振兴等单位和部门的沟通联系，通过大数据比对，筛排符合救助条件的医疗费用，精准锁定未享受医疗救助的困难患者，为符合条件的困难群众提供救助服务。

【定点医药机构监管】 2022年，江海区共有定点医药机构149家，其中定点医疗机构24家，定点零售药店125家。市医保局江海分局日常全覆盖检查发现违规定点医药机构24家，其中发出限时整改通知20家、违规费用不予支付4家、约谈1家，追回违规金额2.02万元。开展定点医药机构医保政策执行情况自查自纠，随机抽检3家定点医疗机构进行复查，发现重复收费1家并现场责令其整改。

【江海医保分中心建设】 2022年4月，江海分中心正式承接辖区各项医保经办业务，确保基本医疗保险经办职责平稳有序交接，参保群众就医结算不受影响、各项待遇按时享受。计划2023年1月江门市医疗保障事业管理中心江海分中心举行挂牌仪式并启用新办公场地。

【医疗救助】 2022年，市医保局江海分局共救助6745人次，其中住院550人次，门诊6195人次。医疗救助资金资助参保452人次。医疗救助资金支出225.51万元，其中资助参保17万元，门诊救助金额85.50万元，住院救助金额123.01万元。

【整治骗保专项行动】 2022年，市医保局江海分局开展医保违法违规行为重点领域专项整治行动，对全区4家有家庭病床和老年病区的定点医疗机构进行检查，对违规收取的江海区人民医院住院费用予以追回；对江海区中西医结合医院发出整改通知。会同江门市医保中心江海分中心开展各类型专项检查，发现违规定点医疗机构3家，追回违规金额6.46万元。通过推进交叉互查，增强监管质效，江门市医疗保障局江海分局联合江门市医保中心江海分中心和相关专家组成检查组，前往开平市中医院开展医疗保障基金监管专项治理行动交叉检查。通过交叉检查，提升医保基金监管效能和执法队伍依法行政的能力和水平。

优抚救济和社会福利

【最低生活保障】 2022年，区民政局持续提高城乡低保、特困人员等困难群众补助标准并实现城乡一体化。城乡低保对象生活保障标准由每月932元提至950元；按照不低于低保标准的1.6倍提高特困人员基本生活供养标准。全区困难残疾人生活补贴提至每月220元、重度残疾人护理补贴提至每月280元。完成2022年低保年审工作，新增低保户16户、特困供养人员10户，退出低保户27户、特困供养人员7户。贯彻落实《广东省最低生活保障边缘家庭和支出型困难家庭救助办法》《江门市贯彻〈广东省最低生活保障边缘家庭和支出型困难家庭认定救助办法〉的实施意见》，对有可能符合条件的低保边缘家庭85户153人、支出型困难家庭116户209人进行核查，认定最低生活保障边缘家庭13户26人。全面摸清困境儿童底数和监护情况，做到监护人和儿童户口申报率达到“两个100%”。

【特困人员救助供养】 2022年，区民政局完成低保户、特困人员、残疾人等对象的情况排查，建立主动发现机制，形成跟踪台账122条，通过联席会议制度解决专项问题122条。创新建立“1+4”困难群众保障长效工作机制，实现从“人找政策”到“政策找人”的转变，获江门市民政局推荐申报广东省社会救助领域创新实践案例。全年全区共有低保户502人、特困人员108人、困境儿童252人、困难残疾人265人及重度残疾人2128人等困难群众特殊群体3258人，全年发放基本生活救助补助资金1760.31万元，临时救助12.9万元，流浪乞讨人员救助20人次、49.41万元。

【流浪乞讨救助】 2022年，区民政局通过DNA（脱氧核糖核酸）比对、人像识别和今日头条等智能化寻亲手段完善滞留人员寻亲机制，全区收治精神障碍流浪乞讨人员14人，确认身份并送返9人，滞留5人。

【养老服务】 2022年，区民政局推动“平安通”提质扩面，完成江海区平安通服务中心建设并投入使用。全年开展入户服务6536人次，电话主动关怀2.07万人次，处理紧急个案85宗，为469户符合条件的对象安装“平安通”并提供相应服务。礼乐街道、江南街道居家养老服务站月服务7200人次，礼乐街道居家养老服务站引入“国资国企+社会企业+专业社会组织”联合运营，打造标准化、规范化示范品牌。在外海街道墟镇社区、礼乐街道向东村试点实施互助养老积分计划，组建80人的“以老助老”志愿服务队伍，形成了优质有效的服务循环。

【未成年人保护】 2022年，区民政局完善未成年人保护运行机制，建成区级未成年人救助保护中心1个、街级未成年人保护工作站3个和村（社区）儿童之家20个，创建“全国未成年人保护示范区”。打造江海区特色未成年人保护工作模式和未成年人保护工作示范标杆。建立困境儿童生活补贴动态增长机制，全面落实孤儿基本生活费及事实无人抚养儿童基本生活补贴发放。建立个案会商机制，通过相关部门报告案件线索排查建档252个，通过区民政局、区未成年人救助保护中心累计发起个案会商8次，为300名未成年人提供专业的关爱服务。

【残疾人福利】 2022年，区民政局为全区2132名重度残疾人申请享受重度残疾人护理补贴，263名困难残疾人申请享受困难残疾人生活补贴；全年发放重度残疾人护理补贴25260人次，发放补贴712.74万元；发放困难残疾人生活补贴3245人次，发放补贴72.6万元。

【福利彩票】 2022年，区民政局完成全市下达销售任务，全区福利彩票销售额6937万元。至2022年，江海区共有销售场所44个，其中新增专营场所5个、兼营场所5个。按照《广东省福利彩票销售场所分级评定管理办法（试行）》参与广东省星级福彩销售场所评定，21个销售场所入围，其中五星级销售场所有3间、四星级销售场所有8间、三星级销售场所有10间。

【社会慈善公益】 2022年，区民政局完成江海区慈善会换届工作，推动慈善机构运作更加阳光透明，引导慈善等社会力量参与救助保障，全区形成上下联动、接力救助和覆盖区、街、村（社区）的三级慈善联动援助体系，打造“共建一个家”“情暖万家”等品牌项目。发起“‘战疫情·爱同行’支援疫情防控一线关爱行动”专项募捐。2022年，江海区慈善会共筹集善款800万元。江海区举行“广东扶贫济困日”慈善公益活动启动仪式，全区共筹集慈善捐款1715.33万元；累计支出1458.5万元。

【社会组织管理】 2022年，江海区有社会组织213家、社会团体131家、民办非企业单位82家，其中社区社会组织108家、区级社会组织105家。区民政局通过以政府购买服务方式，由江海区社会服务发展中心承接运营“社会组织孵化基地项目”，为辖区社会组织提供政策咨询、业务培训和入孵培育等服务，累计孵化培育社会组织8家。规范社会组织建设，强化治理体系，引导社会组织建立以章程为核心的法人治理结构，同步关联社会组织的成立登记、年度报告、日常检查、等级评估和评优等工作。

【社会工作】 2022年，区民政局推进江海区“人才强区”行动计划实施，纳入区民政事业发展“十四五”规划，引导社工融入基层治理和乡村振兴，把村（社区）“两委干部”、社区工作者、专职网格员和社会组织从业人员等纳入社会工作人才培养体系，开展人才交流、培训活动8场次。推动建立社会工作专业服务的行业规范，制定行业信息公开、服务质量监督及公众投诉机制。创新“共建共治共享”基层治理格局，经民政部确认，江海区通过全省唯一的“全国农村社区治理试验区”评估，礼乐街道英南村先后获评全国先进基层党组织、全国乡村治理示范村、全国民主法治示范村和全国村级议事协商创新实验试点单位。

【婚姻登记】 2022年，区民政局办理婚姻登记2733宗，其中结婚1357对、申请离婚743对（含办理离婚515对，撤销申请228对）、补领婚姻证书117宗。按照《广东省民政厅办公室关于做好婚姻登记“跨省通办”试点相关准备工作的通知》相关要求，推进婚姻登记信息化建设，制订婚姻登记处（专项）档案数字化整理服务方案，完成全区档案信息挂接档案记录75000条工作。

【民生服务双百工程】 2022年，区民政局推进“广东兜底民生服务社会工作双百工程”，完善3个街道社会工作服务站、6个村（居）社会工作服务点建设，新建10个村（居）社会工作服务点，指导村（居）建设社工服务点结合养老服务、儿童服务、社区社会组织服务等进行综合性建设。出台《江海区“双百工程”社工工作职责》获江门市民政局肯定并向各市、区推广经验。发挥社工扎根基层的优势，加快实现街道社会工作服务站100%覆盖、困难群众和特殊群体社会工作服务100%覆盖。社会工作机构在扶老助老、残障康复、青少年成长、社区治理、脱贫攻坚和应急灾害管理等领域开展专业服务。

【网格化服务平台建设】 2022年，区民政局推动“平安通”“粤平安”“智慧网格信息服务仪”有效相互衔接，打造“平战结合”的智慧养老应用场景，参与风险防控区特殊人群困难群体网格化服务保障信息平台建设。推进特殊人群困难群体网格化管理，摸清独居老人、重症病人、不能自理的残疾人和特困家庭等底数，结合信息采集、日常巡防、主动发现和应急状态4个应用场景，制订《江海区高、中、低风险区特殊人群困难群体网格化服务保障工作方案》《网格员信息采集项目清单》。

【地名管理】 新《地名管理条例》颁布以后，住宅小区和建筑物的命名工作由区民政局负责转由区住建局承接。2022年，全区审批命名地名9个，其中一般街路巷

8个、住宅小区1个。区民政局根据区政府对新编控规道路计划命名的要求，进一步优化拟命名道路规范管理，联合区自然资源局进一步优化完善道路命名流程，压缩审批环节，完成第五轮平安边界建设（江海蓬江线）工作，共对蓬江江海两区界线13个界桩进行巡查并作维护，组织开展边界纠纷隐患排查和调处。

民族宗教

【民族团结进步创建活动】 2022年，区民宗局推进民族团结进步创建工作，推荐江门市奔力达电路有限公司争创省级民族团结创建示范单位、江南街道富横社区争创江门市民族团结创建示范单位。在江门市奔力达电路有限公司创建“同心餐厅”，在外海中学创建“同心书屋”。在少数民族相对集中的学校、企业和社区，利用滚动屏幕、宣传橱窗和广告栏等，广泛张贴、悬挂民族团结宣传标语和宣传海报，宣传《广东省散居少数民族权益保障条例》和国务院《城市民族工作条例》等民族政策和法规。

【宗教事务管理】 2022年，区民宗局以在全区宗教界深入开展爱国主义教育活动。举办宗教界代表人士爱国爱教专题培训班，组织各宗教活动场所教职人员参观外海街道直冲村曲尺里一巷4号青青读书会旧址，并以“使命在肩，勇毅前行”为主题开展学习分享会。组织宗教工作“三支队伍”（各级党政领导干部队伍、宗教工作干部队伍、宗教教职人员队伍）的集中学习活动，举办江海区民族宗教工作队伍政策法规培训班，区直有关部门和街道、村（社区）的负责人99人参加培训。年内组织各宗教活动场所定期学习国家宗教事务局《宗教教职人员管理办法》《宗教活动场所财务管理办法》《互联网宗教信息服务管理办法》。

【教堂寺庙情况】 2022年，江海区有宗教活动场所6处，其中基督教堂2处、佛教寺庙4处。备案宗教教职人员21人，其中佛教宗教教职人员17人、基督教宗教教职人员4人。

街 道

外海街道

【概况】 外海街道位于江门市东部，是高新区、江海区发展重镇，连接珠三角核心区与江门主城区的重要节点，面积47.1平方千米。外运码头、江门港设在外海街道西江河边。2022年，街道有常住人口14.7万人。年内开展侨情统计，联系海外家庭户主0.94万户、海外亲属7.7万人、海外家庭成员0.55万人。有行政村12个、社区9个。

【经济发展】 2022年，外海街道规模以上工业总产值421.54亿元，下降6.1%，实现规模以上工业增加值104.86亿元，增长0.2%；完成固定资产投资115.48亿元，增长11.6%，其中工业投资60.56亿元，增长35.7%；限额以上社会消费品零售总额6.04亿元，下降1.3%。全年区域地方库收入86244万元，村级“净收入”2.91亿元，减少6%。村级闲置厂房盘活面积26000平方米，盘活率100%。

【特色教育】 2022年，外海街道协助区教育局做好新生招生网上报名工作，配合开展教育行政管理和校园安全、疫情防控工作。外海中心小学开展至善教育，中路小学创建“四雅校园”，麻一小学开展蔡李佛拳的“以武树德”特色教育，银泉小学以“一校多品”打造学校特色，麻二小学开展国学传统办学，江海区实验小学创新办学模式等。

【文化体育】 2022年，外海街道开展各项文体活动和社科工作，春节期间在外海五大祠举办书画和摄影作品展览，展出书画摄影作品140件。麻二佛家拳、刘氏铜木镶嵌传统制作技艺成功申报江门市非遗项目，外海面、生恭鲤鱼传承人成功申报市级非遗传承人。外海面制作技艺和生恭鲤鱼工艺品非遗项目传承人获市级荣誉称号，另新增外海花生饼区级非遗传承人和李氏猪脚姜工艺区级非遗项目。举办江门市社科联指导的“五邑文化讲坛之侨乡风物”讲座、麻二武术队和外海太虚拳协会分别开展非遗项目“佛家拳”“太虚拳”公益培训等活动。每年不定期举办外海街道男子篮球联赛。

【卫生】 2022年，外海街道开展疫情防控工作，公共服务做好各项防控措施工作。开展新冠疫情应急处置志愿者培训，完善街道应急处置机制并提高疫情防控应急处置能力。

【民生保障】 2022年，外海街道为低保户、残疾人、重大疾病人员、困难家庭、贫困学生等弱势群体落实供养金、慰问金、残疾补贴、特困和临时救助、重大疾病救助金以及慈善救助金，共计发放800万元。组织未就业人员参加区人社局举办的专场招聘会，解决企业用工问题。城镇新增就业2745人，城镇失业人员再就业1806人，就业困难人员就业142人，促进创业162人，城镇登记失业率2.02%。应届高校毕业生实现就业123人，高校毕业生就业率达90%以上。办理技能晋升培训补贴人员275人。推荐参加江海区举办的职业技能公益性培训班14人。做好企业退休人员社会化管理和退休人员养老资格认证工作，为7090名企业退休人员办理退休人员年审手续，为辖区312名领取城乡居保待遇参保人员进行城乡养老资格认证。落实22359人参加城乡居民基本医疗保险，为18个村居全征地农民发放全征地农民延缴补助资金954.5万元。

【环境整治】 2022年，外海街道推行生活垃圾分类工作，加快分类收集点的建造。定期检修环卫分类设施，维修或更换环卫设备设施。全年用于垃圾分类设施的维修费用10万元，更换分类垃圾桶730只，使分类收集点实现辖区全覆盖，为推行村级垃圾分类打下基础。加强广告治理，保障沿街墙体美观亮丽，美化城乡人居环境。累计清洗“牛皮癣”28万平方米。配合村（社区）开展创文、乡村振兴、城乡环境综合整治工作等各项行动。累计开展各类整治行动260次，清理卫生死角1600处，清运垃圾、杂物、杂草3200吨。

【城乡品质提升】 2022年，外海街道完成创文部门下发整治清单任务，修复一批辖区内市政基础设施，新增停车位3000个，翻新停车位3500个。完成五邑路沿线两侧硬底化工程、南山路东侧道路工程、五邑路北片区截污及白水带清污分流工程；推进南山路西侧道路工程、规划四路建设、规划九路道路工程、彩虹河（龙溪湖—连海路）清淤疏浚工程、高新区44号地片区排洪渠整治一期工程。开展人居环境整治（外麻路改造）、水环境整治（地字股电排站一期）等建设工程。协助区住建局实施中华大道改造、养老中心建设、中华大道沿线外立面翻新，清兰、墟镇、四大等社区旧楼公共设施翻新，公园、篮球场翻新等老旧小区改造项目；协助区城管局实施排水整治项目二期；推进云沁路（东宁路—东海路）等道路建设工程项目外海段的征地拆迁和填土任务；完成金溪二横路、五邑路人行天桥等工程的用地保障工作。加强空气环境监督管理，包括强化加油站油气回收监管；加大建筑施工工地和裸露地面扬尘污染检查力度，完成整改工地420个、裸露地面19个、砂石场4个；开展露天焚烧污染源及餐饮油烟污染整治，制止露天焚烧垃圾、露天烧烤77起，整改排放油烟的餐饮服务场所，处理油烟投诉件103件。

【河流保护】 2022年，外海街道开展护河志愿者活动，出动150人次，派发宣传单200份，为河长制工作营造良好了舆论氛围。2级河长巡河工作共6784频次，全区街道最多，人均巡河102频次，按照要求完成达标。发现问题963宗并完成整改。不定期对西江水道沿线砂场进行检查以及全天候巡查非法采砂、非法排放情况；落实巡查175频次，其中日间127频次，夜间48频次，出动巡查人员299人次，检查相关经营企业35家。完成江门市河长制专项检查发现和整改问题18宗。区无人机实时监控排查120宗并完成整改。开展“五清”（清污、清漂、清淤、清障、清违）“清四乱”（清理乱占、乱采、乱堆、乱建）专项行动和清漂专项行动，累计清理河道漂浮物面积30.6平方千米，清理垃圾量498吨。清拆违章建筑物8宗，拆除面积1110平方米。拆除横沥河排污口1宗。整治违建问题3宗，清拆违章建筑物370平方米；清理横沥河乱堆放垃圾1宗。

【乡村振兴】　2022年，外海街道推进乡村振兴战略实绩考核，农村卫生户厕普及率、无害化卫生户厕普及率均达到100%；完成直冲村至东南村“一河两岸”，龙溪古涌（两岸新生）风貌提升示范片建设，平安里建筑外立面改造。推进农村人居环境综合治理项目，完成农业发债项目第一期工程；完善村级工业园升级改造，推进“一园一策”模式，通过竞争择优引入社会资本和专业团队，以承租、合作或合资运营方式参与村级工业园改造提升。

【环保】　2022年，外海街道开展大气污染源综合整治行动，重点对辖区内监测站点周边1千米内大气污染源进行综合整治，检查涉VOCs（挥发性有机物）、NOX（氮氧化物）和烟粉尘工业的重点企业234家，发现问题企业33家，对废气治理设施未正常运行等问题要求立即整改。排查施工工地、裸露地面1093个次，发现问题工地420个并完成整改。推进水环境综合整治工程，加强排污企业的监督管理，深入各个企业进行监督检查，巡查河道451次，检查河道周边企业234家次，发现问题企业33家。

【安全生产】　2022年，外海街道重点对生产及使用危化品、粉尘涉爆、有限和受限空间、村级工业园、人员密集场所、出租屋和“三小”场所等各类场所开展安全生产及消防安全隐患排查整治工作，以防灾减灾日、安全生产月、“119”消防宣传月为契机，组织开展多渠道多形式安全生产“五进”（进企业、进农村、进社区、进学校、进家庭）活动，举办警示宣传会19场次、开展消防安全培训及演练活动42场。加强行政执法力度，全年开具责令限期整改指令书71份，行政处罚立案6宗，处罚金22万元。巡查、督查和复查生产经营单位1771家次、“三小”场所、出租屋、公共场所4718家次，检查发现山体地质灾害点2处，落实整改隐患7600项。

【社会综合治理】　2022年，外海街道全面排查化解矛盾纠纷，排查各类矛盾纠纷133宗，及时化解132宗，化解成功率99.2%。完成2022年全国两会和中共二十大等特防期的安保工作。深入开展社会治安重点治理，全面铺开防范电信网络诈骗工作，多措并举开展反诈宣传。以“禁毒办+派出所+社工”三方联动深入开展禁毒工作，提高社区戒毒（康复）帮扶水平及就业率。常态化扫黑除恶斗争，全方位、多形式、多角度开展《中华人民共和国反有组织犯罪法》宣传。持续做好严重精神障碍患者救助救治、反邪教警示教育、护路护线工作。加强综治中心规范化建设，完善“信访超市+外送服务”网络化工作体系，针对群众反映的各类事项，由信访超市“派单”到相应社区入户处理；网格员依托“粤平安”系统实行闭环工作流程，网格事件录入8137条，办结率100%。依法调处矛盾纠纷，共受理各类信访案件121件，其中来访53件、网信68件，办结率100%。

【村、社区简介】 麻一村　位于外海街道西南部，背靠白水带风景区。总面积406.67亩，有自然村14个。村常住人口11288人，其中户籍人口4469人。村内有农贸市场1个、灯光运动场2个、露天剧场1个、文化活动室1个、学校1所、幼儿园1所、卫生站1间、公园5个。2022年，村集体经济收入3229.09万元，人均3287元。

麻二村　位于外海街道西北部。东接麻一村，西连麻三村，北靠白水带风景区。总面积3.17平方千米，其中山林589.5亩。村户籍人口889户、2742人，设村民小组4个。村内设有公共服务站、妇女学校、多功能会议室、警务室、文化书屋等。有市场、灯光运动场、老人活动中心、学校、幼儿园、卫生站和公园等。村经济收入以物业出租为主。2022年，村集体经济收入2862万元，人均5871元。

麻三村　位于外海街道西南部，东接麻二村，北靠白水带风景区。总面积3.6平方千米。村户籍人口995户、3777人，设村民小组10个。村内有1所银泉小学，老人活动室4间、长者饭堂1间、幼儿园4所、文化室1间、卫生站2间、公园6个、汽车客运站1个、篮球场4个、农贸市场2个。村经济收入以商铺及工业区厂房出租为主。2022年，村集体经济收入4500万元，人均7000元。

南山村　位于外海街道中部，北邻白水带风景区，南靠广珠城际轨道。总面积1.6平方千米。村户籍人口428户、1852人，常住人口1852人，设村民小组5个。村内有文化室1间、幼儿园1所、老人活动室1间。有南山伍公祠及碑刻“心池”，昭武将军庙（昭武庙）、光风艇津遗址、非物质文化遗产太虚拳宗师伍雪波故居等古迹。村经济收入以工业、工业用地出租和商铺经营为主。2022年，村集体经济收入1742万元，人均3700元。

中东村　位于外海街道南部，东临西江，南邻新会区睦洲镇牛古田，北与七西村接壤。由住船、新南、二冲、黄字、上石、中石、下石等7个自然村组成。村户籍人口2642人、常住人口13000人，设村民小组7个。村内建有小学、幼儿园、文化室、老人活动室、卫生站、体育公园。设有中东龙舟协会、中东慈善联谊会。村经济收入以土地出租和物业出租为主。2022年，村集体经济收入525万元，人均3552元。

东南村　位于外海街道东南部，东连东升村、南靠前进村、西近南山村、北连茶庵寺。总面积2.6平方千米。村户籍人口4389人，设村民小组12个。村内有广东南方职业学院、东南小学、东南幼儿园、常亨公园、龙溪第一泉公园、常兴新园公园、党建公园，并设有老人驿站、图书室、文化室、卫生站、东南慈善联谊会等。村内保留有辛亥革命先驱陈少白故居白园等历史遗迹。村经济收入以厂房、物业出租为主。2022年，村集体经济收入3386万元，人均4150元。

东升村　位于外海街道中部，北接四大社区，南连东南村，西与金溪社区接壤。村户籍人口473户、2019人，常住人口2800人，设村民小组8个。村内有东滨陈公祠、南滨陈公祠、艾亭陈公祠、洪圣大王庙。有幼儿园1所、卫生站1间、幸福院1间。村经济收入以厂房、铺位和土地出租为主。2022年，村集体经济收入650万元，人均2956元。

七东村　位于外海街道东部，北连东宁村，南连七西村，东邻海伦湾小区。总面积1平方千米。有户籍人口484户、1658人，常住人口1750人，设村民小组7个。村内有幼儿园1所、卫生站1间、老人活动室4间、公园1个、篮球场1个。村经济收入以租金收入为主。2022年，村集体经济收入700万元，人均2217元。

七西村　位于外海街道东南部，东连七东村，南与金瓯路接壤，毗邻江门港澳客运码头，西连直冲村工业区，北连前进村。总面积1平方千米。由七西直巷、盈丰新村、四十亩、旗尾4个自然村组成。村户籍人口413户、1380人，设村民小组4个。村内有杏龄居养中心，有公园2个、篮球场2个、文化室1间、老人活动室1间、卫生站1间。村经济收入以新头围工业区和江润物流园的土地出租为主。2022年，村集体经济收入751万元，人均2300元。

直冲村　位于外海街道中部，东连沙津横社区，北接中华大道，南邻中路片，西与东升、四大社区相连，毗邻江门港澳客运码头。总面积5平方千米。有户籍人口1800户、5556人，设村民小组19个。村内有幼儿园1所、卫生服务中心1间、公园2个、老人活动中心5间。有平壬陈公祠、可南陈公祠、蒸育陈公祠、瑶琳陈公祠、敬禾堂、遁舟祖祠堂。有青青读书会旧址红色学习基地。村经济收入以厂房出租为主。2022年，村集体经济收入6300万元，人均4178元。

东宁村　位于外海街道东部，东临西江，北接直冲村，南与七东村接壤。常住人口368户、3000人，设村民小组7个。村内有篮球运动广场、新时代文明实践站及党员远程教育多媒体培训功能室。村经济收入以地块和厂房出租为主。2022年，村集体经济收入450万元，人均2000元。

前进村　位于外海街道东南部，北靠江海路，东与七东、七西两村隔河相望。总面积0.55平方千米。有户籍人口628户、2144人，常住人口2800人，设村民小组7个。村内有中路小学、前进村篮球场、前进新村篮球场、前进村老人活动中心、前进图书馆和前进居家养老中心楼。村内有工业园2个，主要经营五金制品、家具。2022年，村级集体收入1000万元，人均2900元。

墟镇社区　位于外海街道中部，总面积4平方千米。社区有翡翠华府、帕佳图观园、海盈雅苑、龙苑大厦、珑山居、连海苑、雄立大厦等7个住宅小区，有赤岭新村、昔园新村、利亨片区、富景山庄等4个居民点。社区户籍人口8565人，常住人口1.6万人。社区有幼儿园、中小学及医疗卫生服务机构、公园、酒店和餐饮娱乐等。社区设有党员远程网络学习站、学雷锋志愿服务站、公共法律服务点、妇女维权服务站、社区警务室、综治信访维稳工作站、心理咨询室和应急物资仓库等；成立墟镇慈善联谊会、乐有为长者志愿服务队和亲子义工服务队等。

金溪社区　位于外海街道北部，东临茶庵公园，南至白水带风景区，西连江南街道，北向西江河，总面积1.53平方千米。社区户籍人口300户、1071人。社区内工业园区主要经营制氧、玻璃、灯饰、五金、汽修等。社区有妇女之家，老年之家，社区卫生站、学雷锋志愿服务站、社区警务室，建有金溪农家书屋、金桂园、乡贤馆、彩虹公园、文体广场和口袋公园等。2022年，社区集体经济收入2293万元，人均13800元。

清兰社区　位于外海街道北部，东接沙津横社区、南至中华大道、西与石鹤利社区相连、北临西江，总面积0.8平方千米。社区户籍人口300户、2600人，常住人口1084人。社区有祠堂1间、图书室1间、文化室1间、老人活动室1间、小公园3个、文化广场1个。有工业区1个，主要经营灯饰配件、印刷、电子和床垫等业务。2022年，社区集体经济收入486万元，人均分红3000元。

四大社区　位于外海街道北部，北与清兰社区、东与沙津横社区、南与直冲村、西与石鹤利社区相连。总面积1.5平方千米。社区户籍人口200户、626人，常住人口3431人，设居民小组4个。社区设有学雷锋志愿服务站、各类活动室、电子阅览室、农家书屋、党建公园及健身广场。有法华庵、五大祠、大慈菩萨庙、昱泽幼儿园、博文托幼、中心小学。社区经济收入以厂房出租及工业园收益为主，有电子、电池、织造等企业80家。2022年，社区集体经济收入560万元，人均3241元。

沙津横社区　位于外海街道东北部，西北、西南分别与清兰社区、四大社区和直冲村接壤。总面积2.5平方千米。社区户籍人口2369人，常住人口3949人。社区有五金、制衣、纺织、皮具、灯饰、电器和印刷等企业70家。社区有小学、幼儿园、图书室、文化室、老人活动室、卫生站、小公园和社区长者饭堂。有六榕台古迹、懒云陈公祠、潘氏祖祠。2022年，社区集体经济收入1400万元，人均2283元。

石鹤利社区　位于外海街道北部，北临西江，南接金溪社区，东与清兰社区、四大社区相邻。总面积0.8平方千米。社区户籍人口325户、835人，常住人口1350人。社区有幼儿园、文化室、老人活动室、小公园、党建广场。社区经济收入以物业出租为主，有五金、塑料、灯饰、针织和汽车维修等企业52家。2022年，社区集体经济收入320万元，人均2600元。

银泉社区　位于外海街道西南部，东起龙溪路，南至金瓯路，西达德泉路，北至麻园路。总面积2.6平方千米，有银泉花园、翠湖湾、高路华、柏嘉阁等8个小区。社区户籍人口3200人，常住人口1万人。有商铺263间，其中江海区创业扶持4H站1间、托幼机构2间。社区设有银泉家、党建空间、人才驿站、会议室、活动室、微型消防站、电子阅览室、舞蹈室和健身区等。

彩虹社区　位于外海街道南部，东起西江沿岸，南至外海街道与新会区睦洲镇自然分界河，西达龙溪路，北至海逸华庭北侧。总面积11.7平方千米，有海逸华庭、海伦湾、财富海景、奕聪花园、金海苑、海伦心苑、海逸星宸、龙溪新城、悦海轩、星悦湾领江花园、星悦湾领著花园、朗基·香湾、嘉福铭著、新旅学仕府等14个小区。社区户籍人口5380人，常住人口34000人。社区有新向阳海逸华庭国际幼儿园、新向阳奕聪花园国际幼儿园、英贝尔幼儿园和中港英文学校等。有企业、商铺945家，“三小”场所724间。

永康社区　位于外海街道南部，东起龙溪路，南至礼乐自然分界河，西达永康路，北至金瓯路。总面积10.1平方千米，有江海碧桂园、君汇熙庭、高新小区、新城雅苑、宏都新城、汇源新苑、江悦花园、君逸府等8个小区。社区常住人口7186户、2万人，户籍人口4605人。社区有企业、商铺1263家。

礼乐街道

【概况】　礼乐街道位于江门市蓬江、江海、新会三区的接合地带，毗邻新会珠西枢纽站，广珠城际铁路、中江高速、江珠高速贯穿辖区内，与广州、深圳、佛山、香港、澳门等大湾区城市均在2小时车程范围内。街道面积50.82平方千米，下辖行政村24个、社区4个。常住人口10万人，户籍人口7万人。

【经济发展】　2022年，礼乐街道工业产值、规模以上工业增加值、固定资产投资等主要经济指标保持双位数增长，引进广东省盐业集团江门有限公司、睿智医药科技股份有限公司等企业。重点项目建设全面提速，江门市恒天科技有限公司全线投产，巴斯夫涂料（广东）有限公司二期项目试投产，投资1亿元的中砼混凝土和华源混凝土项目建设加快推进，金多多江门生产研发基地竣工，10万平方米厂房封顶。武东工业园升级改造项目加快推进，完成征地拆迁工作。礼乐利生车城19家品牌4S店全年零售额21亿元，高端汽车品牌宝马、凌志等中高端汽车品牌相继进驻礼乐利生车城，专业汽车销售市场进一步提质扩容。礼东美食街上榜“广东省粤菜美食街”。全年实现规模以上工业企业总产值128.24亿元，增长22.84%；规模以上工业增加值28.62亿元，增长12.3%；固定资产投资增长25.6%；限额以上社会消费品零售总额24.49亿元，增长9.2%。

【特色产业】　2022年，礼乐街道有世界500强化工企业巴斯夫涂料（广东）有限公司、高端机电德昌电机（江门）有限公司、新能源材料江门市优美科长信材料有限公司、创意糖果金多多食品集团等行业龙头相继落户，培育壮大江门市生和堂食品科技有限公司、量子高科（江门）有限公司、江晟电机厂有限公司、金钻辉精密铸造有限公司等一批名优企业，基本形成以高端装备制造、前沿新材料、安全应急、生物医药与健康等四大特色产业为主体的产业体系。2022年，街道有工业企业530家，规模以上工业企业56家，产值亿元以上企业15家、10亿元企业3家，高新技术企业29家，省级专精特新中小企业12家。

【基础设施建设】　2022年，礼乐街道全年实施交通大会战项目16个，累计投资

7.5亿元。会港大道左幅实现双向通车，五邑路主线及新建中江高速（中山—江门高速公路）左幅全线通车，深茂铁路稳步推进，江门船厂跨江桥、金瓯路西延线首期、南山路、一行路和会港路等城市主干道建设提速。全力推进征迁工作，基本完成云沁路、高新路、景观中轴路以及龙溪路等多个重要交通基建项目的拆迁交地工作。

【乡村振兴】 2022年，礼乐街道代表江门市参加2021年度广东省推进乡村振兴战略实绩考核工作，新华、威东、东红等3个村经广东省第三方评估组实地考核评估并获优秀等次。现代农业加速发展，引入月光宝盒数字渔业技术，采用高位池技术进行水产高密度养殖，亩产翻20倍。完成粮食种植面积1879亩，增长52.8%；粮食产量639吨，增长35.1%；蔬菜产量54274吨，增长8%。落实地方特色文旅项目，礼乐河乡村绿廊碧道成为江门市唯一入选广东省十大“最生态碧道”项目。加快推进“江海八景”之一的“羽林春秋”核心示范段项目建设。广东省月光宝盒农业科技有限公司入选2022年广东省休闲农业与乡村旅游示范点。年内，礼乐街道在江门市抓党建促乡村振兴镇（街）擂台赛现场竞演中获得第二名。

【城市品质提升】 2022年，礼乐街道建成文昌沙公园和“网红”如意桥，成为热门网红打卡点。推动老旧小区改造步伐加快，文昌沙文兴苑、纸厂新村等老旧小区改造相继完成，墟镇社区老旧小区改造、江门船厂遗址公园活化升级项目加快推进，全线完成礼乐路城市路灯升级改造。

【教育】 2022年，礼乐街道有公办中小学校10所，包括完全中学1所、初级中学2所、完全小学7所；在校中小学生9507人，在职在编教师532人。幼（托）儿园17所，其中公办幼儿园1所。全年礼乐中学高考生本科上线人数212人，本科上线率40.3%，礼乐中学的美术类本科双上线率88.6%。

【文化体育】 2022年，礼乐街道持续深化巩固全国文明城市创建成果，实现区级文明村全覆盖，有市级以上文明村7个，其中英南村获省级文明村称号。礼乐街道新时代文明实践所创建为省级示范所，英南村、威东村、中福社区等3个新时代文明实践站创建成为省级示范站。年内升级改造东红村灯光篮球场1个、新民村儿童足球场1个，完成15分钟全民健身圈建设。挖掘、培养省级非遗龙舟文化项目传承人，7名礼乐龙舟项目传承人入选省、市、区三级非遗代表性传承人。推动礼乐乡村旅游发展，依托长廊生态园、荷香生态园、乡村绿廊和英南村、乌纱村、东红村、丰盛村等打造网红打卡点，其中向东村获评广东省文化和旅游特色村和江门市乡村旅游示范村。

【卫生】 2022年，礼乐街道有序落实疫情防控各项工作，以快制快处置疫情事件，创新推进企业开展AB角轮班复工管理。强化防疫知识培训，累计组织开展疫情防控应急处置流程及个人防护知识培训12场，组织应急处置桌面演练1场，实战演练7场。全面稳妥落实“乙类乙管”工作要求，落实病媒生物防制属地管理机制，街道鼠、蚊、蝇、蟑螂密度均达到国家病媒生物密度控制水平标准C级以上。定期开展爱国卫生运动，组织职工干部、村居干部、党员义工等全年开展爱国卫生运动15场次。

【社会综合治理】　2022年，礼乐街道建成智慧网格管理体系，全街道优化划分41个网格，细分697个最小单元，有专职、专业、兼职网格员2000名，形成群防群治合力；建成智慧网格指挥中心，构建“综合网格+综治中心+‘粤平安’云平台”的全覆盖立体式智能化工作体系，创新构建并高效运转街道“一心两纵三横”网格事件闭环处置体系；建成江门市首个网格员之家“格格坞”，探索实施“逢五聚格”“格格之星”特色品牌，引路搭台为网格员成长赋能，培育建设网格化示范点一批，基层治理经验登上中央政法委微信公众号“长安评论”。提升基层治理阵地功能，创新推进街道综治中心、综合执法中心、党群服务中心“三个中心”建设，通过资源整合新建街道综治中心，统筹整合周边司法资源打造“基层治理一条街”。全面强化综合执法中心功能，连续9个月在全市73个镇街综合执法考核中名列第一，案件办理数量名列全市前茅。常态化开展安全生产隐患排查整治，防范化解重点领域重大风险。加强社会治安治理，全面设立监控枪500支，进一步完善平安乡村监控平台，全年街道刑事治安总警情下降18%，礼乐派出所为全区四项打防指标（警情压控、行政拘留、刑事拘留、逮捕查诉）唯一达标的派出所，2022年获五星派出所称号。

【环境整治】　2022年，礼乐街道加强辖区环境整治工作，发动群众提供打击固危废线索，进一步压实村居治安联防排查作用，重点开展9家10吨以上监管危废企业的检查工作等。加大对扬尘污染防治力度，对辖区内大型工地、砂场进行专项检查，督促其严格落实“六个百分百”（施工工地周边围栏、物料堆放覆盖、出入车辆冲洗、施工现场地面硬化、土方开挖湿法作业、渣土车辆密闭运输均达100%）要求，持续抑减扬尘；针对露天焚烧问题，落实24小时在线监测露天焚烧现象的机制，做到即时接报即时处置，累计出动3000人次，发现并制止露天焚烧现象1407起，及时响应1398宗。

【河流保护】　2022年，礼乐街道全面推行流域环保巡查工作，进一步加大河道周边企业摸排工作力度，落实7个污水处理站点专人管护制度，并对辖区内所有自然村农村生活污水治理情况进行摸排，重点对河道附近企业80家和小作坊进行分门别类式摸排，督促重点企业、小作坊做好废气收集及工业污水自治自理。其中涉VOCs违规直排企业7家，均已责令整改，未发现有企业违法偷排工业污水现象。

【公共服务管理】　2022年，礼乐街道升级改造礼乐街道威西社区康园中心，满足残疾人多层次品质生活和服务需求。建成跨龙村、敬和村居家养老服务站，礼乐街道居家养老服务站正式运营，长者饭堂中心效能不断优化，威东村获评“全国示范性老年友好型社区”称号。年内投入20万元，在礼乐街道居家养老服务站建设未成年人保护工作站。以街道双百社工服务站为中心，增设英南村、向东村、新丰村、敬和村、文昌沙社区和墟镇社区等6个村级社工服务点，搭建“双百工程”服务平台，实现100%全覆盖；配备双百社工19名、残疾人专职委员1名。

【民生保障】 2022年，礼乐街道落实各类救助政策，链接资源改善住房困难对象居住环境，构建困难群众基本生活保障安全网。全年发放低保361.89万元、特困人员保障金88.64万元、残疾人两项补贴323.51万元、临时救济2.35万元、医疗救助8.2万元。提升对高龄独居老人、残疾人居家生活的关怀服务，为252名群众安装平安通，提供全天候服务。在江海区“耆乐安居”长者居家安全改造计划的支持下，为特困户12户、低保户1户进行房屋改造。在江海区“共建一个家”旧房改造项目的支持下，为特困户2户、低保户2户的房屋进行修缮加固。推进民生实事项目实施，全面完成礼义路水浸黑点整治等9项民生实事。

【扶贫和公益事业】 2022年，礼乐街道全面落实返贫监测帮扶机制，街道和村居干部常态化入户排查，及时研判并逐级上报。年内返贫监测无新增监测对象，3户8人按有关程序有序退出返贫监测帮扶。做好产业扶贫，在江海区都市农业生态公园租赁30亩土地打造产业扶贫基地，发动5户脱贫户进基地种植，并给予免地租、农资补贴和技术指导等帮扶指导；扶贫工作坊吸纳10名脱贫户、13名残疾人、就业困难人员就业；动员各村在乡村振兴工程项目中优先聘请脱贫户务工，增加脱贫户收入。

【村、社区简介】 英南村　位于礼乐街道南部，东北邻东红村，西接跨龙村、东仁村，南邻南冲公路、会港大道，毗邻新会轻轨站。总面积2.09平方千米，其中耕地面积2000亩，工业用地150亩，公益事业用地4亩。由聚兴里、北乐里、南乐里、西龙里、南雄里等5个自然村组成。有谭、胡、李、吴、刘、曾、郑姓杂居，大姓有谭、胡姓。村常住人口552户、2242人，下设村民小组7个。村内以养殖业和种植业为主，甘蔗、葡萄等农作物主要分布在大东角围、大王庙围等地。村内以制造业、加工业等为主，有工业企业45家、商铺22家。村内组建有醒狮队、篮球队、龙舟队、太极拳队、舞蹈队和健身队等。村内有图书室1间、养老服务站1间、幼儿园1所、寺庙2间。2022年，村获评全国先进基层群众性自治组织、江门市优秀农家书屋等称号。村集体经济年收入368万元，人均13500元。

跨龙村　位于礼乐街道南部，东邻英南村，西邻雄乡村，北邻雄光村、东仁村，南面为田园地带。由护龙里、忠心里、南安里、东胜里、南胜里、西安里和龙兴里组成，总面积1.6平方千米。大姓有张、李、林、胡姓。村常住人口566户、2560人，设村民小组8个。跨龙村大部分土地划入农田保护区，村内以农业为主，有耕地1007亩和鱼塘1100亩。村内有跨龙桥，为单拱石桥，拱长13.8米、宽3.8米，跨拱5米，建于清乾隆二十五年（1760），2004年列为江门市文物保护单位。村内有学校1所，有200年历史，前身为礼乐书院，是新会知县文廷杰在清道光四年（1824）创建的，开创礼乐近代教育之先河，1980年更名礼西中学，现为礼乐街道第二初级中学。村内有篮球公园、南胜里小公园和党建公园。2022年，村获评广东省乡村治理示范村镇称号。村集体经济年收入85万元。

雄乡村　位于礼乐街道西南部，东邻东仁村，南接跨龙村，北接雄光村，由西贤里、西兴里、源兴里、汇龙里、南龙里和兴龙里组成，有梁、陈、谭、李、周、区、刘、廖姓聚居，大姓为梁姓。总面积1.5平方千米，其中耕地面积2356亩。常住人口580户、2352人，设村民小组8个。村内以种植业和养殖业为主，种植粮食作物、水果和蔬菜，兼养塘鱼和南美白对虾，农产品主要分布在雄乡村白沙角围、区道围等地。有二帝古庙1间。组建有篮球队1支和“红太阳”舞蹈队1支。有图书室1间、江海区青少宫1间、文体广场1个。2022年，村集体经济年收入80万元，人均2万元。

雄光村　位于礼乐街道西南部，西与田围接壤，东与中心市场为邻，南接雄乡村、跨龙村；北与墟镇园林新村、敬和村为邻。总面积1.72平方千米，其中耕地面积1.62平方千米。村常住人口467户、2049人，设村民小组6个。作为纯农业村，主要农作物有水稻、番薯、甘蔗和柑等。水产养殖主要有南美白对虾、桂花鱼、甲鱼、鳗鱼、泥鳅、草鱼、鲢鱼、鳙鱼和鲮鱼等。有文化活动室、图书馆、老人活动中心、幼儿园和户外健身器械等设施。有篮球队和龙舟队各1支。2022年，村集体经济年收入434.88万元，人均3.8万元。

五四村　位于礼乐街道西部，东临张围河，西临江门水道，南邻雄乡村双桓围，北邻新民村。由礼和里、龙滘里、逢兴里、聚龙里四个里组成。主要姓氏有李、何、蓝、吴等姓。总面积1.25平方千米，其中耕地面积1885亩、工商业用地35亩、公益事业用地5亩。村常住人口685户、2780人，下设村民小组6个。村内以种植蔬菜、瓜果等农作物为主。村内主要有五金加工企业30家。有庙宇4间（五圣庙、观音庙、洪圣庙、康皇庙）。村内组建有五四篮球队。有图书室和阳光学校等公共文化设施。2022年，村集体经济年收入86万元，人均1.2万元。

东红村　位于礼乐街道南部，由攀桂里、叶兴东里、叶兴西里、东兴里、英东里组成。有谭、吴、周、谢、刘、邓、梁等姓，大姓为谭姓。总面积2.2平方千米，户籍人口598户、2692人。设村民小组9个。农业以种植水果、蔬菜、粮食作物为主，兼种植花卉及养殖鱼、虾水产。村内有谭氏家塾1间。有南溪桥，为花岗石砌筑的石拱桥，桥长207米、宽2.5米，跨拱4.8米，建于清乾隆四十四年（1779）。通过清理闲置地，结合青砖古屋建成“怀古阁”，提供给爱好美术者写生，并打造成为爱国主义教育基地、青少年活动基地。2022年，村集体经济年收入93万元。

东仁村　位于礼乐街道中部，东与英北村、东红村隔河相望，南邻跨龙村，西邻雄光村和墟镇的双圹里，北邻墟镇社区。由东仁里（镬耳围）、芳兴里、新城里（死水围）、福禄里、五福里、永兴里等六个里组成。有谭、陈、李、邓、黄、区、林、刘、梁等姓，较大姓氏有谭姓。总面积1900亩，耕地面积1000亩。常住人口486户、2068人，设村民小组10个。村内有古建筑圣母庙、玉虚宫、谭家祠、礼乐乐善堂和芳兴里牌坊。其中圣母庙、玉虚宫始建于清乾隆三年（1738）。谭家祠始建于清代，是福禄里谭氏族人的宗族活动场所。组建有东仁篮球队，有图书室、全民健身公园和党政公园各1个。农业以水果、蔬菜、塘鱼为主，工业有印刷业、食品加工、餐饮等。2022年，村集体经济年收入150万元。

英北村　位于礼乐街道中部，东邻乌纱村，西邻墟镇社区，南邻东仁村，北邻威东村。由民乐里、大社里、英盛里、兴盛里共4个里组成。有陈、李、朱、黄、邓、梁、区、张、雷、何等姓，较大姓氏有黄姓。总面积1.29平方千米，其中耕地面积1580亩、工商业用地30亩、公益事业用地4亩。常住人口502户、2261人，设村民小组9个。农业以蔬菜、水果和塘鱼为主。有五金加工、电子设备加工等企业40家、商铺55家。建有英北文体公园。2022年，村集体经济年收入92万元，人均1.5万元。

镇龙村　位于礼乐街道东南部，东邻江海区东环三路，南邻东红村一河相隔，西临邻东仁村，北邻英北村。由九如里、镇龙里、扳龙里等3个里组成。有陈、梁、区、李、吴、周等姓，较大姓氏有陈、梁、区姓。总面积1平方千米，其中耕地面积897亩、鱼塘249亩、建设用地9亩。常住人口26户、1096人，设村民小组4个。经济以种植业、养殖业、出租收入为主。有图书室、篮球场、休闲公园、健身公园、休息凉亭、老人活动室、卫生公厕和卫生站等设施。2022年，村集体经济年收入155万元，人均3万元。

敬和村　位于礼乐街道西部，东南面与威西村相连，东北面与威东村竹仔围冲相隔，南面与雄光村相连，西面与五四村相隔张围河段，北至新创村。由张围里、月塘里、新塘里、敬和里、金和里、新和里、祈丰里、祈新里等8个里组成。常住人口901户、3753人。较大姓氏有区、麦、张、吴姓。总面积2.44平方千米，其中耕地面积3316亩，经济以种植业为主。2022年，村集体经济年收入126万元。

威西村　位于礼乐街道中部，东邻威东村，西接敬和村。由接龙里、迎龙里、聚龙里、东胜里、新地里、泗源里、南昌里、永胜里、永贤里、永盛里、永顺里等11个里组成。有李、陈、黄、梁、甘、罗、潘、卢、何、邓、胡等姓，较大姓氏有刘、区姓，有刘家祠、区家祠（竹溪祖）。总面积1.5平方千米，其中耕地面积2450亩、公益事业用地0.75亩。常住人口551户、2473人，设村民小组7个。经济以种植业和养殖业为主，种植蔬菜、薯类等农作物，养殖南美白对虾、罗氏虾、草鱼、鲢鱼、鳙鱼和鲮鱼等，有养殖户40家、商铺4家。有中正桥古桥遗址。组建有醒狮队、篮球队等。有图书室、妇女儿童之家和残疾人康园中心各1间。2022年，村集体经济年收入120万元，人均2万元。

威东村　位于礼乐街道中部，东靠乌纱村，南靠英北村，西靠威西村，北靠武东村。由东华里、华路里、荣江里、中路里等4个里组成。有李、邓、卢、陈、梁、区、吴、潘、何、付、冯、杨、曾姓，较大姓氏有李、邓、卢、区姓。总面积2.24平方千米，其中耕地面积1530亩、工商业用地50亩、公益事业用地12亩。有812户、3160人，设村民小组6个。有食品加工、五金加工等企业26家、商铺6家。有中正桥古桥文化遗址。组建有舞蹈队及篮球队等。有寺庙1间、农家书屋1间、长幼活动中心1间、幼儿园1所、中路里文化活动中心1间、长者活动场所6间、长者饭堂1间。2022年，村集体经济年收入530万元，人均1.8万元。

乌纱村　位于礼乐街道中部，东面为武东水田，南面为镇龙村，西面为威东村，北面为武东水田。较大姓氏有曾、付、区、邓、胡姓。村户籍人口388户、1880人。经济以种植业和养殖业为主，种植水果、蔬菜、树苗等，养殖草鱼、鲢鱼、鳙鱼、鲮鱼、基围虾。有化工、腊味制品、五金制品和饮食等企业、商铺80家。村内有姜太公庙、关公馆。组建有乌纱篮球队等。有图书室1间、养老服务站1间以及礼乐中心小学、党建文化公园、乡贤馆、文体公园、环村绿道等公共文化设施。2022年被评为江门市家庭文明建设示范点。村集体经济年收入440万元。

武东村　位于礼乐街道北部，东邻睦洲水道，西接威东村、威西村、新创村、新华村等；南接威东村、乌纱村；北至睦洲河道。由益兴里、茂隆里、东隆里、仁厚里、东和里、仁和里、仁家里、兴隆里、刘家里、天福里和广丰里等11个里组成。较大姓氏有区、刘、李、吴姓。总面积3.2平方千米，其中耕地面积1100亩、工商业用地100亩、公益事业用地3亩。常住人口1225户、5370人，设村民小组19个。有腊味行业、食品行业、金属铸造业、新材料研发等企业90家、商铺5家。村内有寺庙2间、百年古榕树8棵。有图书室、养老服务站、武东小学、武东幼儿园和党建公园等公共文化设施。2022年，村集体经济年收入560万元。

新创村　位于礼乐街道西北部，与武东、威西、新丰村相邻。由丰安里、建安里、沙咀里、新安里和永安里等5个里组成。有陈、李、区、张、黄、何、谭、黎、邓、吕、吴、梁、林、胡、杨姓。常住人口1835人、382户。总面积1.07平方千米，农业用地面积1300亩，其中鱼塘面积475亩、花卉面积80亩，其余耕地以种植瓜菜、水果和薯类为主。在建安里有回澜庙，始建于清光绪年间（1875—1908），每年农历四月十八华佗诞、五月十二包公诞、七月二十二财帛星君诞举行祈福活动。抗战烈士邓文钊生前居住在新创村丰安里。村内组建有篮球队，设有图书室1间、老人活动中心3间。2022年，村集体经济年收入98万元。

新丰村　位于礼乐街道北部，东邻武东村，南邻新创村，西靠礼乐大道，北邻新兴村。由三福里和流沙里组成。农业以种植蔬果、养殖鱼虾为主。建有1个由50家企业和个体工商户组成的工业园。常住人口350户、1550人。2022年，村集体经济年收入460万元。

新华村　位于礼乐街道北部，毗邻新兴、新创和武东村。由新墩里、新龙里、华宁里和新宁里等4个里组成。有区、王、李、吴、陈、何、林、胡、郭姓，较大姓氏有区、王、李、吴姓。总面积0.93平方千米，其中耕地、鱼塘面积770亩，工商业用地196亩，居住用地200亩，公益事业用地3亩。常住人口361户、1612人，设村民小组6个。农业以养殖鱼类为主，工商业以五金、机电、腊味加工为主。有工业企业82家、商铺7家，其中规模以上企业5家。组建有新华村舞蹈协会队、青年篮球队等。有圣母庙和礼乐上堡“朱紫岸”牌坊、唯一山和淮海战役战士旧居等古迹。设有图书室、新华幸福院、新联小学、体育公园、党建文化长廊、党建文化堤、唯一山党建公园、禁毒公园、党员村民议事园、新墩里公园、新龙里公园、港澳同心驿站等公共文化设施。2022年，村集体经济年收入610万元。

新兴村　位于礼乐街道北部，东邻新华村，南连新丰村，西靠江礼公路，北至礼义路。由仁让里、西兴里、纸扇里、仁兴里等4个里组成。较大姓氏有陈、谢、李姓。总面积1.1平方千米，其中耕地面积650亩、商业用地65亩、公益事业用地1亩。常住人口365户、1630人，设村民小组4个。农业以水产养殖业为主。有大型餐饮企业1家，物流仓储企业等工业企业26家、商铺33家。组建有新兴篮球队。有文化活动室、图书馆、老人活动中心各1间，幼儿园2所。2022年，村集体经济年收入600万元。

新民村　位于礼乐街道北部，广珠城际铁路礼乐站设在村内。由南安里、东安里、西宁里、聚安里、五冲里、义兴里、六冲里等7个里组成。较大姓氏有李、区、吴姓。总面积2平方千米，其中耕地面积798亩、工商业用地619亩、公益事业用地560亩。下设村民小组7个。经济以工商业为主，有工业区3个、饮食服务区1个、商业区1个。有汽车销售、餐饮、五金、石材、腊味等企业62家，其中规模较大的有江海区华源混凝土有限公司、礼乐利生车城、江门速龙机车制造有限公司、第一城渔村等。有农家书屋、新民小学、新民幼儿园和新民农贸市场。2022年，村集体经济年收入2900万元。

向前村　位于礼乐街道西北部，西与新华、新创村农田交界，南与向民村交界，北与新丰、新华交界。由大利里、瑞利里组成。较大姓氏有区、陈、梁姓。总面积1.5平方千米，其中耕地面积1300亩、工商业用地220亩、公益事业用地6亩。常住人口357户、1591人，设村民小组4个。村内以种植业为主，有柑、葡萄等农作物。有企业22家、商铺68家。有图书室1间、幼儿园2所。2022年，村集体经济年收入416万元。

向民村　位于礼乐街道东南部，东与丰盛村相隔，南与向荣村相近，西与向前村相邻、北与礼东青年堤外海相望。由同丰里、同兴里、泗丰里组成。较大姓氏有李、曾、陈姓。村常住人口512户、3150人，其中户籍人口2387人。村内种植巨峰葡萄、阳光玫瑰等水果，并种植蔬菜和养殖塘鱼，其中500亩葡萄为“一村一品”的主打品牌，引进技术种植火龙果、无花果等新品。有中小型五金、纸箱厂、电子厂、油漆厂和木制家具厂等企业28家。有图书室、养老服务站、社区康园中心、礼东农贸集散地和公共篮球场。2022年，村集体经济年收入76.5万元。

向荣村　位于礼乐街道东南部，东北靠礼睦路，西接睦洲水道。有1个自然村天成里。总面积1200亩，其中耕地面积350亩、工业用地面积140亩。较大姓氏有陈、李、吴姓。常住人口241户、1185人，设村民小组3个。以种植业为主，种植甘蔗、葡萄等农作物。有图书室1间、养老服务站1间，教育有礼东小学、礼乐第三初级中学。2022年，村集体经济年收入200万元。

向东村　位于礼乐街道东南部，毗邻新会区睦洲镇新沙村。由东成里、合城里、永盛里等3个里组成。较大姓氏有区、陈、李、梁姓。总面积2平方千米，其中耕地面积2500亩。常住人口2600人，设村民小组7个。以种植业为主，种植花卉、蔬菜等。有工业企业29家、商铺15家，其中有江门市江新肉联厂。有养老服务站1间、卫生站1间、民办学校1所。2022年，村获评广东省乡村治理示范村镇、江门市乡村旅游示范村。村集体经济年收入110万元。

丰盛村　位于礼乐街道东部，紧靠江海八景之一的礼东主灌河。由丰盛里和联盛里等2个里组成。较大姓氏有陈、李、吴、区姓。总面积0.7平方千米，其中耕地面积785亩、工商业用地50亩、公益事业用地30亩。常住人口235户、1059人，设村民小组4个。以种养殖业为主，种植蔬菜和养殖草鱼、鲢鱼、鳙鱼、鲮鱼、白对虾。有工业企业13家、商铺2家。有医疗卫生站、图书室、老人幸福院、篮球场、儿童公园和体育公园。2022年，村集体经济年收入158万元，人均53000元。

墟镇社区　位于礼乐街道中部，东靠东仁村，南靠东红村，西靠雄光村，北靠威西村。总面积0.52平方千米。常住人口1238户、4932人。社区内有乐中公园、会堂广场，并设有健身器材。

文苑社区　位于礼乐街道北部，东邻文昌沙社区，南邻新民村，西北面邻中福社区，与蓬江区、新会区一河之隔。总面积0.5平方千米。常住人口5000户、16000人，有物业小区4个。有微型图书室，微型消防站，篮球场和法治公园。

文昌沙社区　位于礼乐街道北部，毗邻中福社区、文苑社区、新民村。由纸厂新村、文兴苑、文耀苑、文盛花园、礼义路、朗晴新天地小区、文华豪庭小区、联合高峰汇小区、万隆茗汇轩小区组成。社区有常住人口2993户，常住8334人，设居民小组17个。有市级文物保护点江门造纸厂办公楼遗址。有图书室、文昌农贸市场、朗晴小学、文华幼儿园、文昌沙公园、文昌苑公园。

中福社区　位于礼乐街道北部。由帕佳图、恒大、文昌花园、文锦苑、星湖湾等小区组成。总面积0.7平方千米，社区常住人口4204户、13855人。有电子科技、营养科技、化工纸业、污水、粮业、盐业、汽车等企业。有江门船厂文化遗址。有图书室2间、超市2间、慈善会1间、学校6所。

江南街道

【概况】　江南街道地处江海区中心区域，是江海区人民政府所在地，是江海区政治、文化、交通和商贸中心。2022年，江南街道行政区域面积13.62平方千米，常住人口100782人，其中户籍人口37966人，非户籍流动人口62816人，下辖社区居委会13个、经济联社2个、经济合作社14个。江南街道自然资源优越，东倚白水带风景名胜区，西环蓬江河及礼乐河。辖区内有釜山公园、白水带体育公园、城央绿廊、江门儿童公园、彩虹村、渔山公园、下沙公园等。辖区交通条件发达，广珠城际轨道贯通其中，毗连江鹤、江中、广中等高速干线，辖区内东海路、胜利南路贯通南北、江海路、五邑路、金瓯路联系东西，胜利大桥、蓬江大桥、东华大桥、江门大桥、北街大桥等7座桥梁横跨江海、蓬江两区。生活配套设施完善，辖区有中学3所、小学6所、幼儿园14所、农贸市场4个、文体小广场23个。

【经济发展】 2022年，江南街道完成限额以上商品零售总额7.02亿元，增长44.3%；工业投资完成3.97亿元，增长42.3%。规模以上工业总产值96.5亿元，下降21%；规模以上工业增加值21.2亿元，下降28%；固定资产投资29.5亿元，下降26%。全年引进招商项目8个，其中亿元以上项目2个；高企申报21家，其中初次认定11家，重新认定10家。

【基础设施建设】 2022年，江南街道推进以胜利南路和五邑路沿线为主的村级工业园、集体留用地连片整合开发。滘头联星“三旧”改造项目摘牌并动工建设，滘头五星经济社宝敦围改造项目申请资料报区自然资源局审批。滘头工业园升级改造项目完成可行性研究报告审批，项目总投资2200万元，改造内容包括更换路灯和窨井盖，排除部分企业供电设备隐患，开展雨污管网改造，实现雨污分流。城镇人口密集区危化品企业、行业关停、搬迁工作有序推进，江门谦信化工集团有限公司按照计划关停生产线，江门市臻业混凝土有限公司停产搬迁，江门市广悦电化有限公司制订搬迁计划并完成新厂区选址，江门全合精密电子有限公司、江门市厚信电子有限公司筹划搬迁。配合完成城央绿廊纵深9平方千米的核心段建设任务，其中下沙人行天桥项目如期建成开放，针对油湾片区改造项目的旧村改造部分，完成旧村拆迁补偿方案和招商方案编制并开展宣传发动等前期工作。秉承“微改造、大提升”“小切口、大民生”思路，投入3000万元，开展东海路沿线的蓬苑、桥南、新中、永明、竹苑等5个社区的老旧小区改造，进行建筑外立面美化及内部楼梯间翻新、道路交通改造、“三线”整治和广场升级改造等工程建设，惠及住户5000户、1.5万人。

【重点项目建设】 2022年，江南街道重点项目有26项，年度投资45亿元，其中产业类项目5个，包括三菱重工金羚空调器有限公司整体搬迁及升级扩建、金羚科技产业园、村级工业园升级改造、安诺特炊具扩产增效技术改造、威柏云谷智能制造项目，年度投资4.98亿元；基础设施工程6个，包括江海区老旧小区改造一期、沿江路江门大桥至北街大桥段、东海路人行天桥、江海区照明升级改造工程麻园河江南段、江门110千伏红星（胜利）输变电工程、江南街道农村人居环境提升项目，年度投资2.94亿元；民生保障工程15个，包括滘头片区学校一期、中小学扩容提质工程、江海区人民医院江南分院项目、疾控中心、中心城区滨水商业建设项目、保利江湾大都汇、江门大桥至北街大桥段“三旧”改造、春燕棉纺厂“三旧”改造工程、滘北油湾公园征地拆迁及其工程改造、一汇天地广场、明泰广场、明泰城、府西小区轻轨综合体配套开发、华发合隽四季花园、天懿城（鹿茵酒店），年度投资39.27亿元。

【教育】 2022年，江南街道创建“平安校园”，做到组织领导、思想认识、制度责任和整改落实到位，统筹协调疫情防控和教育教学工作，从严从紧科学精准做好常态化防控，开展“防溺水”“防交通事故”“防诈骗”“扫黑除恶”“拒绝毒品”等专题教育活动80场次，6万人次参与。全年开展校园安全专项检查20次，包括食品、燃气、校舍安全和台风防御等专项检查督查，实现安全工作责任零事故、非正常死亡零事故的“双零”目标。江南小学完成旧教学楼外墙翻新工程和综合教学楼打桩工程。推进“双减”工作，实现常态化监管。开展“五项督查”，进一步提高学校作业设计水平、课后服务水平和课堂教学水平。把培育和践行社会主义核心价值观融入学校教育全过程，提高“四大节”活动层次水平。高质量建设景贤小学、天鹅湾小学、江门一中附属小学、江海景贤初级中学，打造家门口四大品牌学校。

【文化体育】 2022年，江南街道富横社区横坑村成功申报省、市级旅游示范村。扶持富横社区横坑村农家书屋为旅游服务中心融合发展试点。对辖区“台山玉石”“佛桩狮艺”两项非物质文化遗产继续培育，开拓演出、宣传渠道。“佛桩狮艺”获评江门市第九批市级非物质文化遗产代表性项目，5人获评江海区第四批非物质文化遗产项目代表传承人；“台山玉石”1人获评江门市第七批市级非物质文化遗产项目代表传承人，2人获评江海区第四批非物质文化遗产项目代表传承人。建设“15分钟文化圈”“15分钟健身圈”，配合做好江海区图书馆江南分馆和江翠、建联、北湾社区等3个服务点的建设，按照实际需求完善和维护街道文化站各类功能服务场室的设施设备，确保正常开放使用。建设仁美社区和新中社区的江海区示范农家书屋。对辖区内各公共户外体育设施进行维护。开展群众性文化娱乐活动，在“五四”青年节期间开展“团青杯”青少年足球联赛，组织送戏下乡120场次，开展书法、舞蹈、醒狮和游园等各类文体活动160场次。定期对辖区电影院、网吧、棋牌馆、球场和游泳场等文化体育场馆开展巡查，落实管理措施。

【卫生】 2022年，江南街道进一步优化人居环境，投入100万元对明星村、明泰城、仁美村和南苑街的垃圾中转站进行升级改造，开展生活垃圾分类主题宣传活动50场次，在江门市垃圾分类办15个镇街评估考核中排名第一档首位。农村人居环境全面提升，把农村人居环境提升工程纳入专项债支出项目，投入800万元，改造建设建星村顺天里、滘头工业园道路、联星村石咀里道路、富田村环山路；富横社区彩虹村成功创建第三批广东省文化和旅游特色村。全年街道、村级河长共开展巡河2332人次，发现并完成整改河道问题209宗，组织开展河道“清漂”（清理水面漂浮垃圾）专项行动2次，清理水面漂浮杂物16吨。

【社会治安管理】 2022年，江南街道构建“综合网格+综治中心+‘粤平安’云平台”的全覆盖立体式智能化工作体系，重点推进网格事项入格转办、网格事件处理闭环管理工作，全年“粤平安”综合网格服务管理系统共录入综合网格事件5674条，办结率100%。构建“1+2+14”的江南街道“信访超市”、信访驿站和信访综合服务点的信访工作架构体系。全年受理区信访局转办信访案15宗，接待群众来访2批7人次、来信2宗，并全部办结；化解矛盾纠纷73宗。做好全民禁毒工作，江南街道获评第一批“江门市禁毒示范镇（街）”，其中中沙社区、永贤社区、北湾社区和新中社区获2022年“无毒村居”称号。开展农民工工资检查大行动，上门检查用人单位374家次，处理劳资纠纷57宗，结案57宗。落实群防群治，开展设卡检查51次，开展巡逻1620人次。推进江海区出租屋门禁视频项目，完成核查出租屋2257幢（间）、房间7211个，核查率100%，符合门禁安装条件的门禁安装率67%。全年有效警情下降6.33%，电诈警情下降21.1%，无重大群体性、公共安全事故和重大特大刑事案件。

【“三旧”改造】 2022年，江南街道完成江南小学扩建提质工程征地拆迁补偿、江海区人民医院江南分院（含江海区疾控中心）项目收地任务，配合完成滘北油湾片区改造项目江门市江海区长辉泰华电器制造有限公司厂房拆迁补偿，以打通工程的重要节点，保障工程建设顺利推进。下沙水上人家搬迁改造项目回迁安置工作，完成金瓯路西延线工程项目展开征地拆迁补偿工作。以“三旧”改造为主线，重点推进五邑路和城央绿廊沿线旧厂、旧村改造，包括滘北油湾片区改造项目，3家集体经济组织表决通过联合实施旧村改造计划，完成旧村拆迁补偿方案和招商方案编制并开展宣传发动等前期工作；江翠路162号地块（三菱重工、金羚空调器有限公司、金羚集团有限公司、江门市洗衣机厂）“三旧”改造项目申请报审批；滘头五星经济社宝敦围改造项目完成16亩集体用地违法罚款及项目报批。

【社区公共服务】 2022年，江南街道推进教育资源均等化，滘头片区学校（小学）完成初步设计和概算送审并完善初步设计；江南小学扩建提质工程加快，完成江南路8号楼征地拆迁补偿任务和旧教学楼翻新工程；江南街道社区卫生服务中心异地重建项目建设完成土地移交任务并方案报批。街道综合行政执法中心完成升级改造并正式启用。围绕标杆大厅评价指标体系建设公共服务中心，开展“自助办”，探索“不打烊”服务，全年办理事项47068项、咨询5000项，满意率99%。年内完善中沙社区、永明社区的民兵连和退役军人服务站的正规化建设。

【“三资”监督】 2022年，江南街道农村集体经济组织逐步完善网上交易，年内实现农村集体经济社在江海区农村产权流转管理服务平台上进行全面网上交易，16个经济组织网上交易情况得到提升。做好资产交易立项工作，在原来的基础上要求增加四至图，完善合同见证、股民分红指导意见等。举办农村集体经济组织财务会计制度培训班，开展宅基地综合监管信息系统培训，加强资源的立项、交易和归档。

【环境整治】 2022年，江南街道完善垃圾分类基础设施，投入资金200万元，对明星村、明泰城、仁美村和南苑街的垃圾中转站进行升级改造。把星海湾路口、仁美新村和云景华庭原有的简易投放亭升级为3.0版本，升级后的垃圾分类亭均配备四分类垃圾桶，并在对应垃圾桶身印制统一标识，垃圾桶对应指示栏里标明分类投放类别。把垃圾分类融入社区精细化网格化治理平台，打造“网格化+垃圾分类”新模式。全年开展生活垃圾分类主题宣传活动

50场次。加强市容环境整治，推进全国文明城市创建工作，开展全街道综合行政执法，联合区城管局和交警大队、公安派出所到辖区内重要点位开展市容环境整治工作，重点对路段周边市容环境卫生、停车秩序和商铺占道经营等情况进行检查、整治。因地制宜针对滘头、滘北、江南和中沙农贸市场四大农贸市场和主次干道、网红地段等重要点位，定人、定时、定岗、定责按照网格分片每天加强巡查值守，出动执法人员9700人次、执法车辆1400辆次，整治商铺占道经营538宗、流动摊贩乱摆卖3500宗、劝导教育2980次、处理乱停乱放共享单车和摩托车2150辆次。

【社区简介】 桥南社区 位于江南街道北部，面积0.487平方千米，范围包括桥南新村、桥东新村、江海一路65号、江海一路136—146号、江海一路双号34—120号、江海一路单号183—375号、活力路、江南二路、松庆里、华庆里、龙上里、凤鸣苑。社区有常住人口2449户、5321人，户籍人口1425户、3240人。桥南社区有小学、市场、文化广场和城央绿廊，邻近白水带公园、釜山公园和儿童公园。

蓬苑社区 位于江南街道北部，面积0.43平方千米，范围包括蓬苑里、南苑里、南苑商城、江海玉圭园、江翠路（部分）、江南路（部分）、桥南大道（部分）、江海一路（部分）。辖区内有南苑商城、江海玉圭园两个封闭式小区。社区有社区居民小组7个，常住人口3174户、7248人，户籍人口1695户、4160人。辖区内有江南小学、“三小”场所130间、规模以上企业1家。有文体小广场1个、口袋公园3个、健身路径3条。

江翠社区 位于江南街道北部，面积0.45平方千米，有物业小区2个，常住人口3400户、6600人。社区设有党群服务中心、家庭综合服务中心、志愿楼长服务站、残疾人综合服务中心、新时代文明实践站、团代表联络站、群众信访诉求综合服务点、文化活动中心。建立有社区居民议事委员会、网格议事协商队伍。

新中社区 位于江南街道西北部，面积0.4平方千米，范围包括新南里、新中里、太宁里、长隆里、大井里、丰宁里、新中大道1号之一至之二，新中大道3号之一至之四，新中大道5号之一至之七（部分单号商铺）、江翠路（158、162号）。社区常住人口2480户、5673人。社区有文化广场2个、幼儿园1所（新南幼儿园）、企业商铺90家。社区设有党群服务中心、党群活动中心、老人活动中心、青少年活动中心、家长学校、普法加油站、志愿管家联络点、警务室、微型消防站、应急指挥中心、庇护站、文化书屋、图书阅览室、电子阅览室、健身长廊、篮球场、羽毛球场和乒乓球场。社区设立社区特色品牌有社区志愿管家服务队、新南小区爱心服务队、亲子服务队、志愿巡逻队和新中健走队等。

竹苑社区 位于江南街道西北部，面积0.31平方千米，划分网格4个：第一网格包括富港天悦湾、富港天荟湾、渔山小区，居民260户，常住人口661人，“三小”场所32间；第二网格包括江南新村1～5号、瑞龙里、竹苑里11～29号，居民503户，常住人口966人，“三小”场所16间；第三网格包括竹苑里30～35号、竹苑里60～81号、红门楼7～77号，居民586户，常住人口955

人，“三小”场所3间、幼儿园1所（春燕幼儿园）；第四网格包括竹苑里6～8号、36～41号、42～59号、82～84号、江南新村60～69号、中沙56号之一至57号之二、挪角里，居民589户，常住人口971人，“三小”场所35间。

中沙社区 位于江南街道西北部，毗邻胜利大桥，面积0.26平方千米，范围包括中沙路、红门楼、江南路、银星公寓、浪琴湾花园、下沙路、仁美里等路段。社区常住人口1454户、3543人。社区设有党群会议室、班子会议室；有幼儿园1所、托幼中心1所、个体工商户136家。成立社区居民议事委员会和志愿服务委员会，为社区管理队伍，开展结对帮扶、慰问、环境整治、扫黑除恶、打击网络电信诈骗、科普法律、健康卫生等公益服务活动。

仁美社区 位于江南街道西部，面积0.5平方千米。社区常住人口4075户、9280人。社区设有图书室、心理咨询室和应急物资室。有下沙公园、仁美文化小广场、星海湾小广场、星海湾大广场、仁美应急庇护站和红星应急庇护站等。有厂企20家、商铺123家、幼儿园1所、托幼机构1所。社区打造党建品牌“七彩桥”少年儿童幸福成长服务项目，全年开展活动20场次。开展助残疾微项目，“同心园·积分+”项目活动，覆盖3650人次。

建联社区 位于江南街道西南部，面积0.898平方千米，范围包括联星、建星、新星等3个经济社和石嘴里、联星新村、新星花园、江湾大都汇、顺天里、顺天花园、新基里、新基新村、厚朋里、厚朋里东、厚朋里西、建星新村、红色教育基地、汇嘉南湾、水闸塘工业区、建星工业区、正澳工业区。社区常住人口7699人。社区有托儿所2所、厂企65家、“三小”场所87间。社区设有党群会议室、党员教育室、“两委”办公室、康园中心、便民服务活动室、防灾减灾物资室、微型消防站、计生服务室、心理咨询室、430学堂、电子阅览室、志愿者服务站和居家养老服务站等功能室。成立有监督委员会、议事委员会和志愿服务委员会。

银城社区 位于江南街道西南部，面积0.473平方千米，常住人口1881户、4439人，户籍人口1350户、3384人。下辖银星经济社和五星经济社。社区有农贸市场1个、“三小”场所253间、超市4间、学校1所、幼儿园2所、酒店1间、药店5间。

正南社区 位于江南街道中部，面积0.4平方千米，范围包括正安村、南雄村、兴南小区、君逸居、君悦居、雅南居、云景华庭、名门壹号等。社区常住人口3672户、9589人。社区有工厂企业14家、“三小”场所230间、大型商业广场1个（中环广场）、幼儿园3所（天鹅湾幼儿园、江侨幼儿园、名门壹号幼儿园）、托管中心3所（兴南托管、童星托管、小博士托管）。

永明社区 位于江南街道中部，面积3平方千米，社区划分网格6个，第一网格管辖范围永南里、永康里（永星经济合作社）、永康新村等；第二网格管辖范围为华发水岸、东海花园等；第三网格管辖范围为江海花园；第四网格管辖范围为南泉花园；第五网格管辖范围为四村里（明星经济合作社）、华发四季、时代倾等；第六网格管辖范围为天鹅湾。社区常住人口18064人，户籍人口8292人。有学校1所、企业256家。

北湾社区　位于江南街道北部，面积2.5平方千米，范围包括仁美里、茶山里、龙湾里、平乐里、江海三路147～155号，永安居、北街水闸、电化厂、浮法玻璃厂、溶剂厂、油湾里、江海二路单号商住楼号、藕山1、2号，瑞华苑、海事局、华茵绿洲、格林春天豪庭等。社区常住人口2089户，6694人。社区设有公共服务站、党群会议室、党员教育室、多功能会议室、防灾减灾物资室、微型消防站、计划生育协会办公室、心理咨询室、家庭综合活动室、430学堂、科学育儿基地、新家庭文化书屋、电子阅览室、家长学校和义工服务站等功能室。社区有工业园5个、规模以上企业6家、学校1所、幼儿园1所、农贸市场1个。

富横社区　位于江南街道北部，面积2.14平方千米，社区管辖范围东至双孖围堤、南至白水带风景区、西至白水带大道、北至蓬江河畔。社区常住人口2337户、5397人。社区有江门演艺中心、釜山公园、白水带体育公园、江门市儿童公园、江门市社会福利院。社区设有党群服务中心、党员活动室、妇女儿童维权站、图书室、残疾人康园中心、心理咨询室、防灾减灾庇护中心和法治广场。

永贤社区　成立于2022年1月，位于江南街道南部，面积2.3平方千米，范围包括广珠城轨江门东站、明泰城、江海怡景湾、嘉华新都汇、帕佳图双子星、康城广场、又一居作品一号、合景叠翠峰、天睿居、豪江华庭等小区和滘头工业区部分企业120家。社区常住人口2095户、4871人，户籍人口4644人。有商住小区2个、幼儿园2所、学校2所、大型商业体1个，个体私营企业213家，“三小”场所139 间。

附　录

2022年江海区国民经济和社会发展统计公报

2022年，是党和国家历史上极为重要的一年，在这一年里党的二十大胜利召开，全面建设社会主义现代化国家新征程迈出坚实步伐。一年来，江海区坚持以习近平新时代中国特色社会主义思想为指导，全面贯彻落实习近平总书记对广东系列重要讲话和重要指示批示精神，认真贯彻落实总书记、党中央决策部署和省委工作要求，按照市委“1+6+3”工作安排，深入实施区委“1+5+3”工作举措，推进落实“高质量发展突破年”各项目标，全区经济社会发展呈现稳中有进的良好态势。

一、综合

经江门市统计局统一核算，2022年江海实现地区生产总值（初步核算数）302.10亿元，比上年增长2.4%。其中，第一产业增加值7.91亿元，增长7.7%；第二产业增加值184.29亿元，增长2.3%；第三产业增加值109.90亿元，增长2.1%。三次产业结构为2.6∶61.0∶36.4。人均地区生产总值80335元（按年平均汇率折算为11943美元），增长0.9%。

图1　2018—2022年地区生产总值及其增长速度

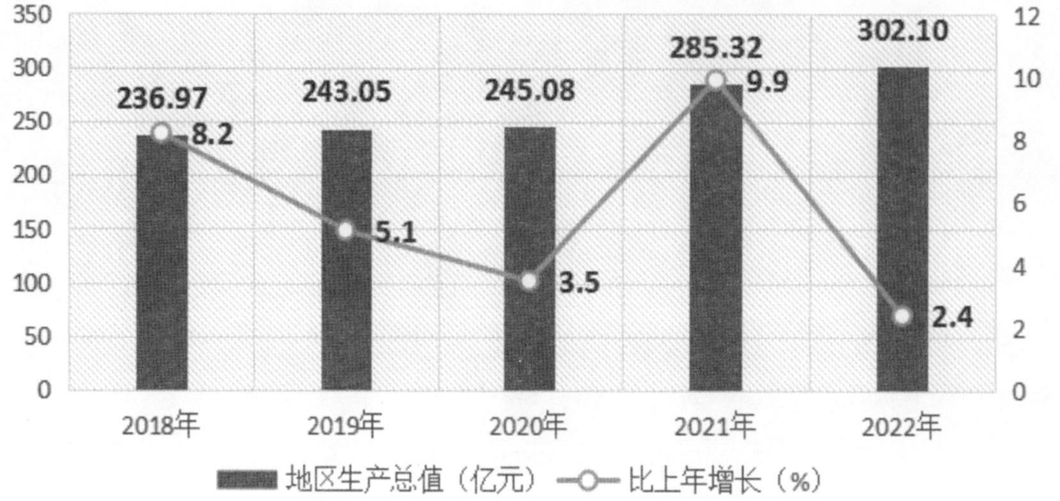

年末，全区常住人口37.74万人，比上年末增加0.27万人，其中城镇常住人口37.74万人，常住人口城镇化率100%。全区年末户籍总人口19.01万人。全年人口出生率9.1‰，死亡率5.7‰，自然增长率3.4‰。年末户籍人口的主要构成：男性占47.8%，女性占52.2%；17岁以下人口占20.9%，18～34岁人口占21.2%，35～59岁人口占39.4%，60岁以上人口占18.5%。

全年城镇新增就业5890人，城镇失业人员再就业3650人，就业困难人员实现就业288人。年末，城镇登记失业率2.0%，比上年上升0.15个百分点。全年开展劳动力技能培训4074人。

年末，内资企业13073户，注册资金559.82亿元；外资企业592户，注册资金189.96亿元；合伙、独资企业690户，注册资金18.77亿元；个体工商户31274户，注册资金10.14亿元。

全年地方一般公共预算收入14.28亿元，剔除留抵退税因素后同比增长1.6%（以下简称同口径），其中，税收收入9.79亿元，同口径下降10.1%。地方一般公共预算支出24.19亿元，增长4.7%。其中，教育支出4.67亿元，增长3.8%；社会保障和就业支出3.38亿元，增长7.2%；卫生健康支出3.13亿元，增长49.1%。

二、农业

全年农林牧渔业总产值13.50亿元，比上年增长7.9%。

全年粮食作物播种面积1879亩，比上年增长52.8%。甘蔗种植面积4406亩，下降47.5%。蔬菜种植面积32742亩，增长0.6%。

全年粮食产量639吨，比上年增长51.4%。果蔗产量24875吨，下降39.9%。蔬菜产量54274吨，增长8.0%。水果产量7114吨，下降8.6%。

全年肉类总产量56吨，比上年增长7.7%。全年水产品产量29157吨，增长2.0%。

图2　2018—2022年粮食产量及其增长速度

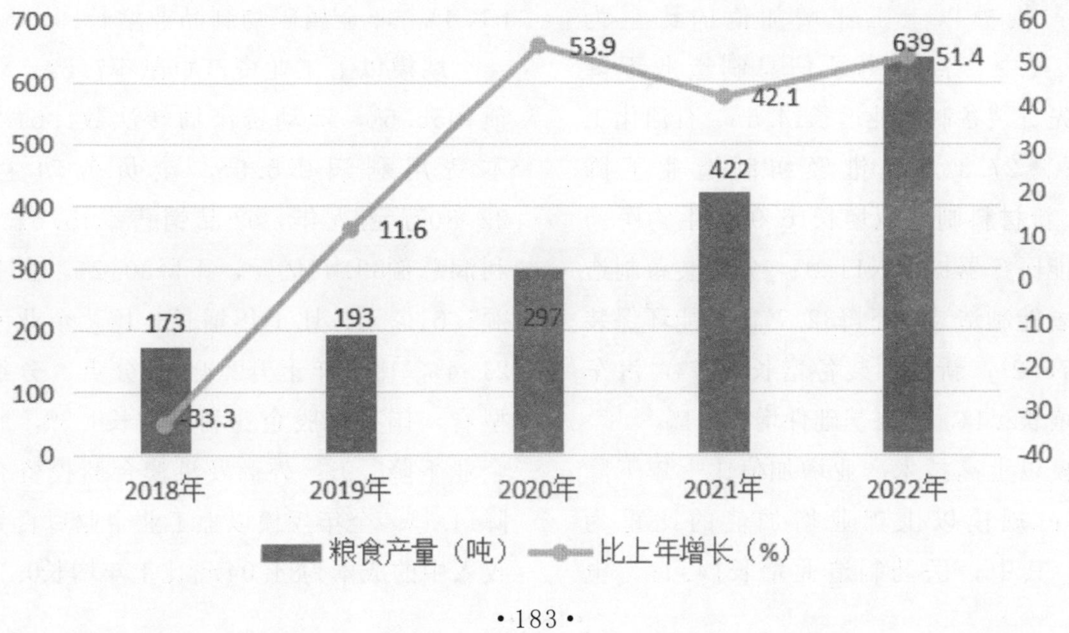

三、工业和建筑业

全年规模以上工业增加值比上年下降1.2%。分注册类型看，国有及国有控股企业增长3.1%，外商及港澳台投资企业下降2.1%，股份制企业下降2.0%；分轻重工业看，轻工业下降20.0%；重工业增长2.2%；分企业规模看，大型企业增长3.8%，中型企业增长3.1%，小型企业下降16.2%，微型企业下降7.7%。

图3　2018—2022年规模以上工业增加值增长速度

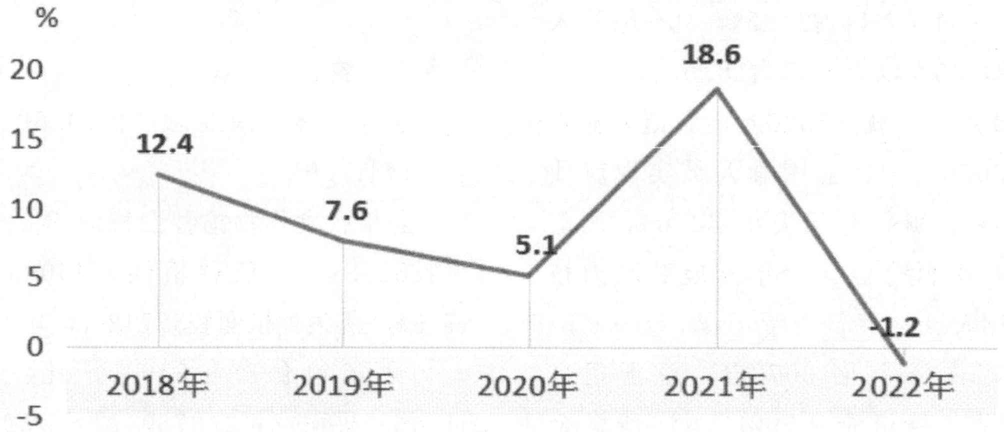

分行业看，计算机、通信和其他电子设备制造业、电气机械及器材制造业、非金属矿物制品业、化学原料和化学制品制造业、金属制品业等工业增加值排前五位的行业分别比上年增长-5.2%、6.1%、19.3%、-61.4%、-20.6%。

规模以上先进制造业增加值比上年下降1.7%，占规模以上工业增加值的比重为72.1%。其中，高端电子信息制造业下降2.1%，先进装备制造业增长14.5%，石油化工产业下降27.3%，先进轻纺制造业下降13.9%，新材料制造业增长16.9%，生物医药及高性能医疗器械增长11.9%。先进装备制造业中，智能制造装备下降32.7%，节能环保装备增长75.2%，新能源装备增长42.7%，汽车制造业增长2.1%，重要基础件增长2.1%。

规模以上高技术产业增加值比上年下降3.0%，占规模以上工业增加值的比重为41.2%。其中，医药制造业增长14.1%，电子及通信设备制造业下降4.4%，计算机及办公设备制造业增长20.4%，医疗仪器设备及仪器仪表制造业增长2.2%。

六大高耗能行业增加值比上年下降6.2%。其中，电力、热力生产和供应业下降8.6%，化学原料和化学制品制造业下降61.4%，非金属矿物制品业增长19.3%。

规模以上工业资产贡献率7.6%，资产负债率55.5%，流动资产周转次数1.61次，成本费用利润率5.5%，全员劳动生产率22.80万元/人年，产品销售率95.6%。实现利润总额33.48亿元，下降30.2%。企业亏损额5.61亿元，比上年增长8.1%。企业亏损面21.4%，比上年上升2.4个百分点。分经济类型看，国有控股企业利润增长8.3%，股份制企业下降5.9%；外商及港澳台商投资企业下降44.7%。全年规模以上工业企业每百元营业收入中的成本为84.04元，比上年增长0.79元。

附表1 2022年主要工业产品产量及其增长速度

产品名称	计量单位	产量	比上年增长（%）
房间空调器	万台	14.62	7.7
家用洗衣机	万台	166.61	-18.9
家用电风扇	万台	530.74	-8.0
摩托车整车	万辆	62.08	-9.5
烧碱	万吨	8.10	-0.6
平板玻璃	万重量箱	2756.55	17.8
光电子器件	万只	8159719.00	9.8

全年具有资质等级的总承包和专业承包建筑企业29个，比上年增加2个；实现建筑业总产值9.09亿元，增长22.7%；实现利润总额0.85亿元，增长120%。

四、服务业

全年批发和零售业增加值14.06亿元，比上年下降5.1%；住宿和餐饮业增加值4.55亿元，下降2.2%；金融业增加值10.45亿元，增长5.7%；房地产增加值22.71亿元，增长0.3%；交通运输、仓储和邮政业增加值6.84亿元，增长11.7%；营利性服务业增加值25.01亿元，增长3.2%；非营利性服务业增加值23.33亿元，增长2.6%。

全年规模以上服务业企业实现营业收入19.1亿元，比上年增长0.7%；利润总额0.08亿元，下降86.2%。营业收入分行业看，交通运输、仓储和邮政业增长1.0%；信息传输、软件和信息技术服务业增长7.4%；租赁和商务服务业下降3.0%；科学研究和技术服务业增长22.7%；水利、环境和公共设施管理业下降12.9%；文化、体育和娱乐业下降28.1%。

五、固定资产投资

全年固定资产投资比上年增长5.6%。分投资主体看，国有经济投资增长121.1%；港澳台、外商经济投资下降36.9%；民间投资下降23.2%。分产业看，第二产业投资增长20.7%，其中工业投资增长20.7%，制造业投资增长24.2%，技改投资增长15.8%；第三产业投资下降4.0%。分类别看，工业投资增长20.7%，占固定资产投资的39.9%；房地产开发投资下降44.5%，占固定资产投资的21.4%；基础设施投资增长86.7%，占固定资产投资的35.3%。基础设施投资中，电力、燃气及水生产和供应业类项目投资下降5.7%，水利、环境和公共设施管理类项目投资增长193.6%，交通运输类项目投资增长8.2%。

图4　2018—2022年固定资产投资增长速度（%）

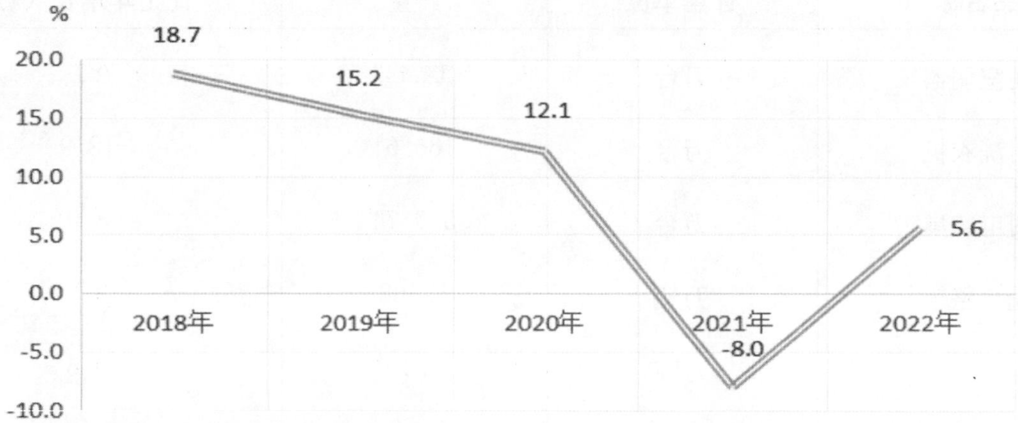

全年商品房施工面积446.04万平方米，比上年下降10.8%；商品房竣工面积62.37万平方米，下降33.1%；商品房销售面积69.64万平方米，下降1.8%；商品房销售额52.60亿元，下降20.1%。

六、国内贸易

全年社会消费品零售总额66.88亿元，比上年增长5.6%。分行业看，限额以上批发零售业实现零售额35.32亿元，增长13.4%；限额以上住宿餐饮业实现零售额2.23亿元，下降2.0%。分商品类别看，在限额以上批发零售业零售额中，粮油和食品类增长8.4%，饮料类增长62.1%，石油及制品类增长79.9%，家用电器和音像器材类增16.4%，汽车类增长7.6%，建筑及装潢材料类增长47.1%，文化办公用品类增长20.0%。

图5　2018—2022年社会消费品零售总额及其增长速度

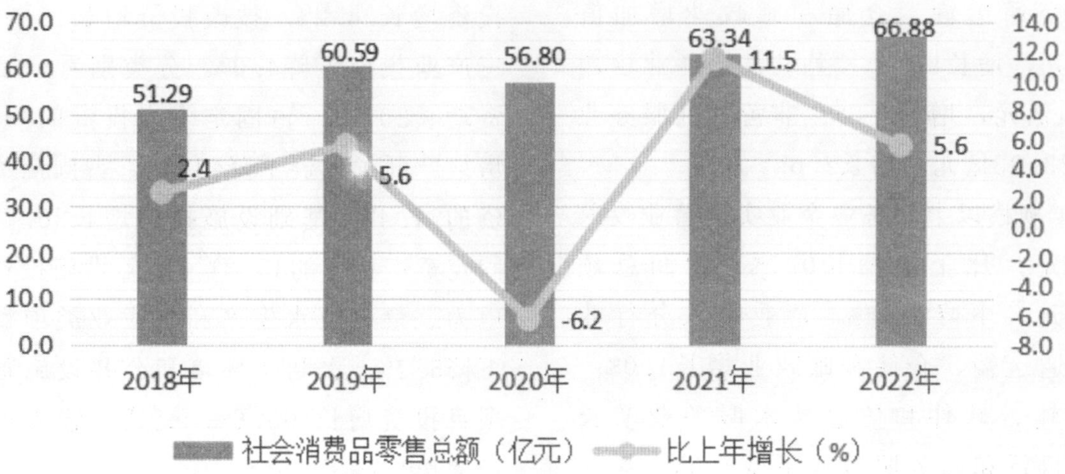

七、对外经济

全年货物进出口总额301.70亿元，比上年下降3.1%。其中，进口总额72.0亿元，增长5.1%；出口总额229.70亿元，下降5.4%。

全年实际利用外资6.74亿元，比上年下降28.8%；合同利用外资18.77亿元，增长91.4%。

八、人民生活和社会保障

全年居民人均可支配收入51460元，比上年增长3.9%，扣除价格因素实际增长1.7%。

全年社会保险基金收入30.86亿元，企业养老保险27.50亿元，城镇职工基本医疗保险（含生育）8.80亿元，城乡居民基本医疗保险0.78亿元。年末参加城镇职工基本养老保险（含离退休）18.54万人，比上年增长5.4%。参加城镇职工基本医疗保险20.09万人，下降0.02%。参加工伤保险13.10万人，增长8.5%。参加生育保险14.18万人，下降0.4%。参加失业保险12.41万人，与上年持平。参加城乡居民社会养老保险4.14万人，下降0.3%。参加城乡居民基本医疗保险7.59万人，增长0.4%。

年末，拥有社会福利院1间，床位800张，收寄养人数490人；儿童福利院1间，床位500张，收养人数80人。养老院3间，床位520张，收寄养人数219人。社区服务中心覆盖率100%，社区服务设施66个。全年共发行销售福利彩票0.69亿元，筹集福利彩票公益金0.09亿元。年末，每万人拥有社会组织数量为5.7个。注册志愿者人数3.85万人，注册志愿者人均参与志愿服务时数累计16.90小时。

年末，城镇最低生活保障户数123户，人数158人，全年城镇最低生活保障金支出202.85万元；农村最低生活保障户数218户，人数344人，全年农村最低生活保障金支出374.98万元。

九、教育和科学技术

全年地方一般公共预算教育支出4.67亿元，比上年增长3.8%。全区拥有幼儿园52所，小学19所，中学16所。普通高中招生2594人，在校生7476人，毕业生2281人。初中招生3851人，在校生10564人，毕业生2880人。小学招生5135人，在校生30439人，毕业生4131人。幼儿园入园儿童3387人，在园幼儿11181人。小学学龄儿童入学率达100%，初中适龄少年入学率100%，初中升学率100%，高中升学率99.8%。全年高等教育(含成人高等教育)招生30142人，在校学生59276人，毕业生11644人。中等职业技术学校招生30人，在校学生518人，毕业生1253人。

全年地方一般公共预算科学技术支出1.66亿元，比上年下降3.9%。年末，国家级高新技术企业672家；全年净增国家级高新技术企业153家。省级以上创新平台96个。建立工程技术研究中心341家，其中省级工程技术研究中心76家。全年专利授权量4328件，增长3.7%，其中，发明专利授权量186件，下降5.1%。有效发明专利1251件，每万人发明专利拥有量15.53件。

十、文化、旅游、体育和卫生

年末，全区拥有基层综合性文体服务中心62个，街道文体服务中心3个，文化馆1个，文化分馆3个，村居社区文化服务站点

62个，图书馆1个，图书馆分馆3个，图书馆服务点9个，24小时自助图书馆3个，图书总藏量54.0万册。全区拥有15个体育公园，66个文体广场，其中全民健身广场13个，文体小广场53个。公共体育场所总面积为120.80万平方米。

全年旅游总收入1.71亿元。全年接待游客42.36万人次。

2022年江海区文化馆参加江门市群众艺术花会（少儿艺术）比赛，共获得二金五银五铜，并获优秀组织奖。其中书法作品《欧阳修诗词节选》获广东省2022群众艺术花会（少儿艺术）书法作品一等奖、江门市金奖；曲艺作品《龙腾江海》获广东省戏剧曲艺类三等奖，江门市金奖；歌曲《福在人间走》获2022年“感党恩听党话跟党走”乡村振兴江门原创歌曲征集活动一等奖；《轻轻推开窗》获优秀奖；戏剧作品《嘿，少年》获江门市2022年度群众文艺作品评选一等奖。2022年12月江海区获得国家体育总局颁发的“全民运动健身模范区”光荣称号。

年末，全区共有各类卫生机构106个，其中医院3个。各类卫生技术人员1268人，床位625张。医院卫生技术人员548人，其中执业（含助理）医师162人，床位501张。

十一、资源、环境和安全生产

年末，有污水处理厂3座，污水管网232.6千米，污水处理能力34吨/日，城镇生活污水处理率98.5%。镇级生活垃圾转运站43座，城镇生活垃圾无害化处理率100%。

全年规模以上工业综合能源消费量68.56万吨标准煤，比上年下降8.4%。全年全社会用电量36.12亿千瓦时，下降3.2%。分产业看，第一产业用电量0.66亿千瓦时，增长5.4%；第二产业用电量26.85亿千瓦时，下降6.6%，其中工业用电量26.22亿千瓦时，下降6.4%；第三产业用电量4.58亿千瓦时，增长9.5%。城乡居民用电量4.03亿千瓦时，增长7.2%。

全区大气环境质量良好，空气质量优良天数占比为81.9%。城市集中式饮用水水源地水质达标率为100%。城市昼间区域环境噪声平均值为58.3分贝，优于国家区域环境噪声2类区昼间标准；道路交通干线两侧昼间等效声值为68.1分贝，符合国家4类区昼间标准。

全区全年共发生生产安全事故14起，死亡10人，受伤8人，直接经济损失8.66万元，事故起数、死亡人数、受伤人数分别比上年上升133.3%、25%、166.7%，直接经济损失下降98.0%。其中，建筑业发生0起，交通运输和仓储业发生14起。消防事故195起，下降25.9%；死亡0人，与去年持平；受伤3人，增长200%；直接经济损失602.96万元，下降40.4%。

注：

1.本公报中2022年数据为初步统计数，统计图中2018—2021年数据为年报数。按照我国地区生产总值统一核算和数据发布制度规定，地区生产总值核算包括初步核算和最终核实两个步骤。根据国民经济核算制度，江门市统计局对江海2021年地区生产总值进行了最终核实，2021年江海地区生产总值现价总量为289.77亿元。

2.地区生产总值、三次产业及相关行业增加值、人均地区生产总值绝对数按现价计算，增长速度按可比价计算；地方一般公共预算收入增长速度按可比口径计算（扣除留抵退税）。

3.规模以上工业统计口径为年主营业务收入2000万元及以上的工业企业。

4.固定资产投资项目统计起点由计划总投资50万元提高到500万元，增速为可比口径。

5.限额以上批发和零售业统计标准为：批发业年主营业务收入2000万元及以上；零售业年主营业务收入500万元及以上。

6.规模以上服务业范围包括：（1）年营业收入2000万元及以上的交通运输、仓储和邮政业，信息传输、软件和信息技术服务业，水利、环境和公共设施管理业，卫生行业法人单位；（2）年营业收入1000万及以上的房地产业（不含房地产开发经营），租赁和商务服务业，科学研究和技术服务业，教育行业法人单位；（3）年营业收入500万元及以上的居民服务、修理和其他服务业，文化、体育和娱乐业，社会工作行业法人单位。

7.2015年起，“地方公共财政预算收入”更名为“地方一般公共预算收入”。

8.先进制造业包括高端电子信息制造业，先进装备制造业，石油化工产业，先进轻纺制造业，新材料制造业，生物医药及高性能医疗器械。装备制造业包括金属制品业，通用设备制造业，专用设备制造业，汽车制造业，铁路、船舶、航空航天和其他运输设备制造业，电气机械和器材制造业，计算机、通信和其他电子设备制造业，仪器仪表制造业。

9.高技术制造业包括医药制造业，航空、航天器及设备制造业，电子及通信设备制造业，计算机及办公设备制造业，医疗仪器设备及仪器仪表制造业，信息化学品制造业。六大高耗能行业包括石油、煤炭及其他燃料加工业，化学原料及化学制品制造业，非金属矿物制品业，黑色金属冶炼及压延加工业，有色金属冶炼及压延加工业，电力热力的生产和供应业（其中江海区无石油、煤炭及其他燃料加工业、黑色金属冶炼及压延加工业、有色金属冶炼及压延加工业）。

10.基础设施投资包括电力、热力、燃气及水生产和供应业，交通运输、邮政业，电信、广播电视和卫星传输服务业，互联网和相关服务业，水利、环境和公共设施管理业投资。

11.软件和信息技术服务业包括软件开发、集成电路设计、信息系统集成和物联网技术服务、运行维护服务、信息处理和存储支持服务、信息技术咨询服务、数字内容服务和其他信息技术服务等行业。

12.2020年起，全国文旅系统对旅游数据实行新的统计口径。2022年旅游数据为初步测算数。

13.志愿者统计数据口径为正式志愿者，正式志愿者是指完成一次志愿服务活动和一次志愿服务培训，均相应获得志愿服务时数，且转正后获得志愿者编号的志愿者。

资料来源：本公报中户籍人口数据来自市公安局江海分局；城镇就业和失业、社会保障数据来自区人力资源和社会保障局及江门市医疗保障局江海分局；专利、内资企业、外资企业、合伙、独资企业和个体工商户数据来自区市场监督管理局；财政

数据来自区财政局；水产品产量数据来自区农业农村和水利局；进出口、利用外资数据来自区经济促进局；高等教育数据由市统计局反馈，其他教育数据来自区教育局；高新技术企业、创新平台、研究中心数据来自区科学技术局；文化、旅游、体育数据来自区文化广电旅游体育局；卫生数据来自区卫生健康局；福利院数据来自市社会福利院；养老院、社区服务、福利彩票、社会组织、最低生活保障数据来自区民政局；志愿者数据来自共青团江门市江海区委员会；污水处理、垃圾转运数据来自区城市管理和综合执法局；气象、环境监测、水资源数据来自市统计公报；生产安全事故数据来自区应急管理局；消防事故数据来自区消防救援大队；其他数据来自区统计局。